민이 법을 두려워하지 않는다

조선 후기 한성부의 범죄 보고서

민이 법을
두려워하지 않는다

지은이 / 유승희
펴낸이 / 강동권
펴낸곳 / (주)이학사

1판 1쇄 발행 / 2014년 7월 15일

등록 / 1996년 2월 2일 (등록번호 제 03-948호)
주소 / 서울시 종로구 윤보선길 65(안국동 17-1) 우 110-240
전화 / 02-720-4572·팩스 / 02-720-4573
이메일 / ehaksa@korea.com · 트위터 / twitter.com/ehaksa · 페이스북 / facebook.com/ehaksa

© 유승희, 2014, Printed in Seoul, Korea.

ISBN 978-89-6147-192-3 93910

이 책의 저작권은 저자가 가지고 있습니다.
저작권법에 의해 보호를 받는 저작물이므로 이 책 내용의 일부 또는 전부를 재사용하려면
저작권자와 (주)이학사 양측의 동의를 얻어야 합니다.

* 책값은 뒤표지에 표시되어 있습니다.

> 이 도서의 국립중앙도서관 출판시도서목록(CIP)은 e-CIP 홈페이지(http://www.nl.go.kr/ecip)
> 와 국가자료공동목록시스템(http://www.nl.go.kr/kolisnet)에서 이용하실 수 있습니다.
> (CIP제어번호: CIP2014019883)

민이 법을 두려워하지 않는다

조선 후기
한성부의
범죄 보고서 日省錄印

유승희 지음

이학사

일러두기

1. 본문에 언급된 표는 모두 「부록」에 실려 있다.
2. 부호의 쓰임은 다음과 같다.
   『 』: 도서명
   「 」: 편명, 논문명
   [ ]: 음이 다른 한자 표기, 인용문에서 이 책 지은이의 부연 설명

책머리에

　일탈, 그것은 사회에서 보편적으로 인정되는 규범에서 벗어나거나 국가에서 승인하지 않는 행동을 일컫는다. 현재와 마찬가지로 전통시대에도 국가는 사회질서 유지를 위해 인간의 일탈 행위에 대한 규제를 실시하였다. 사회통제의 수단으로 각종 법령을 제정하였고, 이를 위반한 행위에 대해서는 형벌을 부과하였다.
　오늘날도 무수히 많은 범죄가 일어나고 있다. 범죄는 인간 생활의 부정적인 단면을 드러내지만, 삶의 실존적 측면을 제시해주기도 한다. 다시 말해 범죄는 인간의 생활 속에서 발생하기 때문에 그 안에 민民의 일상성을 내포하고 있는 것이다.
　또한 범죄는 행위자의 수동성이 아닌 능동성을 보여주는 적절한 텍스트이다. 그렇기 때문에 범죄 연구는 인간 내면의 의식 세계뿐 아니라 구성원 간의 갈등과 그에 따른 사회통제를 규명하는 하나의 수단이 될 수 있다. 범죄 연구는 해당 사회에 대한 시각뿐 아니라 일상생활사적 측면에서 개인의 개별 행동 및 집단 현상을 파악하는 데 용이하다. 가해자와 피해자, 국가와 백성, 양반과 상긴, 부모와 자식, 남성과 여성 등 가족, 신분, 젠더를 비롯한 사회의 많은 관계에 존재하는 힘의 불균형과 균열을 읽어내는 데 범죄 연구가 중요한 실마리를 제공하는 것이다. 여기에 내가 조선 시대 범죄를 연구하는 목적이 있다고 할 수 있다.

내가 범죄에 관심을 갖게 된 것은 서울시립대학교 부설 서울학연구소에서 『포도청등록捕盜廳謄錄』과 『추안급국안推案及鞫案』 속에 나타난 서울 관련 자료를 탐사하기 시작하면서부터이다. 방대한 양의 범죄 자료들을 접하는 과정에서 그 안에 딱딱한 조선 사회가 아닌 구체적이고 미세하며 역동적인 삶의 모습이 내재되어 있다는 것을 파악할 수 있었다. 이러한 것들은 내 안에 잠재되어 있던 지적 호기심을 끌어내기에 충분하였고, 이를 계기로 나는 조심스럽게 범죄 관련 기록들을 읽게 되었다. 그 과정에서 정조 대에서 고종 대까지의 국정 전반에 관한 매일의 기록이라고 할 수 있는 『일성록日省錄』과 조우할 수 있었으며, 그 안에 범죄 사건을 구성하는 주체들의 많은 기록이 실려 있는 것을 확인할 수 있었다. 이에 나는 『일성록』의 범죄 자료들을 통해 단순히 범죄행위만을 살피는 것이 아니라 조선 시대 민의 생활상을 미세하면서 구체적으로 살펴보고자 하였다. 즉 범죄를 통한 '역사 읽기' 작업을 시도해보고자 한 것이다.

이 책은 그러한 작업 중의 하나로, 나의 박사 학위논문을 재구성하여 보완한 것이다. 문서 기록이 발달된 현대에는 해당 시기의 각종 범죄를 중범죄에서 경범죄까지 광범위하게 파악할 수 있다. 그러나 전근대 시대의 범죄 자료들은 대부분 살인·치사 등 사형死刑에 해당하는 사건을 주로 기록하고 있다. 이 책에서 활용하고 있는 『일성록』 형옥류刑獄類의 대부분의 범죄도 그 처벌이 사형에 해당하는 것이다. 이처럼 사형에 처해지는 범죄인 사죄死罪의 발생 빈도는 다른 범죄와 달리 적었을 것이다. 그러나 사죄가 주는 사회적 충격은 다른 범죄와 달리 컸으며, 이는 쉽게 범할 수 없는 중죄였기 때문에 사죄의 발생 원인을 살펴보면 경범죄에서는 읽지 못했던 당대의 사회적 특성이나 모순을 파악할 수 있다.

이 책에서는 사죄를 중심으로 18~19세기 범죄 실태를 살펴보되, 국가나 지배층이 도전하는 역모, 반란, 민란, 전패작변殿牌作變 수령 등을 곤경에 빠뜨리기 위해 그들이 관리하는 궁궐, 능묘, 위패, 전패 등을 몰래 훼손하는 행위, 괘서掛書 이름을 밝히지 않고 궁궐, 성문, 관청의 문 등에 내어 거는 글 등의 정치 범죄와 사학邪學 주자학에 반대되거나 어긋나는 학문을 이르던 말과 같은 사상 범죄는 조사 대상에서 제외하였다. 정치 범죄는 범죄인 본인이 옳다고 확신하는 신념이나 사상에 의거하여 행하는 것으로, 정치체제의 변혁을 꾀하거나 관권에 대항하는 등 국가적 법익을 침해하는 것이다. 범죄의 발생 원인도 대체로 국가의 존립과 권위에 대한 일종의 도전으로 일관성을 띠고 있어서, 범죄인 개인의 본성이나 경제적 상황, 피해자와의 관계 등을 파악하기에는 한계가 있다.

사학의 경우 다른 범죄와 달리 국가의 집중 단속 시기에 따라 그 양상이 달라지는 경향이 크기 때문에 시기적 추이를 일반화할 수 없는 단점이 있다. 또한 사학 범죄에는 천주교 신자들이 연루된다. 따라서 일반 범죄에서 나타나는 개인적 특성보다는 집단적 특성을 드러내고 있어 이를 바탕으로 시기와 지역에 따라 범죄인을 계량화하기는 어렵다. 그러므로 이 책에서는 민의 특성을 잘 파악할 수 있는 사회 범죄만을 표본으로 추출하였다.

이 책의 구성은 다음과 같이 이루어졌다.

1장에서는 조선 시대 범죄를 이해하는 측면에서 이 책에서 중점적으로 이용하고 있는 『일성록』의 자료적 특성을 살펴보았다. 『일성록』은 조선 후기 연구에서 많이 이용되는 기본 자료임에도 불구하고 범죄 연구에서는 전혀 활용되지 못하였다. 따라서 18~19세기 범죄상을 파악하기 이전에 『일성록』이 가지고 있는 자료적 가치를 검토하는 것이 이 책의 연구를 진행하는 데 있어 필수적이다. 이에 『일성록』의 편찬 과정과 체재를 검토한 후, 『일성록』에 형옥류가 기록되게 된 배경, 형옥류의 내용과 자료의 유형을 살펴보았다. 또한 형옥류에 수록된 범죄 내용을 『조선왕조실록朝鮮王朝實錄』과 『추조결옥록秋曹決獄錄』 등의 연대기와 범죄 자료를 통해 비교 분석하여 자료 유형에 나타난 범죄 기록의 다양성과 범죄 연구에 있어서 『일성록』이 가지는 자료적 가치와 특징을 검토하였다.

　2장에서는 『일성록』 형옥류에서 추출한 2,853건의 사죄死罪를 통계 처리하여 18~19세기 전국에서 발생한 범죄 실태를 살펴보았다. 먼저, 사죄의 범위를 설정하기 위해 사형에 해당하는 범죄에는 어떤 것이 있는지 『대명률大明律』을 비롯하여 『속대전續大典』, 『대전통편大典通編』 등의 조선 시대 법전을 통해서 파악하였다. 다음으로 전국의 사죄를 사회·경제 범위로 한정하여 범죄 발생의 시기적 추이, 지역 간 범죄 양상, 유형별 범죄 실태, 범죄의 발생 원인, 범죄인과 피해자의 관계 등에 대한 통계적인 분석을 시도하였다. 이를 통해 18~19세기의 사형 범죄가 시기적으로 어떤 변화를 보였는지 검토할 뿐 아니라 전국 범죄와 대비되는 한성부 범죄의 특성과 갈등 양상의 대략을 이해하고자 하였다.

　3장, 4장, 5장에서는 전근대시대 도시의 범죄 양상이 어떠했는지에 초점을 두었다. 이를 위해 조선 시대 왕도인 한성부의 지역적 특성과 범죄와의 상호성에 중점을 두고 한성부 범죄에 대한 통계 분석을 시도하였다. 한성부의 범죄를 경제 범죄와 폭력 범죄를 중심으로 검토하고, 그 속에 드러난 18~19세기 도시민의 실태가 어떠했는지 살펴보았다.

먼저 3장에서는 한성부에서 발생한 경제 범죄의 여러 양상을 살펴보았다. 사죄에 해당하는 경제 범죄는 크게 관물 절도와 위조로 구분할 수 있다. 이 두 유형의 범죄 분석을 통해 18~19세기 한성부의 사회 변화를 용이하게 파악할 수 있었다. 한성부에서 발생한 18~19세기 경제 범죄의 추이와, 절도·위조에 나타난 범죄인의 특징과 발생 원인을 분석하여 한성부의 사회적 특성을 살펴보았다.

4장에서는 한성부에서 빈번하게 발생한 폭력 범죄의 실태와 특징을 살펴보았다. 폭력 범죄는 개인 상호 간 마찰이 폭행으로 표출된 것이기 때문에 이에 대한 분석을 통해 민간에서 빚어지는 갈등의 여러 모습을 파악할 수 있다. 따라서 폭력 범죄의 시기별·지역적 특성, 범죄인과 피해자의 관계 등을 분석하여 폭력 범죄에서 드러나는 한성부 범죄의 특징을 도출하고자 하였다.

5장에서는 관속층의 범죄를 중심으로 관속 간, 관민 간 갈등 양상을 살펴보았다. 한성부의 경우 왕도王都라는 특성상 다른 지역과 달리 관리들 간의, 관리와 민간인 간의 갈등이 빈번하게 발생했는데, 이를 통해 18~19세기 도시 생활에서 나타난 갈등의 특징을 발견할 수 있었다.

이러한 시도들은 18~19세기 민의 구체적인 동태를 일탈 행위인 범죄를 통해서 이해할 뿐 아니라 그 속에서 나타나는 도시민의 갈등 양상의 성격을 살피는 작업이라는 점에서 의의가 있다고 할 수 있다.

아울러 18~19세기 민의 갈등 관계가 이후 개항기 민의 행태에 어떠한 영향을 미쳤는지 이해할 수 있는 계기도 될 것이다.

나의 전통 시대 범죄 연구는 아직 시작에 불과하다. 초기 연구이다 보니 범죄의 통계 분석을 근거로 갈등 양상을 살펴보려는 경향이 강해 앞으로 더 보완해나가야 할 부분이 많다. 향후 통계 분석 위주의 범죄 연구 방법론에서 더 나아가 범죄 사례에 나타난 다양한 사회상과 민의 모습을 밝히는 데 주력하고자 한다. 또한 전체적인 범죄상이 아닌 사죄에 한해서 제한적으로 살펴보았기 때문에 경범죄에서 나타나는 민의 실태와 특성 등을 보다 다양하게 파악하지 못한 것은 이 책의 한계로 남을 것이다.

더불어 책을 쓰면서 관련 분야의 사료와 연구 성과에 많이 의존하였다. 하지만 책의 특성상 제시된 범죄 사례에 대한 주석을 일일이 제시하지 못하고 참고 문헌으로 대신한 점은 양해를 구하고자 한다. 『일성록』의 범죄 사례를 기본으로 했기 때문에 따로 출처를 표시하지 않은 사료는 모두 그 출처가 『일성록』임을 밝힌다.

끝으로 이 책이 나오기까지 많은 분의 도움이 있었다. 우선 출판을 맡아준 이학사에 감사의 말을 전하고 싶다. 또한 학위논문 지도를 포함해서 연구의 방향과 앞으로 내가 나아갈 바의 포인트를 끊임없이 제시하고 조언해주신 정재정 선생님, 역사 연구자로서의 기초를 다져주신 이존희 선생님, 학위논문의 심사를 맡아 가르침을 주신 이우태 선생님, 배우성 선생님, 조광 선생님, 한상권 선생님과 서울시립대 국사학과 선생님들에게 깊은 감사를 드린다. 특히 이 책은 바쁜 생활 속에서도 공부하는 내내 밤늦게 귀가하는 아내의 기사 노릇을 자청한 남편 홍형기의 외조의 결과라고 할 수 있다. 아내가 편히 공부할 수 있도록 힘든 내색 없이 옆에서 다독거리고 격려해준 남편 홍형기와 딸 지인이에게 고마움을 전하고 싶다.

2014년 6월
지은이 유승희

책머리에 5

서론 | 조선 시대 범죄 이해하기 15

제1장 조선 시대 범죄의 기록, 『일성록』 25
    1. 옥안, 사건 심리의 주요 자료 25
    2. 정조, 『일성록』에 형옥류를 기록하다 35
    3. 조선 시대 '범죄'의 기록 속으로 들어가다 43

제2장 사죄로 보는 민의 일탈 74
    1. 사죄, 『대명률』 형률에서 찾기 74
    2. 조선 시대의 사죄란? 82
    3. 신분이 범죄 발생에 끼치는 영향 115

제3장 상업 도시 한성부의 경제 범죄 125
    1. 치솟는 경제 범죄율 125
    2. 도시, 떠돌이, 그리고 범죄 130
    3. 신분 상승 욕구와 배금주의의 합작품: 문서위조 142

차례

제4장 도시 폭력의 만개 157
  1. 폭력 범죄의 온상, 한성부 157
  2. 한성부 5부의 폭력 범죄 지형 164
  3. 폭력을 통해 본 사회적 특징과 갈등 175

제5장 갈등의 축, 관속의 범죄와 폭력의 집단화 201
  1. 술주정하고, 난동 부리고, 길에서 포학을 부리는 관속 201
  2. 관속 간 패거리의 형성과 집단 폭력: 관-관 갈등 211
  3. 관속의 횡포와 한성부민의 집단 대응: 관-민 갈등 223

결론| 저항과 일탈로 본 한성부 사회 239

부록| 조선 후기 범죄 실태 자료 253
참고 문헌 277

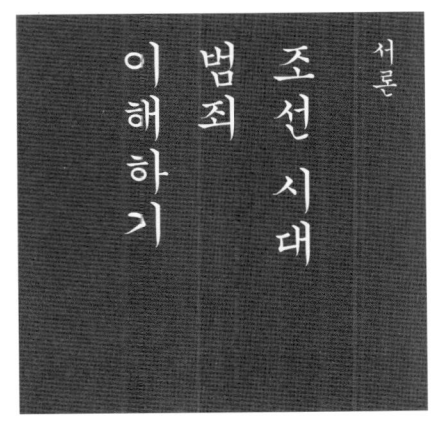

　인간은 다양한 욕구를 지니고 있기 때문에 내적, 외적으로 끊임없는 갈등을 경험한다. 인간의 생활 속에 나타난 수많은 갈등은 사회의 구조적, 제도적 모순과 다각도로 밀접한 관련을 맺고 있어 그 양상 역시 단선적이지 않고 복합적인 성격을 띤다. 더욱이 사회가 복잡해지고 다원화될수록 사회 구성원 사이의 갈등, 대립은 점점 심화된다. 그렇다면 전근대사회인 조선에서 사회 구성원 간의 갈등은 어떠했을까. 이 책의 문제의식은 이러한 의문에서 출발하였다.

　조선 후기에는 사회변동과 함께 다양한 계층 간 갈등이 분출되어 많은 혼란이 야기되었고, 사회 기강과 상호 간 신뢰가 훼손되는 모습이 나타났다. 특히 18~19세기는 한국사의 전개 과정에서 중요한 전환점이 될 만큼 사회경제적인 면에서 변화가 큰 시기였다. 정치적으로 18세기 붕당정치의 종국은 여러 차례의 '환국換局'과 '탕평蕩平'을 유도하였고, 이로 인해 정파 간 정치적 입장에 따른 대립이 계속되었다. 19세기에 이르러서는 세도 가문으로의 권력 집중과 군주권의 약화로 붕당의 공론公論에 따른 정치 운영이 의미를 상실하는 등 지배질서의 변화가 나타났다.

사회·경제적으로는 농업 생산력의 발전에 따른 사회 분업이 진전되었고, 지방 장시場市의 증가로 상품유통이 활발히 전개되었다. 국가 재정은 화폐 중심으로 전환되어 상품화폐경제가 활성화되었고, 백성의 노동력을 수취하던 역역力役은 남을 대신 보내어 부역이나 군역 등의 공역公役을 치르는 고립雇立이나 모립募立¹으로 전환되었다. 토지에 대한 농민의 예속력 또한 약화되어 토지가 없는 농민과 빈농층은 농촌을 떠나 상품 거래가 활발하고 물화가 집중된 도시에서 일용 노동자로 생활하였다.

이러한 현상은 다른 어떤 요인보다 백성의 생활 조건을 바꾸는 데 결정적인 영향을 끼쳤을 뿐 아니라 행동 양식의 변화도 가져왔다. 농촌 사회의 분화가 진전되고 신분제가 동요됨에 따라 18~19세기는 신분뿐 아니라 현실의 경제적 관계가 주요 문제로 부각되었다. 양인과 노비 가운데 경제력 향상으로 부를 축적한 계층이 등장한 반면, 신분의 억압에서 벗어나기 위해 도망하는 노비도 증가하였다. 또한 경제력 있는 노비의 소송 제기가 증가하였으며, 그 내용에 있어서도 많은 변화가 이루어졌다. 종래 노비 소송의 대부분이 신분이나 속량贖良몸값을 받고 노비의 신분을 풀어주어 양민이 되게 하던 일의 확인에 머물렀던 것에서 벗어

---

1 '고립'은 흔히 '모립'이라고도 불렸다. 역사가 있을 때마다 인부를 모집해서 고립하는 일이 되풀이되었기 때문이다.

나 채전債錢 남에게 빚진 돈, 트지 거래 등 재산 관련 문제로 확대되었다(조윤선, 2001: 279~280). 반면 기존의 사족 가운데 일부는 토지를 잃고 몰락하여 전호가 되거나 심한 경우 임노동자로 전락하는 등 경제적 분의 발생은 신분제를 동요시키는 원인이 되었다. 이처럼 18~19세기 사회변동의 여러 모습은 동일 계층 내에서도 양극화를 불러와 신분뿐 아니라 계층 간 갈등을 증폭시키는 계기가 되었다.

지금까지 조선 시대 사회 연구는 한국사의 구조적 본질을 논하는 거대 담론의 관점에서 진행되었다. 즉 다소 큰 사건이나 구조를 중심으로 시대의 특성을 분석하는 경향이 적지 않았던 것이다. 이 책의 관심 대상인 사회 구성원 간의 갈등 문제 또한 민란이나 변란 등 정치적 사건을 통해서 연구되었다. 그러나 최근에 이르러서는 새로운 연구 방법론의 적용과 다양한 연구 영역의 개척으로, 역사 연구의 폭이 확대되고 있다.

이 책은 18~19세기 조선 사회의 갈등에 대해 미세하면서도 구체적인 사례 연구를 통해 접근하였다. 사회에서 나타나는 구성원 간의 반목이나 대립을 민란이나 변란 등을 통해 파악하는 구조적인 접근에서 벗어나 일상생활에서 발생하는 범죄에서 찾아보았다. 그 이유는 사회에서 빚어지는 다양한 갈등은 그것이 심화되었을 때 흔히 범죄 형태로 표출되기 때문이고, 따라서 범죄에 대한 분석은 민간의 갈등을 가장 효과적으로 설명하는 수단이 될 수 있기 때문이다. 범죄 유형과 발생 원인의 분석을 통해 민의 생활 조건이나 행동 양식의 변화를 엿볼 수 있으며, 더 나아가 18~19세기 민의 실태를 효과적으로 살펴볼 수 있다.

조선 시대 범죄 연구는 연구 자료의 기초적 분석에서부터 범죄 양상을 통한 당시 사회상의 규명, 국가의 형정刑政이나 범죄 대책에 대한 심층적인 검토, 살인 범죄에 나타난 여성의 성·정절에 대한 사회 인식 연구 등에 이르기까지 다각도로 이루어졌다. 그러나 여전히 범죄 연구는 보완되어야 할 여러 과제를 안고 있다. 첫째, 조선 시대 범죄 연구가 정조 대에 집중되어 있어 19세기 이후 범죄에서 나타나는 구체적인 변화상을 심도 있게 보여주지 못하였다. 범죄 자료도 『심리록審理錄』의 분석에만 치우친 경향이 있다. 둘째, 연구 시각에 있어서도 형사정책을 위주로 한 국가의 사회통제적 측면에 치우쳐 실제 범죄를 일으킨 범죄인에 대한 적극적인 분석이 미흡하였다. 따라서 앞으로의 연구 과제는 국가의 사회통제적 측면에서 범죄 양상을 밝히기보다는 연대기와 특수 자료의 유기적 결합을 통해 범죄 양상 속에서 표출되는 민의 동태를 논의하는 것이다.

조선 시대 범죄를 파악할 수 있는 자료로는 『조선왕조실록』, 『일성록』, 『승정원일기』, 『비변사등록』 등과 같은 연대기와 범죄자에 관한 사건 처리 내용 및 과정을 기록한 『추안급국안』, 『추관지秋官志』, 『심리록』, 『흠흠신서欽欽新書』, 『추조결옥록』, 『포도청등록』 등을 들 수 있다.

연대기 자료는 집권 세력의 시각에서 정리되어 범죄의 실체를 객관적이고 명확하게 파악하는 데에는 한계가 있지만, 기록의 수준이 방대하고 다양하여 전반적인 범죄 양상을 살펴볼 수 있는 장점이 있다. 그러나 『조선왕조실록』의 경우 19세기의 자료가 이전 시기에 비해 상세하지 않기 때문에 당시의 범죄상을 살펴보는 것은 한계가 있다. 수록된 범죄 내용 또한 주로 정치범에 국한되어 있어 범죄의 실상을 균형 있게 반영하지 못한다. 『승정원일기』는 승정원에서 처리

한 사건과 행정사무, 문서 등을 일자별로 기록한 책으로, 실록 편찬의 기본 자료로도 활용되었다. 이 자료는 승정원이 왕의 비서실인 만큼 왕과 신하의 독대獨對 기록이 자세하며, 국왕의 병세 및 왕실의 건강 상태, 약방이나 의원의 문진 등에 대해 많은 분량을 할애한다. 국가의 중대사에 대한 기록도 방대한 편이다. 하지만 『승정원일기』는 왕이 주체가 되지 않았던 의식이나 지방에서 발생한 사건에 대해서는 실록보다 간략하게 기록한 면이 있다(신병주, 2001). 또한 지방의 살인 사건을 보고한 각 도道 관찰사의 장계狀啓 왕명을 받고 지방에 나가 있는 신하가 자기 관하의 중요한 일을 왕에게 보고한 문서, 사건에 대한 죄수의 진술과 살인 사건의 내용을 기록한 의금부·형조의 수공안囚供案과 살옥안殺獄案, 상언上言 신하나 백성이 임금에게 글을 올리던 일·격쟁擊錚 원통한 일을 당한 사람이 임금이 거둥하는 길에서 꽹과리를 쳐서 하문을 기다리던 일 등의 기록이 상세하지 않아 조선 후기의 전체적인 범죄 실태를 파악하기에는 미비한 부분이 있다. 이러한 양상은 『비변사등록』도 마찬가지이다.

　조선 시대 범죄 연구에 있어 연대기가 갖는 자료적 한계를 충족시켜주는 사료로는 『일성록』을 들 수 있다. 『일성록』은 1752년(영조 28)부터 1910년까지 국왕의 동정과 국정을 기록한 일기로, 일자별로 기사가 수록되어 있다. 기사는 '높여야 할 것을 앞에 둔다[所敬爲先].'는 원칙에 의해 천문류天文類, 제향류祭享類, 임어소견류臨御召見類, 반사은전류頒賜恩典類, 제배체해류除拜遞解類, 소차류疏箚類, 계사류啓辭類, 초기서계별단류草記書啓別單類, 장계류狀啓類, 과시류科試類, 형옥류刑獄類의 순서로 실려 있다. 이 가운데 주목할 것은 형옥류다. 형옥류에는 관원에 대한 가벼운 처벌에서부터 전국 각 도에 유배되어 있는 죄인의 석방과 미석방 여부를 기록한 '방미방수계책자放未放修啓冊子', 살인 사건에 대한 형조의 '살옥안殺獄案', 다른 기관을 거치지 않고 직접 범인을 잡아 가두는 직수아문直囚衙門인 의금부와 포도청의 계사啓辭논죄에 관해 왕에게 보고하는 문서, 전국 사형 죄인에 대한 심리와 국왕의 판결 등이 수록되었다.

특히 연대기 사료 가운데 형옥과 관련된 사항을 이처럼 자세히 서술한 것은 『일성록』이 유일하다. 지방관의 장계, 의금부·형조의 수공안과 살옥안, 상언·격쟁의 계문 등이 『일성록』에만 기록되어 있을 정도로 다른 연대기보다 형옥류의 기록이 풍부하다. 이러한 점에서 『일성록』은 18~19세기의 범죄상과 처벌 과정 등 국가의 형정을 살펴보는 데 있어서 연대기 가운데 가장 중요한 자료라고 할 수 있다.

물론 일성록 외에 『추안급국안』, 『추관지』, 『심리록』, 『흠흠신서』, 『추조결옥록』, 『포도청등록』 등도 범죄의 내용이나 범죄인의 처벌 과정을 기록한 자료이다. 각 자료의 대체적인 성격을 살펴보면, 『추안급국안』에는 1601년(선조 34)부터 1892년(고종 29)까지의 변란, 역모, 사학, 당쟁, 괘서 등 정치범 및 강상 죄인과 관련된 내용이 주로 기록되어 있다. 각 역모 사건의 개요, 추국 과정, 죄인의 공초 등이 상세하게 기록되어 있어 조선 후기 정치적 관계와 사건의 전모를 자세히 살펴볼 수 있는 장점은 있지만, 정치범에 한정되어 있어 사회 범죄 안에서 나타나는 일반민의 갈등 관계를 파악하기에는 부족한 점이 있다.

『심리록』에는 정조 대 일반 형사범 가운데 국왕의 심리를 거쳐야 하는 사형수에 대한 판결이 수록되어 있다. 사건은 연도별로 배열되어 있으며, 동일 연도의 범죄는 지역별로 분류되어 있다. 『심리록』의 옥안獄案재판 때 쓰던 조서. 옥사를 조사한 서류를 이른다은 ① 죄인이 거주하는 군현명과 성명, ② 사건 개요, ③ 관찰사와 형조의 조사 보고인 도계道啓와 조계曹啓, ④ 상주上奏한 안을 허가하는 국왕의 판부判付로 이루어져 있어 사건의 발단, 범행 내용, 사망 시기, 검시 결과, 사망 원인, 옥사가 이루어진 성옥成獄 시기 등을 쉽게 파악할 수 있다.[2] 『추관지』와 『흠흠신서』의 범죄 기록은 많은 부분 『심리록』과 중복된다. 특히 『흠흠신서』에는 중국의 범죄 사례와 함께 정조 대 살인 사건 158건이 제시되어 있는데, 그중 113건이 『심리록』에 그대로 기록되어 있다.

다음으로 『추조결옥록』은 1822년(순조 22)부터 1893년(고종 30) 사이에 형조에서 처결한 옥안을 등록한 책이다.[3] 수록된 옥안은 형조가 왕에게 보고하여 처리된 살인, 절도, 위조 등을 포괄하여 아주 다양하지만, 범죄자의 진술이 제외되어 있기 때문에 사건 내용은 간략한 편이다. 사죄 외에도 정배流配 죄인의 석방 및 현황, 죄의 혐의를 살피기 위하여 임금의 명령으로 중앙에서 보내는 추고경차관推考敬差官의 파견 내용, 관속의 구타, 상언·격쟁 등이 기록되어 있다.

『포도청등록』은 『좌포도청등록』(18책)과 『우포도청등록』(30책), 『좌우포도청등록』(2책)으로 나누어져 있다. 주로 포도청 관리의 인사

---

[2] 『심리록』은 현재 여러 종류의 판본이 전해지는데, 규장각에 소장된 필사본 두 가지(규1770, 규5792)와 『홍재전서』에 실린 활자본이 있다. 필사본은 연도별, 도별로 사건 내용을 엿볼 수 있도록 되어 있다. 규장각 소장 규1770본은 16책으로 연도별로 편찬되어 있으며, 1968년에 법제처에서 활자로 인쇄하여 배포하였다. 규5792본은 18책으로 범죄 사건을 지역별로 묶어 편집한 것이다. 『홍재전서』의 심리록은 필사본보다 내용이 소략하나 1800년(정조 24)의 판부 40건은 여기에만 실려 있고 필사본에는 없는 것이 특징이다(심재우, 2005).

[3] 『추조결옥록』(규15148)은 1년 1책씩 총 72책이 만들어졌는데 현재 남아 있는 것은 43책뿐이며, 표지의 권차로 보아 1776년(정조 즉위)에 만들어지기 시작하여 1893년(고종 30)까지 총 118권 118책이 제작된 것으로 파악되고 있다(서울대규장각, 1993: 366).

관계, 순라巡邏도둑, 화재 등을 경계하기 위해 군졸이 일정한 지역을 돌아다니거나 지키던 일, 통행 및 숙직宿直, 승정원 및 관계 기관의 상언 등을 수록하였으며, 포도청에 잡혀온 죄인의 공초가 상당한 비중을 차지하고 있다. 1775년(영조 51)부터 1887년(고종 24)까지의 강도, 절도, 위조, 사학 죄인 등이 기록되어 있어 이를 통해 18~19세기 범죄의 특징을 살펴볼 수 있다.

연대기를 제외한 이 자료는 범죄 기록이 풍부한 장점이 있지만, 두 가지 측면에서 한계를 드러내고 있다. 첫째, 자료가 특정 시기에 한정되어 있다는 점이다. 『심리록』과 『흠흠신서』 등은 18세기 후반인 정조 대, 『포도청등록』과 『추조결옥록』은 순조 대 이후인 19세기에 치중되어 있어, 조선 후기 전 시기의 연속성을 살펴볼 수 없는 단점이 있다. 둘째, 『포도청등록』과 『추조결옥록』에는 순조, 헌종, 철종 대의 범죄가 수록되어 있지만, 각 왕조별로 누락된 시기가 많아 분석 결과를 일반화하는 데 어려움이 따른다.

반면 『일성록』에는 정조 대에서 고종 대까지 국가에서 파악한 범죄가 대부분 기록되어 있어 시기별 범죄 실태를 누락된 연도 없이 살펴볼 수 있다. 내용 면에 있어서도 범죄 원인, 관찰사와 형조의 조사 보고, 범죄인의 심리와 판결 등 범죄 관련 요소가 기록되어 있어 이를 용이하게 살펴볼 수 있는 장점이 있다. 따라서 『일성록』은 18~19세기 범죄의 유형과 발생 건수를 계량화하여 범죄의 시기별 추이와 지역적 특성을 파악하는 데 유용한 자료라고 말할 수 있다.

하지만 많은 장점에도 불구하고 범죄 연구에 있어 『일성록』이 가지고 있는 자료적 한계도 있다. 『일성록』은 1873년(고종 10) 경복궁의 화재로 일부가 불에 타 총 1,874책 가운데 26.3%인 492책이 개수改修되었다. 정조 대가 29.8%로 가장 많이 개수되었으며, 순조 대가 19.8%,

헌종 대가 17.6%, 철종 대가 5.5%였다. 『일성록』의 개수본은 원본을 그대로 베낀 것이 아니라 취사, 첨삭이 가해진 것이기 때문에 내용 면에서 원본보다 소략하다(최승희, 1989a). 형옥류도 마찬가지로, 범죄인과 피해자 간의 관계, 사건의 발생 원인, 전반적인 사건의 개요 등이 기록되어 있지만 다른 자료보다 내용이 간략한 부분이 있다.

이처럼 『일성록』은 고종 대 개수를 통해 내용이 간략해진 한계가 있지만, 시기의 연속성이 명확하며, 범죄 유형, 사건의 원인, 범죄인의 관계 등 범죄 관련 요소가 다양하게 수록되어 있다. 따라서 범죄의 데이터 작성에는 다른 어떤 자료보다 유용하다고 할 수 있다. 이 책에서는 지역적 편중성과 시기적 누락이 없는 『일성록』 형옥류에 나타난 범죄 기록을 통해 18~19세기 전국 범죄의 통계 분석을 시도하였다. 내용이 간략한 사건에 대해서는 『심리록』, 『추조결옥록』, 『포도청등록』, 『흠흠신서』, 『추관지』 등을 통해 보완하였다.

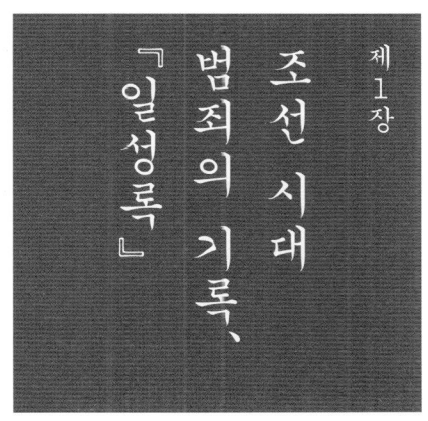

제1장 조선 시대 범죄의 기록, 『일성록』

1. 옥안, 사건 심리의 주요 자료

조선 시대에는 '덕德으로 이끌고 예禮로 가지런하게 하며, 법으로 이끌고 형벌로 가지런하게 한다.'는 공자의 말처럼 유교 이념에 입각한 교화 위주의 예와 형벌 중심의 법이 대민 통치의 핵이었다. 이 시기 군주는 교화를 '정치의 근본'으로 생각하였으며, 형벌은 단지 '교화를 돕는 보조 도구'로 생각하였다. 그러므로 백성을 덕의와 예절로 인도하고 다스려 교화가 이루어진다면 형벌은 불필요하다고 생각했다.

이와 같은 형벌의 인식은 유교의 이상적인 통치 관념에 불과해져 갔다. 교화를 통한 예치禮治가 우선시되었지만 사회가 발전하고 변화할수록 예치보다는 법치法治가 더 우선시되는 결과가 초래되었다. 교화와 법 어느 한쪽만으로는 통치가 불가능했기 때문에 교화를 돕는 도구로서 형벌에 대한 인식이 심화되었다(『심리록』 서문). 이러한 인식은 조선 후기 형조의 역할 강화와 함께 사회 변화에 따른 새로운 법규 조항의 신설을 유도하였으며, 각종 범죄행위에서부터 이에 대한 처결, 정배 죄인의 사면 등 범죄인의 현황 및 처리 과정 등이 상세히 서술된 '형옥류'의 편찬을 유도하였다.『속대전』,『대전통편』 등의 법전 편찬 과정에서 형전의 중요성이 강조되었고, 여러 형사정책이 만들어지고 『심리록』을 비롯한 『추관지』,『무원록언해無寃錄諺解』 등 법례, 판례집이 편찬될 수 있었다.

특히 형옥류 편찬 작업은 형옥 자체가 죄수의 사활과 관련된 문제였기 때문에 이들을 충분히 살펴 옥사를 신중히 처리하려고 하는 국가의 의도가 내재된 것이었다. 국가는 형사소송 사건을 판결하는 기한을 법전에 규정해놓을 정도로 결옥決獄죄인에 대한 형사소송 사건을 판결하던 일에 대해서도 신중하였다. 형사사건이 사람의 목숨과 관련된 중요한 사항이었으므로 죄상을 기록한 옥안은 사건 심리 과정의 주요한 자료였다. 특히 옥안 가운데 가장 많은 양을 차지하는 살인 사건과 관련된 살옥의 경우 옥안에 기록된 문자 하나에도 사람의 생사가 좌우되었기 때문에 이에 대한 세심한 검토가 필요하였다. 정조는 '자신이 살피고 삼가는 것은 살옥만 한 것이 없다.'고 하며, 국가에서 파악하는 문서 가운데 가장 어려운 것이 '살옥안'이라고 말하였다(『홍재전서』 권167, 일득록7 정사2). 그는 '옥안의 검토'를 '경서經書를 보는 것'에 비유하며, 전혀 의문이 없는 곳일지라도 재차 의문을 가지며 살펴보도록 하였다. 이는 사망 원인과 관련 증거가 모두 갖추어진 옥안일지라도 세밀히 분석하여 살릴 만한 단서를 찾아 죄인에게 원통함이 없게 하려고 했기 때문이다.

옥안의 중요성은 백성의 목숨을 중시하고 형옥을 신중히 하기 위한 방편으로 정조 재위 내내 강조되었다. 정조는 즉위 후 지방 군현마다 죄인을 심리하는 과정에서 작성하는 옥안의 형식이 다르자, 통일된 옥안의 정식을 만들도록 명령하였다. 당시 전국에서 올라오는 옥안은 각 도마다 기록 체제가 달랐다. 죄명을 쓰지 않은 옥안이 있는 반면, 절린切隣살인 사건을 저지른 범인의 이웃에 사는 사람과 보수保授보석된 사람이나 도망갈 가능성이 있는 사람을 유력자가 책임지고 맡던 일를 밝히지 않은 것도 있었다. 또한 초검初檢, 복검覆檢의 내용이 너무 동떨어지거나, 범행 이유도 어떤 지역은 구체적이고 분명한 반면 어떤 지역은 그렇지 못하는 등 지역 차가 있었다. 그렇기 때문에 국가는 서울과 지방의 옥안 기록 형식을 죄명, 검험 내용, 진술(절린, 시친屍親살해당한 사람의 가족이나 친척, 정범正犯, 간범干犯남의 죄에 관련된 범죄를 저지른 범인 등 살인 사건의 조사 과정에서 진술을 반드시 받아야 하는 응문각인應問各人의 진술)의 순으로 통일시켰다.

옥안의 정식화와 함께 이를 왕에게 보고하는 수계修啓 방식도 정비되었다. 영조 대까지는 사송詞訟민사소송을 담당한 곤사의 소송 사건의 판결 수(결등공사決等公事)는 10일마다 기록해서 왕에게 보고(녹계錄啓)되었으며, 특별한 사정이나 사고가 있는 경우 다음 15일 이내에 거행하는 것으로 제도화되어 있었다. 결송決訟하는 날짜는 월마다 형조에 보고하여 정하였는데, 옥송을 빨리 처결하지 않고 죄수를 오래 가두어두고 지체한 관원은 조사하여 파직하였다(『속대전』 형전 결옥일한조).

이와 같이 수감되어 있는 죄수의 죄의 경중을 막론하고 범죄 내용을 기록하여 왕에게 보고하게 한 것은 옥송을 신중히 다루고자 했기 때문이다. 국가에서는 10일마다 죄인을 기록하여 보고하는 제도를 법전에 마련하였지만, 담당 관리의 죄수 녹계 실태는 미봉적이었다. 녹계할 시기에만 임시방편적으로 보고했기 때문에, 방면하지 않은 죄인을 거짓으로 방면한 것처럼 보고하는 등 수감되어 있는 죄수의 실태가 정확히 파악되지 않는 경우가 많았다. 따라서 1778년(정조 2) 정조는 법을 관장하는 관리의 중요성을 재차 강조하며, 옥안의 복계覆啓사형에 해당하는 죄인의 옥안을 다시 신중히 심사하여 임금에게 아뢰던 일를 지체한 형조참의 이진규를 삭직하고, 낭청 유환덕을 파직하는 등 담당 관원을 징계하기도 하였다(『정조실록』 권6, 2년 9월 계축).

옥안을 왕에게 보고하는 제도는 중국의 경우 이미 당나라 때부터 시작되어 송나라 때 완비되었다. 이때의 제도는 모두 5일에 한 번씩 죄수를 기록하는 것으로, 10일 단위로 기록하는 조선과는 기간에서 차이가 있었다. 이에 정조는 중국의 예에 따라 옥안 수계 제도를 종래 10일마다 죄수를 기록·보고했던 방식에서 5일마다 기록·보고하는 방식으로 변경하였다(『정조실록』 권6, 2년 9월 갑인). 이러한 조치가 이루어진 이유는 10일 사이에 억울하게 죄를 받은 죄수가 있을 경우 스스로 그 억울함을 왕에게 전달할 방법이 없었으므로 국가가 사건을 신속하게 파악해 죄수를 신중하게 심의하고 미봉적이었던 당시의 죄수 보고의 관행을 혁파하기 위해서였다. 따라서 '5일 녹계'의 준례에 의거하여 형방의 좌랑은 5일마다 전옥서에 갇혀 있는 죄수를 정리하여 그 죄목을 갖춰 적은 후 승정원으로 보냈다(『추관지』 1편, 잡의 녹계식).

이후 국가는 보고된 죄수의 옥안을 연말에 모두 합쳐서 서책으로 만드는 작업을 정식화하였다.

형옥을 삼가 신중히 하는 것은 제왕으로서의 훌륭한 일인데, 나는 사리를 밝혀 다스리는 것이 두루 미치지 못하여 매번 한 가지 옥안을 판결할 때마다 번번이 판결이 뒤바뀌는 염려가 없지 않았다. 올해의 결옥 문안을 조목조목 나열하여 계문하도록 하였는데, 관직의 이동과 제수, 재용財用(쓸 수 있는 재물)의 출입, 강제講製(강서(옛글의 뜻을 강론함)와 제술(시나 글을 지음))의 초록과 발췌에 관한 것은 도두 책자(안부案簿)가 있어 그에 해당하는 달이 되면 낭관이 와서 어람안御覽案을 수정할 것을 청한다. 더구나 형옥을 결단하는 것은 죽느냐 사느냐에 관계되는 것으로, 이치상 충분히 살펴 신중히 해야 할 것인데, 어찌 이미 결정된 것이라 하여 다시는 더 뜻을 기울이지 않을 수 있겠는가. 이후로 의금부와 형조는 결단한 옥안을 큰일이나 작은 일 할 것 없이 긴요한 사항을 초록해서 월말이 되거든 기록하여 보고하고, 임금의 재가를 받은 것은 매년 마지막 달이 모두 한 책에다 베껴 쓰되, 한결같이 이조와 병조의 대정고大政考, 호조의 재용부財用簿, 예조의 강제안講製案의 식례를 따르는 것을 정식으로 삼도록 하라(『홍재전서』 권32, 교3 금부형즈수계결옥안고禁府刑曹修啓決獄案敎).

당시 옥사를 관장하는 일 가운데 가장 어려운 것은 사건의 재심인 언옥讞獄과 판결인 절옥折獄이었다. 언옥을 시작할 때 여러 사건과 비교해보고 조율하는 것은 판결한 뒤에 조금의 실수도 없게 하기 위해서였다. 이는 그만큼 사형 죄인의 심리, 판결이 인명과 관계된 중요한 사항이었다는 것을 의미했다. 하지만 1783년(정조 7)에 이르기까지 형조에 이를 체계적으로 기록한 책자가 없었다. 형조와 함께 6즈에 속하는 이조와 병조에는 관직의 이동 및 제수에 관한 기록인 '대정고'가 있었으며, 호조에는 재물의 출입을 기록하는 '재용부'가 있었다. 예조에도 강서와 제술 가운데 중요한 부분을 뽑아서 기록하는 '강제안'이 있었다. 따라서 정조는 형옥에 대한 결단의 중요성을 재차 강조하며, 의금부와 형조의 옥안을 '대정고', '재용부', '강제안'의 식례에 따라 그 요점을 초록하여 매월 말에 녹계하고 매년 말에 책으로 만들도록 명령하였다. 이에 따라 형조는 '월말 녹계'를 왕이 보는 책자의 예처럼 죄수의 경중에 따라 분류해 기록하였다. 하지만 문서를 수정할 경우에는 이러한 기록 방식이 불편하므로 형조는 날짜의 선후에 따라 차례로 요점만 기록하여 왕에게 보고하였다. 그리고 매 계절의 끝 달인 3, 6, 9, 12월에 가서는 죄수의 경중에 따라 분류하여 왕이 볼 수 있는 '어람 책자御覽冊子'에 자세한 전말을 기재하였다(『추관지』 2편, 상복부 계복 옥안수계).

정조는 또한 검험의 중요성도 강조하였다. 조선 후기에는 살인·치사 사건이 발생하면 시친이 즉시 관에 고발하였으며, 관에서는 수령과 검험관이 나와 범죄 장소와 시신의 상태를 조사하는 검험을 진행하였다. 이를 통해 검험관과 형조는 피살자의 사망 원인, 범죄의 발생 원인, 가해자의 수범首犯·종범從犯 여부 등 검험 과정에서 나타난 결과를 기록한 검안을 작성하였는데, 이것이 옥안의 주요 내용을 차지하였다(심희기, 1982).

조선 시대 국왕과 형조의 관리는 옥안을 근거로 살인 사건의 정황을 파악하여 범죄인에 대한 심리와 판결을 했기 때문에 정확한 검험은 형사사건에 있어 가장 필수적이며 중요한 것이었다. 따라서 정조는 즉위 초부터 살인 사건에 있어 검험의 중요성을 강조하였으며, 여기에 더해 선왕 대의 하교로 시행되지 않았던 사망자의 무덤을 파서 검험하는 '굴검掘檢'을 시행하도록 하였다(『정조실록』 권3, 원년 5월 갑술). 조선 시대의 경우 남의 무덤을 파서 시신을 보는 것은 사형에 처할 정도로 큰 죄였다. 그러나 정조는 『무원록無寃錄』에 의거하여 굴검하는 법을 시행하도록 하였다. 이는 사람을 죽인 자가 면죄되는 일이 있어서는 안 된다는 정조의 입장이 반영된 조치인 한편, 살인 사건 시 피해자와 가해자 사이에 사적인 합의가 이루어져 시신을 몰래 매장하는 폐단을 방지하기 위한 것이었다.

조선 후기 한성부와 지방의 백성은 살인 사건이 발생할 경우, 살인자를 관에 고발하여 법에 맡기기보다는 피해자 가족에게 일정액의 보상금을 지급하고 합의하는 사화私和를 선호하였다. 실제 인명 사건에서 피해자가 가해자를 고발하는 사례는 20~30%에 그쳤다. 나머지는 모두 관에 숨긴 채 가해자와 피해자 간의 상호 합의인 사화의 방법을 이용하였다(『목민심서』 형전 육조 단옥). 1790년(정조 14) 평안도 평양에 사는 강돌남은 벌채 금지 지역에서 떨나무를 베는 김유문을 구타하여 5일 만에 죽게 하였는데, 검험 전에 도망하여 친족들이 피해자 가족과 합의를 보고 사건을 마무리지었다. 1793년(정조 17) 함경도 안변에 사는 한덕부 또한 술에 취해 김남익과 쌀과 금전 문제를 가지고 다투다가 구타하여 3일 만에 죽게 하였으며, 1794년(정조 18) 전라도 해남의 종 덕돌은 박대천이 자신의 주인에게 진 빚을 갚지 않는다고 그의 고환과 허리를 발로 차서 10일 만에 죽게 하였다. 이 두 사건 또한 가해자가 시친과 합의한 후 사건을 마무리 지으려다 관에 의하 발각된 경우이다.

이와 같은 민간의 사화 유행으로 가해자가 면죄되는 경우가 빈번하였다. 하지만 사화한 당사자 간에 이를 악용하여 물품을 요구하는 폐해도 많아 결국에는 소송을 통해서 관의 처결을 받기도 하였다. 1781년(정조 5) 순천에 사는 오창옥은 매부 김도관을 절구공이로 구타하여 죽게 하였는데, 누이를 종용하여 토지와 돈을 지급하고 합의하였다. 그러나 오창옥은 누이의 다짐을 받은 후에 도리어 합의 문권을 빼앗으며 곡식을 탈취했고, 결국 그 누이가 오창옥을 다시 관에 고소하였다(『추관지』 2편, 상복부 심리옥안, 정조 5). 1782년(정조 6) 경상도 순흥의 김치걸은 이후원과 싸우다 이후원이 6일 만에 죽자 관에 고하지 않고 그의 아들에게 50냥을 주고 합의를 보았다. 그런데 15년이 지난 뒤 이후원의 아들이 다시 과거의 사건을 빌미로 김치걸에게 금품을 요구하였으며, 이것이 자신의 의도대로 되지 않자 그를 관에 고발하였다(『심리록』 권9, 경상도 순흥 김치걸옥). 이처럼 사화로 인한 폐단이 발생하자, 국가에서는 이를 법으로 엄격히 금지하였다.[1] 정조가 백골白骨을 검험하는 굴검 자체가 죽은 자를 다시 살해하는 것과 다르지 않음에도 불구하고 이미 매장한 시신을 파내어 검험할 것을 명령하였던 것은 이렇듯 사화의 폐단을 알고 있었기 때문이다.

이와 함께 13개 조에 이르는 한성부의 「검험사목」도 새로 개정되었다. 「검험사목」을 개정한 이유는 검험하는 규칙과 관례가 지방보다 미흡했기 때문이었다. 정조는 초검과 복검의 문서 내용이 너무 소략한 점과 죄인에 대한 조사가 제대로 시행되지 않은 점을 한성부에서 발생한 살옥 처리의 문제점으로 지적하였다. 그리하여 초검장, 복

---

1 국가는 살인 사건에서 뇌물을 받고 사적으로 합의하는 사람이 많아지자, 『속대전』 형전 살옥조에 이에 대한 처벌을 "살옥에 뇌물을 받고 사화하는 자는 본 율에 의거하여 죄를 심의하여 처분한다[殺獄受賂私和者 依本律勘罪]."라고 명시하였다.

검장, 결어, 기한 내 검사 등의 절차를 모두 지방 사례에 의거해 시행하도록 하였다. 또한 형조에서의 완결完決도 지연시키거나 연기하지 못하게 했으며, 죄상을 추궁하여 심문하는 데 소홀한 해당 판서와 낭관도 처벌하였다(『정조실록』 권17, 8년 3월 정유).

그렇다면 이러한 일련의 형사정책이 정조 대에 집중적으로 제기되어 실시되었던 이유는 무엇일까. 조선 시대의 대민 통치는 유교 이념에 입각한 교화 위주의 '예禮'와 형벌을 주 기능으로 하는 '법法'에 중점을 두었다. 유교의 예치가 중심이 되어 예로써 백성을 다스리되 이를 거스르는 자가 있으면 법으로 제재를 가한다는 것이었다(조윤선, 1997: 1~2). 국왕과 대신들은 법과 형벌을 조화롭게 사용하여 정치를 보조하려고 하였다. 정조 또한 왕도 정치에 있어서 가장 힘써야 할 것으로 예악禮樂과 형정을 들었으며, 이를 정치를 돕는 도구로 인식하였다. 그는 "나의 정치는 뜻대로 되지 않아 비록 삼대三代를 만회할 수는 없지만, 원하는 바는 삼대가 아니면 달갑지 않다."(『홍재전서』 권166, 일득록6 정사1)라고 하여 하夏, 은殷, 주周 시대를 통해 실현되었던 옛 성왕聖王들의 덕화德化에 의한 왕도 정치를 추구하려고 하였다. 즉 정조는 하·은·주 삼대의 정치를 자신의 정치 모델로 삼고, 요·순을 훌륭한 정치가의 준거로 삼아 군주와 백성의 일체성을 강조하며 백성의 괴로움을 파악하여 해결하려 하였던 것이다. 따라서 요·순의 정치가 기록되어 있는 『서경書經』은 정조에게 있어 중요한 정치 텍스트였다. 특히 『서경』의 정치 이념 가운데 사형에 처할 죄인을 특별히 살려주는 제왕帝王의 덕인 '호생지덕好生之德'과 죄상이 분명하지 않아 죄의 경중輕重을 판단하기 어려울 때 가볍게 처리하는 '죄의유경罪疑惟輕'은 백성의 생사와 관련 있는 살옥에서 강조되어 정조가 의심스런 옥사에 대해서 관대하게 처리할 수 있는 이념적 바탕이 되었다(심재우, 2005: 185~188).

이처럼 정조는 이상 정치를 추구하기 위해 예악과 함께 형정에 대해서도 힘썼는데, 이러한 의지는 『대전통편』을 간행하는 과정에서 형전刑典의 상세함을 강조한 데서 드러난다.

> 이때 장차 『대전통편』을 간행하려 하니 하교하기를 "원전과 속전을 합하여 편찬하는 것은 별반 어려운 일이 아니지만, 갑자년 이후에 새로 더 넣는 것은 신중하게 살피지 않을 수 없다. 나는 '차라리 자세하게 할지언정 소략하지는 말아야 한다.'고 말했는데, 그중에서 형전은 더욱 주의해야 할 것이다."(『정조실록』 권19, 9년 2월 계묘)

정조는 『대전통편』 간행 시 우선적으로 '자세하게 할지언정 소략하게 하지 말 것'을 언급하였으며, 그 대상으로 육전 가운데 특히 형전을 지목하였다. 정조가 형전의 상세함을 강조한 것은 이것이 백성의 생사고락과 관련이 있기 때문이었다. 이러한 정조의 정치관은 여러 형사정책은 물론 1791년 『추관지』, 1792년 『증수무원록언해增修無冤錄諺解』, 1799년 『심리록』 등 법례, 판례집이 간행될 수 있는 바탕이 되었으며, 형옥류가 『일성록』에 기재되는 단초가 되었다.

이처럼 정조 즉위 이후 계속된 형정에 대한 일련의 작업은 결과적으로 『심리록』의 편찬과 심리 옥안의 『일성록』 기재를 유도하였다.

승지 홍의호가 아뢰기를 "무릇 심리한 옥안에 대해서 형조에 판하상주한 안을 임금이 허가했던 일한 것은 형조의 심리 낭청으로 하여금 단초單抄를 주관하게 해서 『심리록』을 수정할 바탕으로 삼게 하고, 또한 초본 두 건을 내각 및 승정원에 나누어 보내 『일성록』과 『일기』에 기재하도록 법식으로 정하여 시행하게 하소서." 하였는데, 따랐다(『정조실록』 권51, 23년 5월 기묘).

정조는 1799년(정조 23) 형조의 심리 낭청으로 하여금 심리한 옥안의 초록을 작성하여 『심리록』을 수정하는 자료로 이용하게 하였다. 또한 이를 『일성록』에 기재할 것을 주장한 승지 홍의호의 의견을 받아들여 이후 형옥류가 『일성록』에 수록되는 바탕도 마련하였다. 삼대 성왕의 이상 정치를 실현한다는 정치관 속에서 배태된 형정에 관한 정조의 의지는 다른 사료와 달리 『일성록』에 형옥 관련 기사를 상세하게 실을 수 있었던 배경이 되었던 것이다.

2. 정조, 『일성록』에 형옥류를 기록하다

『일성록』은 정조의 세손 시절 개인 일기인 『존현각일기尊賢閣日記』를 기반으로 서술되었다. 정조는 세손 때부터 반드시 취침 전에 그날의 언행과 동정을 기록하여 이를 자신을 성찰하고 심력心力을 살피는 자료로 삼았다. 즉위 후인 1781년(정조 5)에는 작성된 일기를 후세에 전하기 위한 방편으로 구체적인 편찬 작업을 지시하였다. 정조는 규장각의 신하들과 만나는 자리에서 편찬할 일기에 대한 범례를 논의하여 일기의 편찬이 『승정원일기』와는 차별성이 있어야 한다고 강조하였다. 편찬하는 일기의 제목에 대해서는 심염조沈念祖가 '일성록日省錄', '월계록月計錄'의 예를 든 후, 이를 합하여 '일월통편日月通編'으로 하자는 의견을 제시하였지만, 정조는 이미 '일월록日月錄', '편년록編年錄' 등의 제목이 있었기 때문에 답습해서 쓸 수 없다는 입장을 밝혔다(『정조실록』 권12, 5년 8월 기축). 하지만 4개월 뒤인 12월 7일 정조가 일기를 교정하는 신하를 소견召見하는 자리에서 "규장각 신 심염조와 병조참판 정창성鄭昌聖이 명을 받들어 『일성록』을 교정하였다."고 한 것을 보면 편찬하는 일기의 제목이 '일성록'으로 정해졌음을 알 수 있다(『정조실록』 권12, 5년 12월 을해).

이러한 『일성록』은 정조 개인의 일기에서 벗어나 국가의 모든 조치와 정치상의 명령, 관리의 출척, 상벌을 날짜별로 기록하고 있어 대신들이 국정에 참고하는 자료가 되었다. 1783년(정조 7) 이후 처리한 정사가 많아지면서 책 수가 늘어나자, 『일성록』은 규장각 관원에 의해 정리되었다. 정조는 당직 관원에게 지시하여 왕에게 올린 장소章疏, 주계奏啓, 경연에서의 대화 등을 체재에 맞게 기록하도록 했으며, 당직자는 왕의 지시를 받아 수정하고 5일마다 초본을 정서하여 올렸다(『홍재전서』 권182, 군서표기4 어정4). 이와 같이 『일성록』은 매일의 기록을 근거로 1~5일마다 또는 월별로 정리된 기록을 담았다는 점에서 체재 면에서 『승정원일기』와 공통점이 가장 많았다. 이는 "『일성록』의 범례를 잘 만들지 않으면 『승정원일기』와 다를 바 없다."고 한 정조의 말에서도 알 수 있다(『정조실록』 권12, 5년 8월 기축).

『일성록』의 체재는 1일을 단위로 판면板面을 달리하였으며, 하나의 사건마다 하나의 조목을 달았다. 즉 기사의 핵심을 뽑아 강綱으로 삼아서 찾아보기에 편리하도록 만들었으며, 해당 강 다음에 목目을 달아서 사실을 자세하게 기재하였다. 『일성록』의 내용 가운데 상소上疏와 차자箚子 일정한 격식을 갖추지 않고 사실만 간략히 적어 올리던 상소문의 경우는 중도한 말만 잘라서 간결하게 기록하였고, 임금의 명령을 일반에게 알릴 목적으로 적은 군서인 조서詔書는 엄격하게 전문을 수록하였다. 또한 왕의 윤음, 비답, 판문은 전문을 기록하였으며, 신하들의 상주上奏와 계문은 긴요한 부분만 탈췌 기록해 요점을 쉽게 파악하도록 하였다(『일성록범례』). 따라서 『일성록』은 『승정원일기』에 비해 글은 간결하지만, 내용은 상세하게 담겨 있는 장점이 있다.

앞의 「서론」에서 말했듯이 『일성록』에 수록된 기사는 국가 운영의 참고 자료로 쉽게 이용될 수 있도록 천문류, 제향류를 비롯하여 임어 소견류, 반사은전류, 제배체해류, 소차류, 계사류, 초기서계별단류, 장계류, 과시류, 형옥류 등 총 11개로 분류되었다. 비, 우박, 우뢰, 서리 등이 내린 시간과 강수량을 기록한 천문류를 포함하여 국가의 정기적인 각종 제사나 기우제의 준비 과정, 시행 내용, 조강朝講·주강晝講·별강別講 등 경연을 행한 장소와 좌목座目 자리의 차례를 적은 목록 등이 우선적으로 서술되었다. 이와 함께 소견 내용, 문무 관원의 인사에 대한 절차 및 결과, 국정의 특정 주제에 대한 관원의 보고와 그에 대한 처리, 위법행위를 한 관원의 처벌과 전국 범죄인에 대한 심리 및 판결 등이 전재되어 있다. 죄수의 심리 과정에서 올라온 각 도 감사와 형조의 계 등도 모두 실었으며, 매일의 기록 말미에는 편찬을 담당한 인물의 관직과 성명이 기재되어 책임의 소재가 확실했다.

『일성록범례』에는 형옥류의 유형으로 29개의 실례가 기록되어 있다. 여기서는 그 가운데 유사한 내용을 정리하여 9개 유형의 사례를 제시해보겠다.

첫째는 관리의 죄과를 추궁하여 심문할 것을 지시하거나 죄과가 있는 관리의 파직罷職, 나처拿處중죄인을 의금부로 잡아들여 조처하던 일 등을 명령하는 내용이다. 주로 관직자의 죄과에 대한 왕의 처벌이 서술되어 있다. 둘째는 도의 관찰사가 관할 현감의 죄상이나 해당 도에서 발생한 살인 사건에 대해 왕에게 아뢰는 내용으로, 각 도에서 일어난 위법행위를 왕에게 보고하는 장계가 대부분이다.

셋째는 의금부나 전옥서에 갇혀 있는 죄인의 죄상과 그에 대한 처리 과정이다. 여기에는 해당 사건에 대한 죄인의 죄상을 조사한 후 석방하라는 감방勘放, 대신과 의논하여 처리하라는 의처議處, 법규를 적용하라는 조율照律 등을 명하는 내용이 기록되었다. 넷째는 죄인에 대한 정배 기록으로, 죄상, 형량, 정배지에 대한 내용이며, 다섯째는 변란, 역모, 당쟁, 사학, 흉한 상소[凶疏], 괘서, 어사 가칭御史假稱, 왕릉 방화 등의 중죄를 저지른 죄인에 대해 의금부에 추국 실행이나 중지를 명령하는 내용이다.

여섯째는 백성이 자신의 억울한 사연을 국왕에게 직소直訴하는 상언이나 격쟁의 내용이다. 이 가운데에는 사소한 일인데도 해당 도의 관찰사나 수령에게 고하지 않고 외람되게 왕에게 아뢰는 외람 격쟁인猥濫擊錚人의 상언·격쟁을 처리하지 말도록 청하는 형조의 계사도 함께 수록되어 있다. 일곱째는 형조에서 처결한 살옥안을 기재한 것으로, 살옥에 대한 검험, 수범과 종범의 분간, 범죄 원인, 범죄인에 대한 형조와 대신의 논의, 이에 대한 국왕의 판부 등이 주 내용이다. 여덟째는 8도에 정배된 죄수 가운데 석방할 자와 석방하지 않을 자에 대한 계본啓本임금에게 큰일을 아뢸 때 제출하던 문서 양식을 판하하는 내용이며, 아홉째는 한성부에서 발생한 경범 죄수의 석방 수효이다.

이처럼 『일성록』 형옥류에는 관직자의 위법행위에서부터 이에 대한 처결, 상언·격쟁, 현재 수감되어 있는 죄수, 추국 및 살옥 죄인에 대한 사건 내용과 처벌, 정배 죄인의 석방 여부, 경범 죄수의 석방 여부 등 당시 범죄인의 현황과 처리 과정, 범죄 유형 등이 상세히 서술되어 있다. 『일성록』에 기재된 형옥류를 사죄를 중심으로 살펴보면, 인명 사건과 관련된 살옥류로는 살인·강도, 폭행 치사, 과실치사, 위핍치사威逼致死 타인을 협박하여 자살하게 하는 것 등이 기록되어 있으며, 비살옥류로는 국가의 중죄인 모반, 불충, 전패작변, 괘서 등 정치 범죄와 사기·절도, 위조, 방화·실화失火, 굴총 등 사회·경제 범죄가 기록되어 있다. 이 가운데 살옥류가 2,626건으로 92%를 차지하며, 정치 범죄를 제외한 위조, 절도 등 비살옥류는 227건으로 8%에 불과하다. 인명 사건과 관련된 내용이 압도적으로 많아 이와 관련된 사죄 처리 규정과 절차를 확인할 수 있다.

한편 『일성록』에는 사죄뿐만 아니라 사죄 이외의 범죄도 수록되어 있다. 현임 관리의 직무 소홀, 관리의 장죄臟罪 관리가 부정하게 재물을 취득한 죄, 하층민이나 관속의 구타, 과장科場에서의 소란, 금주禁酒, 금송禁松 소나무를 베지 못하게 금하던 일, 금도禁屠 소의 도살을 금하던 일, 야간 통행금지 위반(범야犯夜) 등이 그 예이다. 비사죄의 경우 한성부에서 발생한 것이 대부분이었기 때문에 『일성록』은 한성부 범죄 양상을 총체적으로 확인하는 데에도 유용한 자료이다.

그러면 『일성록』 형옥류의 내용이 얼마나 풍부한지 『조선왕조실록』, 『심리록』, 『추조결옥록』 등과 비교하여 구체적으로 살펴보자. 먼저 정조 대에서 철종 대까지 『조선왕조실록』에 나타난 형옥류의 기록이다. 『조선왕조실록』에서는 정조 대 46건, 순조 대 36건, 헌종 대 25건, 철종 대 4건으로 총 111건의 사형 관련 범죄를 파악할 수 있다(〈표 1〉 참조). 정조 대에는 1785년(정조 9)과 1795년(정조 19) 2년의 범죄 기록이 보이지 않으며, 순조 대에는 1802년(순조 2), 1803년(순조 3), 1805년(순조 5), 1806년(순조 6), 1812년(순조 12)~1814년(순조 14), 1816년(순조 16), 1821년(순조 21), 1822년(순조 22), 1825년(순조 25), 1830년(순조 30), 1831년(순조 31) 등 13년의 범죄 기록을 확인할 수 없다. 헌종 대에는 1836년(헌종 2), 1842년(헌종 8), 1844년(헌종 10) 등 3년의 범죄가, 철종 대에는 1854년(철종 5), 1857년(철종 8), 1858년(철종 9)을 제외한 11년의 범죄가 기록되지 않았다.

『조선왕조실록』을 살펴보면 정조 대와 헌종 대의 경우 사죄에 대한 국왕의 판부가 비교적 시계열적으로 기록되어 있지만, 순조 대와 철종 대에는 시기적으로 누락된 것이 많았다. 기재된 범죄 건수도 1년에 2, 3건으로 매우 적었다. 『조선왕조실록』에 수록된 범죄 내용을 보면 국가의 기물을 훔친 절도와 문서위조가 29건, 궁궐·관아 물의 방화나 실화가 6건이다. 인명 사건인 살옥은 47건으로, 부모, 남편, 아내, 상전을 죽인 강상 관련 살인 사건과 양반이 양인이나 노비를 살해한 범분 관련 사건이 다수를 차지하였다. 이 밖에 범월犯越국경을 넘어 중국 등 다른 나라로 가는 행위이 7건, 사굴私掘남의 무덤을 사사로이 파냄, 월장越牆·난입攔入, 궁궐 훼손, 무고, 작나作拏소란 등이 22건이다.

『일성록』의 경우 전국에서 발생한 모든 살옥 죄인이 수록된 것에 비해, 『조선왕조실록』에는 이 가운데서도 범분과 관련된 살인 사건이 주로 기록되어 있다. 또한 국가적 법익과 왕권을 침해하는 성격의 범죄인 관문서 위조, 궁궐·관아물의 절도, 궁궐 난입 등의 사건이 많았다. 그 이유는 조선의 지배 체제가 신분적 사회질서와 성리학을 기반으로 하는 유교적 도덕 질서를 중심으로 확립되었으므로 이를 침해하는 행위에 대해서는 주로 『조선왕조실록』에 수록했기 때문이라고 생각된다.

이에 반해 『일성록』은 정조 대부터 철종 대까지 88년의 범죄를 빠짐없이 기록하고 있어 범죄의 시기별 추이를 살펴보는 데 용이하다. 『일성록』에는 1776년(정조 즉위) 형조의 살옥 죄인 이장환과 병부를 태운 죄인 전극엽에 대한 왕의 판부를 시작으로 매달 죄인에 대한 심리가 기록되어 있다. 원칙적으로 왕이 대신과 함께 사형 죄수의 죄도과 형량을 의논하는 계복啓覆은 관원의 의견에 따라 추분 후 입춘 전에 모두 시행되었다(『수고집록』 형전 추단조). 그렇기 때문에 『일성록』에 기록된 살옥 죄인에 대한 형조의 계복은 추분 후인 10월부터 입춘인 1월 사이의 시기에 집중된 것이다. 『일성록』에는 중복된 죄인을 제외하고는 88년간 2,853건의 사죄가 기록되어 있으며, 이중에서 국왕이 판결한 범죄는 매년 평균 33건이다.

다음으로 『일성록』 형옥류를 정조 대 사형죄수의 판결을 기록한 『심리록』과 상호 비교해보자. 『심리록』에는 정조 대 편찬된 사료 가운데 가장 많은 범죄가 기록되어 있다. 여기에는 한성부를 비롯한 전국의 범죄 1,112건이 수록되어 있는데, 그 가운데 68건을 제외한 1,044건이 『일성록』에도 나타났다. 반면 정조 대 『일성록』에 수록된 사죄 가운데 42건은 『심리록』에 기재되어 있지 않다. 여기서 알 수 있는 사실은 『심리록』과 『일성록』 또한 정조 대의 모든 범죄를 기록한 것은 아니라는 것이다. 하지만 오히려 『일성록』은 사죄뿐 아니라 정배 이상의 비사죄 기록 또한 담고 있어서 전 시기 범죄 양상을 살필 수 있는 1차 사료의 역할을 한다. 게다가 『일성록』은 순조 대에서 철종 대까지 『추조결옥록』의 살옥안도 대부분 수록하고 있어 양적인 면에서 가장 많은 범죄를 파악할 수 있는 자료이다.

『추조결옥록』에서는 1822년(순조 22)부터 1893년(고종 30)까지 형조에서 결옥한 사건을 확인할 수 있지만, 순조 대는 1822년(순조 22), 1830년(순조 30), 1834년(순조 34) 3년만이, 헌종 대는 1843년(헌종 9)과 1845년(헌종 11)만이 기록되어 있다. 이에 반해 철종 대에는 1850년(철종 1)과 1851년(철종 2)을 제외한 1852년(철종 3)부터 1863년(철종 14)까지 12년간 형조에서 결옥한 사건이 서술되어 있다. 따라서 『추조결옥록』에서 철종 대의 범죄에 대해서는 어느 정도 시기의 연속성을 찾아볼 수 있지만, 순조 대와 헌종 대의 기록은 소략하여 이 자료로는 두 시기의 범죄 양상을 검토할 수 없는 한계가 있다.

철종 대를 중심으로 『추조결옥록』에 나타난 사죄 건수를 보면 총 557건으로, 이는 『일성록』에 기록된 철종 대 범죄 건수 477건보다 80건이 많다. 하지만 『추조결옥록』의 경우 1850년(철종 1)에 수록된 146건의 범죄가 『일성록』에서는 모두 순조 대와 헌종 대에 기재되어 있다. 즉 『일성록』은 『추조결옥록』의 범죄 내용을 그대로 수용하고 있으며 19세기의 모든 범죄를 포괄하고 있다고 생각할 수 있다. 따라서 『일성록』의 경우 자료의 시계열성을 뚜렷하게 살필 수 있는 장점을 가지고 있다.

이 밖에 『일성록』에는 포도청이나 의금부에서 다루는 죄인에 대한 해당 관사의 계사나, 사건 심리 중에 있는 가해자나 피해자 가족의 상언·격쟁도 많이 수록되어 있어 이를 통해서도 당시의 범죄상을 검토할 수 있다.

3. 조선 시대 '범죄'의 기록 속으로 들어가다

1) 범죄의 기록, '살옥안' 살펴보기

조선 시대에는 한성부를 비롯해 각 군현에서 살인 사건이 발생하면 초검初檢을 실시하였다. 한성부의 경우 사건이 발생한 부部의 부관이 검험관이 되어 율관律官 과거의 율과에 급제하여 임명된 벼슬아치·의관과 함께 서리, 하례下隸 각 관사에서 천한 일을 하던 사람, 시체 조사를 전담하는 오작인作人 등을 거느리고 검험을 주관하였다. 지방에서는 사망자가 발생한 군현의 관할 수령이 검험관이 되었다.

먼저 검험관은 시체를 안치해둔 곳에 도착하여 시친과 피고인의 진술(초사招辭)을 받았다. 아울러 정범과 간범 등 죄인을 포함하여 증인, 관련인, 오가장五家長 조선 시대에는 민호民戶 다섯 집을 한 통으로 만들어 인보隣保 혹은 행정 조직의 말단으로 사용했는데, 그 우두머리를 일컫는다 등 응문각인에게 처소에서 싸운 이유, 원한의 유무, 살아 있을 때의 흉터, 범행에 사용된 무기의 크기와 습득 여부 등 신문할 조목을 발송하여 첫 번째 초사를 받았다. 이것이 끝나면 검험관은 피해자의 시체를 검사하는 검시檢屍를 실시하였는데, 날이 저물었을 경우에는 이튿날 아침까지 기다렸다가 시행하였다. 이후 검험관은 처음 초사의 예와 같이 다시 응문각인에게 진술을 받았다. 이러한 절차가 끝나면 검험관은 피해자의 사망 원인인 실인實因을 장부에 기록하고 계인契印 두 장의 문서에 걸쳐 찍어 서로 관련되어 있음을 증명하는 도장을 찍었으며, 이를 토대로 검험 내용의 대강을 간략하게 적어 형조에 보고하였다. 그런 후에 한성부에 공문을 보내 복검을 청하였다.

복검은 한성부의 낭관이 반드시 참여해야 하는 검시인 외에 형조의 집리執吏중앙 관아에서 사무를 맡아보던 주임급의 구실아치와 서리를 추가로 데리고 초검의 예와 같이 시행하였다. 지방에서는 인근 군현의 수령이 초검관이 보낸 공문에 의거하여 검험하였으며, 초검과 복검의 사망 원인에 의심스러운 점이 있을 경우에는 삼검三檢, 사검四檢을 실시하였다. 복검장覆檢狀이 형조에 도착하면 형조판서가 해당 사건에 대해 직결直決과 회추會推를 결정하였고, 간련자干連者 중에서 석방할 자와 구속할 자를 구분하여 처리하였다.

회추는 형조의 세 당상관이 해당 낭관 및 두 검시관과 함께 회동하여 죄인을 신문하는 것을 말한다. 지방에서는 유수留守 또는 관찰사의 지시에 따라 초검, 복검의 두 검험관이 회추를 시행하였다. 형조는 회추 결과 옥사의 내용에 문제점이 없으면 즉시 왕에게 보고하였으며, 의심스러운 단서가 있으면 재조사하였다. 이를 한성부에서는 완결, 지방에서는 녹계라고 하였다. 한성부의 완결과 각 도 관찰사의 녹계를 형조에서 모아 왕에게 보고하면, 왕은 이에 대한 판결을 내렸다.

완결 계목이 판하된 후에는 형조는 한성부에 수감된 죄수에 대해 한 달에 6차례 심문하여 자백을 받는 동추同推를 시행하였으며, 죄인이 자백하면 죄인의 생년월일과 용모 및 죄상 등을 기록한 최종 보고서인 결안結案을 작성하였다. 그런 후에 형조에서는 율령에 관한 사무를 담당하는 검률檢律로 하여금 해당 사건의 내용을 법규에 적용하게 하고 이어 의정부에 계복을 청하였다. 매년 10월 중에 사형에 해당되는 죄인에게 억울함이 없도록 하기 위하여 세 번 심리를 하는 삼복三覆을 거행하였다. 초복일에는 원임대신, 의정부의 좌·우참찬, 한성부의 판윤, 육조의 판서, 형조의 참판 등이 입시하였고, 왕은 보고된 살옥안이 한 부씩 낭득될 때마다 여러 사람의 의견을 물은 뒤 판결을 내렸다. 재복再覆에서는 형조의 세 당상관이 모여 의논한 뒤 왕의 재가를 받았다(『심리록』 권1, 응행격식).

이처럼 살옥의 처리 과정은 크게 ① 검험관의 검험, ② 관찰사·형조판서의 죄인 신문인 회추·완결·동추·결안, ③ 국왕과 대신의 최종 심리인 삼복으로 나눌 수 있다. 『일성록』에는 그 가운데 왕에게 최종 보고되는 ②, ③의 절차와 관련된 형조의 계사가 다수 수록되어 있다.

그럼 『일성록』에 수록된 형옥류의 자료 유형을 한성부에서 발생한 사건을 중심으로 살펴보기로 하자. 『일성록』에는 다양한 유형의 계사가 수록되어 있는데, 이를 문서의 특징적 형태와 자료적 가치에 따라 크게 네 가지로 구분할 수 있다.

첫째, 범죄인과 사건 관련자의 공초供招를 기록한 형조나 포도청의 계사이다. 『일성록』에는 『심리록』과 『추조결옥록』에서는 찾아볼 수 없는 시친인, 간련인, 정범 등 범죄 관련인의 진술이 수록되어 있어 이를 통해 당시 범죄의 정황을 생생하게 살필 수 있다. 〈자료 1〉과 〈자료 1-1〉은 형조나 포도청의 계사 내에 정범과 간범 등 본죄인의 공초, 피해자 가족, 증인, 간련인의 진술이 서술된 사례이다. 〈자료 1〉은 형조의 계사와 왕의 판부로 이루어진 한성부 살옥 죄인 김종득의 옥안으로, 형조의 계사에 시친인, 간련인, 정범의 초사, 검험관의 검험 내용, 초검관의 의견서인 결사結辭 등이 나타나고 있다(자료 속의 일련번호는 모두 내가 붙인 것이다).

〈자료 1〉 1797년(정조 21) 한성부 죄인 김종득의 살옥안

(가) 형조에서 계하여 아뢰기를 "① 11월 22일 우포청의 이문移文_{같은 등급의 관아 사이에 주고받던 공문서}에 '서강 수철리에 사는 김종득이 이번 달 18일에 땔나무를 사러 마포에 갔다가 땔나무 상인인 10여 세 아이를 만나 값을 정하고 자기 집으로 데리고 가서 …… 죄인 김종득과 간련된 여러 사람을 모두 이송하였습니다. ② 북부도사 서홍보가 시체가 놓인 곳에 이르러 먼저 초사를 받은 후에 검험을 하였습니다.' ②-1 시친 오성유의 초사에 이르기를 '저는 부평에 사는데, 저의 동생 성록이 이번 달 18일에 땔나무를 팔러 경강으로 향할 때 15세인 저의 아들 오봉루 또한 땔나무를 팔려고 마포로 따라갔습니다. 옹리에 거주한다고 하는 어떤 사람이 땔나무 짐을 사고자 하여 제 동생이 그것을 팔고 이어 제 아들로 하여금 원매인願買人_{사려는 사람}이 있는 곳을 가리키며 갔다 오게 했습니다. ……' ②-2 정범 김종득의 초사에 이르기를 '이번 18일 동리에 사는 오복이와 함께 마포 장시에 나갔다가 나이 16, 17세 정도 되는 땔나무 상인을 만나 값을 정하고 [그를] 데리고 가 땔나무를 풀었으며, 땔나무 값을 준다고 거짓으로 말하고 소를 탈취하고자 그 아이를 안현鞍峴 봉수대 밑으로 유인해서 먼저 돌부리로 한번 때리고 ……' ②-3 간련인 김오복의 초사에 이르기를 '19일 밤 종득의 어머니가 말하기를 종득이 몰래 도살한 죄로 잡혀가서 지금 구타당하고 있다고 하였습니다. ……' ②-4 24일 오봉루의 시신을 예에 의거하여 검험하니 앞면은 두 눈은 감겨져 있고 코는 편편하며, 양 입술은 오므려져 있는 것이 모양이 마치 까마귀가 쪼는 듯합니다. 이마에 상처가 한 곳 있는

데, 비스듬한 것이 길이는 2촌 7푼, 너비는 9푼, 깊이는 5푼입니다. …… ②-5 초검관인 해당 부의 도사都事 서홍보의 결사에 이르기를 '손으로 직접 누르고 만져 상세히 살펴보니 이마와 눈썹 등의 상처는 돌로 때린 상처가 분명하며 ……" ③ 또 계하여 아뢰기를 "죄인 김종득은 규례에 의거하여 결안하고 초사를 받았는데, 이는 부대시참不待時斬법으로 정한 시기를 기다리지 않고 참형을 집행하는 일에 관계되니 의정부에 보고하여 상복詳覆사형수에게 삼심三審을 한 뒤에 다시 더 자세하게 심판하는 것을 시행할 것을 청합니다. ……"(나) 하고 하교하기를 "법대로 하라."(『일성록』 정조 21년 12월 2일)

먼저 (가)의 ①과 ②~②-5는 형조에서 검험하는 규식을 보여주고 있다. 형조는 시친이 바친 진정서나 해당 부의 첩정牒呈등급이 낮은 아문에서 높은 아문에 보내던 공문서, 관사의 이문에 나타난 사실에 의거하여 검험을 하라는 관문關文등등한 관부 끼리 간 또는 상급 관부에서 하급 관부로 보내던 공문서을 발송하였다. ①은 죄인을 잡은 우포도청의 이문으로, 이를 통해 범죄인의 거주지, 성명, 직역, 사건의 개요, 범행 장소, 범행 방법 등을 알 수 있다.

또한 ②~②-5는 한성부의 검험 과정을 보여주는 것으로, 포도청의 이문을 토대로 사건이 발생한 해당 부의 도사가 검험을 진행하였음을 알 수 있다. ②-1~②-5는 검장檢狀검시한 결과를 상관에게 보고하던 글의 내용을 보여주는 것으로, 검험 장소 및 일자, 시신의 위치·상태, 시친, 정범, 간련인, 증인의 초사 등이 서술되어 있다. ②를 통해서는 북부도사 서홍보가 시신이 있는 곳에 이르러 먼저 시친과 정범의 진술을 받은 후 검시를 하는 상황을 알 수 있다. ②-1은 살해된 피해자 가족의 진술로, 시친이나 치사인의 거주지, 치사인과 시친의 관계, 사건 당시 피해자의 상황 등을 알려준다. ②-2는 살해범 김종득의, ②-3은 사건과 관계된 간련인의 진술 내용이다. 범인의 진술서에는 사건 당시의 정황, 치사인과의 관계, 범행 목적, 범행 경위와 방법 등이 기록되어 있으며, 간련인의 진술서에는 범인의 당시 행적, 범행 당시의 상황 등에 대해 적혀 있다.

이와 함께 검험관의 검시 내용(②-4)이 기재되어 있다. 검험관은 치사인의 신장과 얼굴색, 손상 부위 등 모든 신체를 상세히 살펴본 후 얼굴의 모습, 상처 부위, 상처의 크기 등을 기재하였다. 그런 후 검험관은 초검관의 성명과 군현명을 표시하고 검험 의견서인 결사를 적었다(②-5). 이러한 것을 토대로 형조는 범죄인의 처리 과정, 율문 적용 문제, 죄목과 형량에 관한 의견 등을 기재하였으며(③), 왕은 본 살옥에 대해 판부(나)를 내렸다.

〈자료 1-1〉 1807년(순조 7) 위조 죄인 강윤상에 대한 좌변포도청의 계

(가) 좌변포도청에서 아뢰기를 "어보御寶를 위조한 죄인 강윤상, 정신대, 한용선, 한광천 등을 모두 엄하게 곤장을 쳐서 신문하였습니다. 먼저 ① 강윤상의 초사에 이르기를 '저는 본래 송화민으로 병오년에 승호포수로 상경하였다가 갑자년에 직에서 쫓겨났습니다. 같은 군현 사람인 한용선이 와서 말하기를 동향인 중에 과거에 떨어진 선비 한광천이 있다고 하므로 제가 궁핍하여 하지 못할 일이 없어 이에 거짓 홍패문과·무과의 전시殿試 급제자에게 주던 증서 1장을 만들어 직접 한광천의 이름 석 자를 썼으며, 황밀로 어보를 위조하여 전자형篆字形으로 손수 새기고 주홍색을 칠하여 찍

고서 50냥을 받고 한용선에게 팔았습니다.'라고 합니다. ② 정신대의 초사에 이르기를 '신천에서 거주하며 임인년에 승호포수로 상경하였다가 정미년에 쫓겨나 고향으로 돌아왔으며, 신유년 경과慶科 초시初試에 입격하고 회시會試에서는 떨어졌습니다. 그런데 저의 식주인食主人나그네를 재워주고 밥을 파는 집의 주인인 김일환이 타인의 홍패 1장을 펼쳐 성명 및 대연호大年號를 칼로 긁어낸 후 저의 성명을 쓰고 어보를 찍었으며 ……' ③ 한용선의 초사에 이르기를 '문화에 살면서 갑인년 정시庭試에 과거를 보려고 상경하여 보제원에 사는 이백규의 집에 머물렀습니다. …… 저에게 일러 말하기를 매과賣科돈을 받고 과거에 합격시켜주는 행위할 경우 50냥을 지급한 연후에야 홍패가 발급될 수 있다고 하므로 그 말에 따라 돈을 마련해주었더니 홍패 1장을 싸서 주므로 급제자인 것처럼 하고 고향으로 내려왔습니다. ……' ④ 한광천의 초사에 이르기를 '문화에 살면서 병인년 정시에 과거를 보려고 상경하였는데 …… 한용선의 지휘로 50냥을 지급하여 강윤상에게 홍패 1장을 샀습니다.'라고 합니다. ⑤ 정신대, 한용선이 거짓으로 출신出身한 정황과 한광천이 용선의 소개를 받고 거짓 홍패를 산 곡절은 지금 이미 자백했습니다. …… 위의 죄인 강윤상, 정신대, 한용선, 한광천은 청컨대 모두 형조로 이송하여 법에 비추어 처단하십시오." 하니 (나) 윤허하였다(『일성록』 순조 7년 10월 17일).

〈자료 1-1〉은 1807년(순조 7) 어보를 위조하여 홍패를 만든 죄인 강윤상과 위조 홍패를 구입한 사람에 대해 왕의 처벌을 요구하는 좌변포도청의 계사이다. (가)는 포도청의 계사 내용으로, 정범 강윤상을 시작으로 위조 죄인의 진술 내용을 기록하였다. ①은 위조 죄인 강윤상의 공초 내용이다. 포도청으로부터 어디에서 거주하며, 어떤 직역을 가지고 있고, 관련된 사람은 누구인가라는 문초를 받았기 때문에 죄인의 진술서에는 자신의 직역, 거주지, 범행을 저지르게 된 이유, 위조 방법, 위조 홍패의 발매처 등이 기술되었다. ②, ③, ④는 위조된 홍패를 구입한 죄인들의 진술이다. 이들은 모두 과거를 보러 상경했다가 낙방한 자들로, 정범과 마찬가지로 자신의 직역, 거주지, 위조 홍패를 구입한 연유와 방법, 매득 가격 등을 진술하였다. 이러한 진술 내용을 토대로 포도청에서는 죄인을 형조로 이송하여 처리할 것을 왕에게 요청하였으며(⑤), 왕이 이를 윤허하였다(나).

〈자료 1〉과 〈자료 1-1〉의 경우는 형조나 포도청의 죄인 처리 과정과 해당 사건의 정황이 그대로 기록되어 있어 범죄 관련 내용을 자세하게 살필 수 있다는 점에서 자료적 가치가 매우 높다. 특히 〈자료 1〉은 다른 범죄 사료에서는 찾아볼 수 없는 『일성록』만의 특징을 보여주고 있다. 이런 유형의 계사는 『일성록』에서는 주로 정조 대에 많이 나타나는데, 정조 대 기록의 약 50%가량을 차지하고 있다.

『일성록』 형옥류의 두 번째 유형은 살옥을 처리하는 과정에서 한성부는 형조의 계사와 왕의 판부를, 지방은 해당 관찰사의 조사 보고, 대신의 논의, 왕의 판결 내용 등을 모두 기록한 경우이다. 〈자료 2〉는 1806년(순조 6) 한성부 서부에 사는 살옥 죄인 김하구의 옥안이며, 〈자료 2-1〉은 1809년(순조 9) 전라도 광주의 살옥 죄인 김영배의 옥안이다. 이 두 옥안은 『일성록』에 수록된 형조 계사의 한 예를 보여주고 있다.

〈자료 2〉 1806년(순조 6) 한성부 죄인 김하구의 살옥안

(가) 이보다 앞서 형조에서 아뢰기를 "① 서부에 사는 김하구가 ② 김천봉의 처 최 소사를 ③ 때리고 발로 차 ④ 3일 만에 죽게 하여 ⑤ 갑자년 10월 초 1일에 가두었습니다. ⑥ 초검관인 서부도사 이지연의 검장에는 ⑦ 사망 원인이 발에 차여 태아가 다쳐 치사한 것[被踢胎傷致死]으로, ⑧ 정범은 김하구로 기록되어 있습니다. ⑨ 복검관인 한성주부 정비용의 검장에는 ⑩ 실인과 ⑪ 정범은 초검과 같았습니다." (나) 형조판서 이면긍의 완결에 이르기를 "① 최 소사의 상흔은 길이가 7촌으로 검푸르고 단단하며, 회임한 지는 만 6개월이 되었고, 제멋대로 혈류血流가 뻗쳐 있는 것이 죽은 지 3일 이내이므로 사망 원인은 재차 의심할 만한 것이 없습니다. ② 다시 엄하게 형신죄인의 정강이를 때리거 캐묻던 일하여 기어이 정상을 알아내도록 해야 합니다. …… (다) 하교하기를 "대신들과 의논하여 처리하라." 하였다(『일성록』 순조 6년 11월 2일).

〈자료 2-1〉 1809년(순조 9) 광주 죄인 김영배의 살옥안

(가) 전라감사 이조원의 장계에 이르면 "① 광주光州 죄인 김영배가 ② 진일량을 ③ 구타하여 ④ 9일 만에 죽었는데, ⑤ 이미 매장하여 검험을 행할 수 없었습니다. ⑥ 초사관初查官 광주목사 이상황의 보고에 ⑦ 실인은 구타당해 죽은 것으로, ⑧ 정범은 김영배로 기록되어 있습니다. ⑨ 복사관覆查官 화순현감 이영석의 보고에 ⑩ 실인과 정범이 초사와 같으니, ⑪ 조인 김영배는 전례에 의거해서 신문하고 추고하여 기필코 자복을 받아야 합니다." (나) 형조에서 계하여 아뢰기를 "이 옥사를 대신과 의논한즉 좌

의정 김재찬이 말하기를 '다른 사람의 처를 간하고 다른 사람의 지아비를 죽여 …… 아주 흉악하고 참혹하니 형신을 가하여 자복을 받아야 하는데 단연코 다른 의견이 없다.'고 합니다." 신 등이 말하기를 "이 옥사는 횡포가 심한 양반이 상놈의 정처를 빼앗고 도리어 그 남편을 죽였으니, …… 청컨대 엄히 형신하여 자복을 받아야 합니다." 하니 (다) 하교하기를 "구석진 시골의 양반이 세력을 빙자하여 강제로 남의 처를 빼앗고 사람을 죽이니 보기에 예사롭지 않은 정황이며 극히 흉악하고 통악하니 엄히 형벌하여 자백하는 초사를 받으라."(『일성록』 순조 9년 6월 17일)

이 두 자료의 유형과 내용을 효과적으로 살펴보기 위해 한성부와 지방의 옥안을 (가), (나), (다) 세 부분으로 구분하였다. 대개 지방의 경우 검험을 마친 검험관은 죄인을 심문하여 내용에 의심이 없으면 기록하여 형조에 올렸으며, 형조는 범인의 수종首從 여부, 죄목, 형량 등을 왕을 비롯한 대신과 심의하는 회계回啓를 하였다. 그렇기 때문에 살옥 죄인에 대한 형조의 계사에는 해당 도의 조사 보고가 수록되어 있다.

〈자료 2-1〉의 (가)는 관찰사의 장계로, 형조는 해당 지역 관찰사의 사건 보고를 토대로 형량을 결정해야 했기 때문에 형조의 계사에는 각 도 관찰사의 심리 장계가 함께 기록되어 있는 경우가 많았다. 관찰사의 심리 장계에 대한 규식이 만들어진 것은 1779년(정조 3)으로, 그 전에는 각 도마다 옥안의 형식이 달랐기 때문에 이를 간결화하기 위해 만들었다. 새로 규정된 심리 장계에는 먼저 범인의 성명, 거주지, 범행 방법, 죄인을 잡아 가둔 일자, 형벌의 횟수, 피해자의 사망 일자 등을 기록했으며, 이와 함께 피해자 가족의 고소장과 면임面任·이임 里任의 자필 보고서인 수본手本을 적었다. 다음으로 초검에서 나온 상처와 사망 원인, 검험 날짜, 시친·정범·간범·간련 등의 진술 내용을 기록하며, 초검관의 성명과 군현명을 표시하고 검험에 대한 검사관의 의견서인 결사를 적었다. 그러면 관찰사가 성명을 표시하고, 결사에 대한 관찰사의 판결인 데김(제사題辭)을 적었다. 이후 복검 과정도 초검 과정과 동일하게 기록하였다. 만약 시친이나 범인의 가족이 상언이나 격쟁을 하여 조사하게 되었을 경우 피해자의 억울한 사정인 원정原情과 형조의 회계, 본도本道 검험관의 의견서인 발사跋辭 형조의 복계를 연월일과 함께 기록하였다(『추관지』 2편, 상복부 계복 옥안수계).

이러한 규식을 토대로 한성부나 지방 모두 (가) 형조의 계사와 관찰사의 장계에는 ① 범인이 거주하는 부명·군현명과 성명 ② 피해자의 성명 ③ 범행 방법 ④ 사망한 시기 ⑤ 옥사가 이루어진 연월일이나 검험 여부 ⑥·⑨ 초검관과 복검관의 부명·군현명과 성명 ⑦ 피해자의 사망 원인 ⑧ 정범 ⑩ 복검관의 초검 내용과의 동일 여부 ⑪ 관찰사의 사건에 대한 의견 등이 기재되어 있다.

(나) 부분은 〈자료 2〉의 경우 사건에 대한 형조판서의 의견이며, 〈자료 2-1〉의 경우 관찰사의 보고에 대한 형조의 계사이다. 〈자료 2〉의 경우 ① 형조판서는 검장에 나타난 상흔과 사망 시기를 중심으로 치사자의 사망 원인을 재차 확인하였으며, 이를 토대로 ② 죄인에 대한 처리를 결정하였다. 〈자료 2-1〉의 경우 형조가 관찰사의 장계를 토대로 본 사건에 대한 의견을 제시했다. 원칙적으로 서울과 지방을 막론하고 사죄死罪는 형조에서 의정부에 보고하여 다시 상복하였기 때문에, 형조의 계사에는 의정議政의 견해가 함께 수록되어 있다. 주

로 범행 동기, 범행 도구, 범행 방법, 피해자·가해자의 관계, 형량 등이 언급되어 있으며, 이 밖에 증언, 피해자의 상처 정도, 범행 이후 범인의 태도, 형조의 율문 적용, 죄목과 형량에 관한 대신의 의견 등이 기재되어 있다.

마지막 (다)에는 형조의 계사에 대한 왕의 판부가 기재되어 있다. 판결 부분에는 옥사에 대한 왕의 견해뿐 아니라 심리 과정에서 왕이 상세한 조사 또는 재조사를 명령하는 내용이나 심리가 완결된 경우의 형량이 기재되기도 하였다.

〈자료 2〉, 〈자료 2-1〉과 같은 유형은 『일성록』에 수록된 살옥 범죄와 관련된 가장 일반적인 형태의 계사이다. 이러한 유형은 앞의 〈자료 1〉보다는 범죄 관련인의 진술을 토대로 한 범죄 정황이 상세하지 않지만, 사건에 대한 형조와 관찰사의 견해, 죄목과 형량 적용 과정 등이 풍부하게 기록되어 있다는 점에서 자료적 가치가 높다.

세 번째 유형은 형조의 계사에 살옥 죄인의 가족이 올린 상언이나 격쟁의 원정을 수록한 경우이다. 〈자료 3〉은 1849년(철종 즉위) 한성부 동부에서 발생한 이진륜 사건에 대한 아들 이거복의 원정이다. 원정에는 억울하게 살인의 죄목을 받게 된 아버지 이진륜의 사연이 수록되어 있다.

〈자료 3〉 1849년(철종 즉위) 서울 죄인 이진륜 옥사에 대한 아들 이거복의 원정

형조에서 아뢰기를 " …… ① 동부의 ② 동몽인 ③ 이거복의 원정에 이르기를 '④ 저의 아버지 (이)진륜은 본래 반촌 사람으로 쇠고기 판매점인 현방懸房으로 생계를 유지하고 있었는데, 그 현방의 사환 양학무가 다른 현방의 고기를 사 와서 몰래 판매하다 가 금례禁隸 의금부나 사헌부에 속하여 시중을 들면서 백성들의 불법 행위를 단속하던 하인에게 현장에서 붙잡혀 관계없는 현방에 해가 미쳤습니다. 그러자 양학무의 오촌 당숙인 양종철이 질책하며 소란을 피우므로 저의 아버지가 중간에서 만류하였습니다. …… 양학무는 이후 여러 날 예전처럼 시장에 나왔는데, 갑자기 염병을 얻어 사망하니 시친의 무리가 저의 아버지에게 혐의를 품고 그날 서로 말싸움한 일로 없는 사실을 꾸며 관에 고소하였습니다. 초검에서는 집힐 만한 상흔이 없어 사망 원인이 병상으로 기록되었는데, 삼검에 이르러서는 무릎에 부딪혀 죽은 것으로 기록되어 마침내 옥사가 이르어졌습니다. 그러나 양학무가 살아 있을 때 병의 증세를 말하면 코와 입술이 말라서 건조하였으며 눈이 충혈되고 입이 말랐고, 몸의 열이 불같아 자주 물을 찾았다는 것은 시친의 진술과 간증인의 공초에도 똑같이 나오니 그가 염병에 걸려 죽었다는 것은 정녕코 의심이 없습니다.' ……"(『일성록』 철종 즉위년 12월 17일)

격쟁 원정의 서식은 ① 격쟁인의 거주지 ② 신분 ③ 성명 ④ 피해자의 억울한 사정으로 이루어져 있다. 〈자료 3〉의 격쟁 원정에는 격쟁인의 거주지로 한성부 동부, 신분이나 직역을 알려주는 것으로 동몽남자아이, 성명으로 이지복이 기재되어 있으며, 그 밖에 범죄인과 치사인의 관계, 치사인의 당시 행적, 치사인의 인적·병적 사항, 범죄인과 피해자 가족의 원한 여부, 옥사가 이루어진 과정 등 사건 전후의 정황이 상세하게 서술되어 있다.

〈자료 3〉처럼 범죄인 가족의 상언이나 격쟁은 국가의 입장이 아니라 가해자의 입장에서 바라본 사건의 내용을 담고 있기 때문에 이를 통해 피해자와 가해자의 관계나 원한 여부, 범죄 당시의 상황, 사건 후 피해자 가족의 대처 등을 생생하게 살펴볼 수 있는 장점이 있다.

네 번째 유형은 형조의 계복 상황을 살펴볼 수 있는 경우이다. 계복은 왕에게 상주하여 사형수를 거듭 심리하는 것으로, 매년 10월 중에 사죄에 해당하는 죄인의 심리에 신중을 기하기 위한 3차의 재심인 삼복三覆을 거행하였다. 주로 원임대신, 육조 판서, 한성부 판윤 등이 입시하여 사형수의 녹안錄案범죄 사실을 상세히 기록하여 비치하는 문부文簿이 낭독될 때마다 사건에 대한 자신의 의견을 말했으며, 이를 토대로 왕은 판결을 내렸다.

〈자료 4〉 1777년(정조 원년) 한성부 죄인 정한용의 살옥안

(가) 형조판서 장지항이 아뢰기를 "반촌 사람 정한용이 환도로 사람을 쳐 무릎뼈가 절반이 떨어져 나가게 했으므로 잡아 가두었습니다. 상처를 입은 사람이 본 상처로 인해 목숨을 잃고 말았는데, 율문에 '팔, 다리와 몸을 부러지게 하거나 넘어지게 하여 뼈를 부러뜨리거나 낙태시킨 경우는 손, 발, 다른 물건에 상관없이 모두 고한辜限보고 기한. 남을 때린 범인에 대한 처벌을, 맞은 사람의 상처가 나을 때까지 보류하던 기한이 50일이다.'로 계산한다면 겨우 하루가 지났습니다. ……' 수교가 이미 이러하므로 형조에서 감히 마음대로 할 수 없으니, 청컨대 대신들에게 물으십시오." 하였다. (나) 내가 대신에게 물으니 ① 영의정 김상철이 아뢰기를 "만일 『대명률』에서 고한을 50일로 정한 것으로 논한다면 비록 하루가 더 지났

다고 하나, 환도로 무릎뼈를 부셔 떨어져 나가게 하여 결국 죽기한 것은 살인임에 더 이상 의심의 여지가 없으니, 지엄한 국법 앞에 어찌 목숨으로 보상하는 율을 면할 수 있겠습니까. …… 이제 이 정한용을 격식을 갖추어 검사하여 법에 따라 성옥해야 할 것입니다." 하고, ② 좌의정 정존겸이 아뢰기를 "정한용이 칼로 흉악한 일을 저질러 목숨까지 잃게 한 것을 성옥하지 않는다면 어찌 목숨으로 갚는 법이 있겠습니까." 하고, ③ 우의정 서명선이 아뢰기를 "정한용의 성옥은 더 이상 의심할 것이 없습니다." 하였다. (다) 하교하기를 "경들이 상주한 말이 옳다. 정한용이 칼로 사람을 친 것은 처음부터 이미 사람을 죽이려는 마음이 있었던 것이다. 이를 성옥하는 것은 바로 '사람을 살리기 위해 사람을 죽인다.'라는 뜻이니, 규례에 따라 거행하는 것이 좋겠다." 하였다(『일성록』 정조 원년 7월 15일).

〈자료 4〉는 성균관 유생 정한용이 환도로 사람을 쳐서 죽게 한 사건의 살옥안으로, 살옥 죄인에 대한 형조의 계복 상황을 보여주고 있다. (가)에서는 형조판서 장지항이 본 살옥에 관해 형률의 조문과 선왕의 수교受敎 등을 적용하여 옥사에 대한 자신의 생각을 말한 후, 대신의 의견을 청하였다. 이에 (나)에서 정조가 의정부의 대신에게 정한용 옥사에 대한 의견을 물었으며, ① 영의정 김상철, ② 좌의정 정존겸, ③ 우의정 서명선이 성옥해야 한다는 자신의 견해를 왕에게 상주하였다. 정조는 이러한 대신의 의견을 토대로 (다)에서 살옥의 구례에 따라 거행할 것을 지시하였다.

이러한 유형의 계사는 형조가 주청한 범죄의 안건에 대한 대신의 견해와 왕의 판결을 보여주는 것으로, 범죄와 형벌에 관한 왕과 신하의 인식을 확인하기에는 가장 적절한 자료이다. 이를 통해 형조, 의정부의 대신 그리고 국왕이 어떤 기준을 가지고 범죄에 대한 판결을 내렸으며, 그 판결이 갖는 의미가 무엇인지 파악할 수 있다. 또한 형조의 계사를 통해 당시 살옥 사건의 보고 과정과 그에 대한 형조의 법률 적용 과정, 당시 사건의 정황 등을 파악할 수 있는 장점이 있다.

2) 『심리록』·『추조결옥록』과 『일성록』 비교하기

『일성록』 형옥류가 다른 범죄 자료와 달리 시기적 연속성이 뚜렷하며 양적인 면에서 많은 범죄를 포괄하고 있음은 앞서 살펴보았다. 또한 『일성록』 형옥류에 기록된 다양한 유형의 자료를 통해 피해자 가족, 간련인, 범인 등 범죄 관련인의 진술에서부터 피해자나 가해자 가족의 상언·격쟁 원정, 해당 군현에서 발생한 범죄에 대한 각 도 관찰사의 장계, 형조의 계사, 왕의 판결에 이르기까지 다양한 범죄 관련 기록을 살펴볼 수 있었다.

여기서는 『일성록』에 기록된 범죄 내용과 다른 범죄 자료를 비교 검토하면서 내용 면에서 『일성록』이 가지고 있는 특징과 자료의 한계 등을 알아보고자 한다. 18세기는 『심리록』, 19세기는 『추조결옥록』을 통해 상호 비교하여 살펴보되, 각 자료의 내용적 특징을 파악하기 위해 동일 시기, 동일 범죄인을 기준으로 자료별 옥안을 검토하였다.

(1) 『일성록』과 『심리록』

우선 정조 대 『일성록』에서 가장 많이 나타난 유형의 옥안을 『심리록』과 비교해보자. 이를 의해 1793년(정조 17) 한성구 동부 살옥 죄인 주성철의 옥안을 사례로 제시한다. 『일성록』에 나타난 정조 대 옥안의 경우 이미 확인했듯이 범죄인과 피해자의 성명, 사망 원인, 성옥 일자, 시친·정범·간증인의 진술, 검험 내용 등을 자세히 담고 있다. 다음의 〈자료 5〉에서도 이와 같은 범죄 관련 내용을 찾아볼 수 있다. 『일성록』에는 죄인 주성철에 대한 살옥안뿐 아니라 사형을 결정하는 문서인 결안도 수록되어 있다.

〈자료 5〉 『일성록』에 기재된 1793년(정조 17) 한성부 죄인 주성철의 살옥안

(가) 형조에서 계하여 아뢰기를 "동부의 첩정 내에 금월 초 7일 가오리加五里 임장任掌 한이몽 등의 수톤에 따르면, '동리의 윤 판서가 묘사墓舍를 수리하였는데, 어젯밤 사이에 우이리牛耳里에 사는 주성철이라는 놈이 윤 판서의 경역군京役軍 서울에 올라와서 일정 기간 동안 역을 행하는 사람 고소득을 칼로 찔러 고 씨가 이미 죽었다고 합니다.' …… 시친의 처 어인연이의 초사에 이르기를 '저는 정동貞洞 윤용인 댁 계집종이며, 남편 고소득은 상전댁의 묘사를 수리하는 역군으로 일을 하였습니다. 이달 초 7일에 묘지기 강태위가 와서 말하기를 너의 남편이 떡을 먹다 체하여 거의 기도가 막힌 지경에 이르렀다고 하므로 그와 함께 가보니, 남편이 주인이 없는 빈 방에 누워 있었는데 이미 죽은 지 오래였습니다.' …… 정범 주성철의 공초에서 말하기를 '저는 거모장去毛匠 짐승의 털을 제거하

는 장인. 전문 도살업자을 생업으로 하고 있습니다. 금월 초 6일 후동後洞에 있는 강 동지同知의 집에서 소를 도살한 후 가죽을 벗기는 일을 다 끝내지 못했을 때 치사인이 갑자기 나와 꾸짖고 욕하며, 가죽에 남은 고기가 많으니 네가 도둑놈이다라고 말하였습니다. …… 제가 구타를 면하고자 칼을 잡은 오른손을 휘두르고 또 막고 했는데도 그 놈이 끝내 그치지 않으므로 저 또한 분한 마음이 없지 않아 마침내 넓적다리 사이를 찔렀습니다.' …… 간증인 강태위의 초사에 이르기를 '윤 판서 댁에서 올 8월에 묘사를 수개하여 역사를 마친 후 역군들이 소를 잡아 나누어 먹기를 원하므로 그 말에 따라 저의 집에서 소를 도살하였습니다. 치사인 고소득이 벗겨놓은 소가죽에 고기가 많이 붙어 있는 것을 보고 주성철과 언쟁을 하며 싸웠는데 잠시 후에 고소득의 고통스러워하는 소리가 들려 급히 나가보니 그가 주성철을 부여잡고 이놈이 칼로 나를 찔렀다 ……고 말했습니다.'"(『일성록』 정조 17년 11월 25일)

(나) 형조에서 아뢰기를 "죄인 주성철의 공초 내에 '저의 근각根脚죄를 범한 사람의 죄상, 이름, 생년월일, 인상 및 그의 조상에 관한 사항을 기록한 표은 아버지는 양인으로 이름은 알지 못하고 돌아가셨으며, 할아버지도 양인으로 이름은 알지 못하고 돌아가셨습니다. 어머니는 양녀 김 소사이며, 외할아버지는 양인으로 이름은 알지 못하며 돌아가셨습니다. 부모님은 서부 분선공내계分繕工內契에서 태어나 살았으며 …… 양녀 차 소사와 결혼하고 동부 우이리에서 입적하고 살았습니다. 흉악한 일을 행한 절차는 제가 거모장을 업으로 하여 지난 10월 초 6일 밤 이웃에 사는 강태위가 저에게 소를 도

살할 것을 요구하므로 함께 그 집에 가서 소를 도살할 때 ……'
라고 주성철이 고소득을 찔러 죽인 경위를 이미 낱낱이 자복했
습니다. 이것은 사형에 관계되니 청컨대 법전에 의거하여 조율
하고 의정부에 보고하여 상복을 시행할 것을 청합니다." 하니 이
에 윤허하였다(『일성록』정조 17년 11월 30일).

(가)의 형조의 계사에는 동부 가오리 이장 한이몽의 수본을 비롯하여 피해자의 가족, 정범, 간증인의 진술 등이 기록되어 있다. 이를 토대로 사건의 정황을 다시 정리해보면, 치사자인 고소득은 윤 판서의 비부婢夫(계집종의 남편)로 처상전댁의 묘사를 수리하는 데 고용된 사람이었다. 윤 판서는 3개월간 묘사를 수리한 후 역군들에게 노고에 대한 치하로 소를 잡아 나누어 먹게 하였다. 이에 토지기인 강태위가 거모장인 주성철을 시켜 자기 집에서 소를 도살하게 했다. 그러나 소를 도살하는 과정에서 고소득은 벗긴 소가죽에 고기가 많이 붙어 있는 것을 문제 삼아 주성철과 시비가 붙었으며, 이 과정에서 주성철의 칼에 찔려 즉사하였다.
〈자료 5〉의 (가)를 통해 범죄 관련인의 신분·직역을 알 수 있는데 가해자는 거모장인 백정이며, 피해자는 비부이면서 임시로 고용된 고군雇軍이다. 또한 싸움은 고군인 고소득이 주성철에게 소가죽에 고기가 많이 붙어 있는 것을 이유로 도적이라는 모욕적인 말을 한 것이 원인이 되어 일어났음을 파악할 수 있다. (나)는 죄인 주성철의 결안이다. 결안에는 범죄인의 부모를 비롯하여 조부모·외조부모의 신분, 성명, 생몰이 기재되어 있으며, 아울러 범죄인의 혼인 여부, 거주지, 범행 경위 등도 상세히 기입되어 있다.

이에 반해 주성철 옥사에 대한 『심리록』의 기록을 보면 〈자료 5-1〉과 같다.

〈자료 5-1〉 『심리록』에 기재된 1793년(정조 17) 한성부 죄인 주성철의 살옥안

동부 주성철 옥사. 성철은 백정이다. 사소한 일로 고소득과 다투다가 칼로 찔러 그 자리에서 죽게 하였다. (상처) 목과 어깨, 그리고 오른쪽 넓적다리에 찔린 상처가 있고 속살이 비어져 나왔다. (실인) 칼에 찔린 것이다. 계축년 10월에 옥사가 이루어졌다(『심리록』 권23, 계축1 서울 동부 주성철옥).

〈자료 5-1〉은 왕의 판부를 제외한 형조의 계사만을 사례로 제시한 것이다. 『심리록』의 경우 일정한 형식으로 옥안이 정형화되어 있어 군현명, 범죄인 성명, 상처, 사망 원인, 성옥 일자 등을 쉽게 살펴볼 수 있다. 그러나 『일성록』에서와 달리 어떤 과정으로 상호 간 폭행이 발생했는지에 대한 정확한 정황이나 시친인의 진술, 간증인의 태도 등을 파악하기 힘들다. 사건의 발생 원인에 대해서도 앞의 〈자료 5〉가 피해자와 가해자의 만남부터 치사 사건이 일어나기까지 당시 범죄의 경위를 생생하게 소개한 반면, 『심리록』은 사건의 원인을 단지 '사소한 일'이라고 애매하게 서술하였다. 이렇듯 『심리록』의 사건 기록은 『일성록』에 비해 상당히 축약되어 있음을 알 수 있다.

하지만 『일성록』의 기록으로 정조 대 범죄의 정황을 모두 자세히 검토할 수 있는 것은 아니다. 앞에서 말했듯이 『일성록』은 1873년(고종 10) 경복궁의 화재로 원본의 일부가 소실되어 개수된 것이다. 그 가운데 정조 대의 기록이 29.8% 개수되어,『일성록』에 기록된 역대 왕들의 시기 중 가장 많은 부분이 첨삭되거나 수정되었다. 그런 이유로 정조 대의『일성록』기록은 즉위 초기의 경우『심리록』보다 간략한 면이 있다. 이에 대한 개별 사례로는 〈자료 6〉과 〈자료 6-1〉을 들 수 있다.

〈자료 6〉『일성록』에 기재된 1782년(정조 6) 외람 격쟁인에 대한 형조의 계

형조에서 계하여 아뢰기를 "외람 격쟁인들의 원정을 받아서 살펴보니 …… 이 소사가 말하기를 '저의 남편 김일연이 차진성에게 찔렸는데, 필경 돈수를 갚는 것은 아닙니다.'라고 하는데, 당초에 [차진성이 김일연을] 칼로 찌른 것은 이미 자기 처와 몰래 정을 통했기 때문에 나온 것이니 청컨대 시행하지 마십시오."(『일성록』정조 6년 8월 19일)

〈자료 6〉은 살옥 죄인 차진성에 대한 형조의 계이다. 차진성 옥사에 대한『일성록』의 기록은 치사자인 김일연의 처 이 소사가 격쟁한 원정뿐이다. 이 기록도 외람 격쟁인의 원정을 시행하지 말게 하라는 형조의 계문을 통해서 간략하게 알 수 있을 뿐이다. 〈자료 6〉의『일성록』기록을 통해서는 피해자와 가해자의 성명이 김일연과 차진성이라는 사실과 범죄 이유가 차진성이 자신의 처와 김일연의 간통 사실을 알았기 때문이라는 사실만을 확인할 수 있다.

〈자료 6-1〉『심리록』에 기재된 한성부 죄인 차진성의 살옥안

차진성은 아내 득절이 김일연에게 강간을 당하자, 직접 김일연을 칼로 찔러 그 자리에서 죽게 하였다. (상처) 왼쪽 사타구니에 찢어진 상처가 있었다. (실인) 칼에 찔린 것이다. 기해년 12월에 옥사가 이루어졌다. (형조의 계사) 또 노주奴主의 명분을 범했으니 청컨대 상복을 시행하소서. …… (전교) 차진성은 제 아내가 다른 사람과 몰래 간통하는 것을 목격한 것이 한두 번이 아니었으나 단지 간부가 세력이 있는 자였기 때문에 그는 분풀이를 할 수 없었다. 난동이 일어나자 화가 나 손찌검이 간부에게까지 옮겨 가 결국 찔러 죽인 뒤에야 그쳤으니 차진성의 소행은 죄를 줄 만한 단서가 전혀 없어 ……(『심리록』 권3, 경자1 서울 북부 차진성옥)

〈자료 6-1〉은 차진성 옥사에 대한 『심리록』의 기록으로, 〈자료 5〉처럼 범죄의 정황을 자세하게 알려주지는 않지만 피해자·가해자의 성명과 상호 관계, 범죄가 발생한 지역과 원인, 사망 원인, 피해자의 상처 정도 등을 기록하고 있다. 또한 왕의 전교를 통해 차진성의 아내와 치사자 김일연의 관계, 피해자와 가해자의 사회적 관계, 본 살옥에 대한 왕의 견해 등을 확인할 수 있다.

이처럼 정조 대의 범죄에 대한 『일성록』의 기록은 전체적으로 『심리록』보다 다양하고 구체적이지만, 정조 즉위 초기의 몇몇 살옥안은 오히려 『심리록』보다 내용이 간략한 경우가 있다. 이러한 양상은 한편으로는 『일성록』이 개수되는 과정에서 간략해진 결과라고 말할 수도 있지만, 다른 한편으로 형옥 관련 기록에 대한 국가의 정책이 정조 즉위 후 시행되었기 때문에 『일성록』의 경우 정조 초기의 형옥류가 간략하다고 말할 수 있다.

(2) 『일성록』과 『추조결옥록』

현재 규장각에 소장된 문서 번호 '규15148'의 『추조결옥록』은 총 43책으로 이루어져 있다. 『추조결옥록』은 매 월마다 형조 및 각 관사의 초기草記 및 계목, 형조의 심리 옥안, 각종 형사사건을 시기적 순서에 따라 기록한 자료이며, 그해 내린 형사사건에 대한 왕의 판부 및 전교도 수록하고 있다. 형조 심리 옥안의 경우 월별로 나누어 편집되었으며, 의심스러운 정황으로 판결이 어려워 옥사가 지체된 것은 조사를 받은 해당 연도의 권에 수록되었다. 1824년(순조 24)에 발생한 서울 살옥 죄인 정자근손 옥사의 경우 1830년(순조 30)에도 수록되어 있으며, 사건 판결이 지체되어 1848년(헌종 14)에도 기록되어 있다. 1831년(순조 31) 이명석 옥사 또한 17년 뒤인 1848년(헌종 14)과 1849년(헌종 15)에 수록되어 있다.

『심리록』에서는 서울과 사도四都의 옥안이 먼저 기록되고, 그다음에 경기, 관동, 호서, 호남, 영남, 해서, 관서, 관북의 순으로 기록된 것과 달리, 『추조결옥록』에서는 서울과 지방의 순서가 구분되지 않았다. 관찰사와 형조의 계사는 주요 내용만 간추려져 별도의 행으로 기록되었다. 수록된 문서의 바로 위에는 사건을 맡은 형조의 속방屬房이 '상일詳壹', '고이考貳', '금일禁壹', '예이隷貳', '형탕刑房' 등으로 적혀 있거나 찍혀 있다. 이는 4사 9방 체제인 형조 각방各房의 업무 분장을 보여주는 것으로, 서울과 지방 모두 사죄 심리는 상복사가, 율령의 관장 업무는 고율사가 담당하였으며, 형옥과 금령은 장금사, 전국의 노비는 장례사가 담당하였다. 이들 4사에서는 각기 1방, 2방 두 개의 방이 업무를 다시 분장하였으며, 4사와는 별도로 형방이 있어 금란禁亂 나라의 금법禁法, 금제禁制를 어기고 어지럽히는 것을 금지하는 것과 죄수를 관리했다.

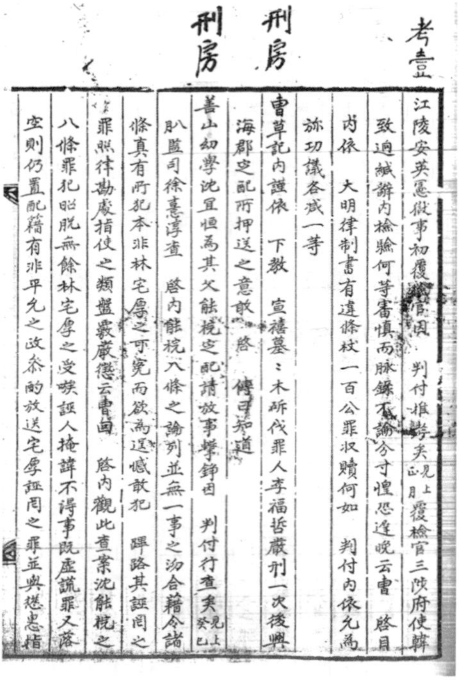

考壹

刑房

刑房

江陵安英憲獄事初覆檢官因 判付推考矣見上正月 覆檢官三陟府使韓
致適緘辭內檢驗何等審愼而脈錄不諭分寸惶恐遑晩云曹 啓目
內依 大明律制書有違條杖一百公罪收贖何如 判付內依允爲
祢功議各減一等
曹草記內謹依 下敎 宣禧墓木斫伐罪人李福哲嚴刑一次後興
海郡定配所押送之意敢 啓 傳曰知道
善山幼學沈宜恒爲其父能梲定配請放事擊錚因 判付行查矣見上癸巳
道臣司徐憙淳查 啓內能梲八條之論列並無一事之沕合藉令諸
條眞有所犯本非林宅屠之可究而欲爲逞憾敢犯 蹕路其誣罔之
罪照律勘處措使之類盤藪嚴懲云曹 啓內觀此查案沈能梲之
八條罪犯昭晣無餘林宅屠之受咴誣人掩諱不得事既虛謊罪又落
空則仍置配籍有非平允之政爲而放送宅屠誣罔之罪並與懲忠揞

〈그림 1-1〉『추조결옥록』 갑오 정월

형조는 9방을 중심으로 관할 관아와 8도 군현을 분담하여 8도의 장계와 군현의 공문에 대한 판단, 보내온 공문을 검토하여 임금에게 아뢰는 복주覆奏를 관할하였다. 상1방은 전체적으로 지방의 사형을 심리하는 임무를 담당하였으며, 지역으로는 서울 북부, 남부, 함경도를 맡았다. 고2방은 율령을 관장했으며, 비변사, 시강원, 평시서 등의 관사와 서울 중부 지역을 담당하였다(『추관지』 1편, 관제 형조).

서울의 경우 북부, 남부는 상1방이, 중부는 고2방이, 동부는 금1방이, 서부는 금2방이 담당하였다. 따라서 북부, 남부에서 발생한 옥사

일 경우 옥안 위에 '상일'이라고 적혀 있거나 도장이 찍혀 있으며, 의금부나 훈련도감의 계사에는 '예일隸壹'이라고 적혀 있다. 〈그림 1-1〉을 보면 선희묘 묘목 작벌나무를 찍어서 베어냄 죄인에 대한 형조의 초기 위에 '형방'이라고 적혀 있는데, 이는 형방이 금란을 담당했기 때문이다. 강릉 죄인 안영헌 옥사 위에는 '고일考壹'이라고 적혀 있는데, 이는 고율사가 율령을 담당하면서 지역적으로 강릉에서 보내온 공문을 검토하여 왕에게 보고하였기 때문이다. 이러한 각방 분장의 구분은 제38책(1888년) 이후부터는 기재되어 있지 않다.

『추조결옥록』의 자료는 문서 형태와 내용별로 크게 심리안, 상언 격쟁안, 초기서계류草記書啓類, 도류안徒流案, 전교로 나뉜다. 심리안은 전국에서 발생한 살인, 절도, 위조 죄인에 대해 재판의 기초가 되는 사실 및 법률 관계를 명확히 하기 위해 형조가 조사한 행위를 기록한 문서이다. 상언 격쟁안은 자신의 가족이 억울하게 살인 사건에 연루되었거나 산송山訟묘지를 쓴 일로 생기는 송사 등이 발생했을 때 이에 대한 자신의 사연을 국왕에게 직접 호소하기 위해 작성한 문서이다. 초기서계류는 왕에게 올리는 상주문上奏文의 하나로 각 관사에서 형사사건에 관련된 사항을 사실만 간략히 적어 임금에게 올리던 문서이다.

이러한 『추조결옥록』의 범죄 기록을 살옥 죄인과 비살옥 죄인으로 나누어 『일성록』과 상호 비교, 고찰해보자. 1838년(헌종 4) 서부 살옥 죄인 최경손과 1852년(철종 3) 경희궁 기물 절도범 김봉학의 사례를 통해 살펴본다.

〈자료 7〉 『일성록』에 기재된 한성부 죄인 최경손의 살옥안

(가) 또 아뢰기를 "지난 정월 16일 서부에 사는 양인 정순길의

발고에 이르기를 '저의 동생 대길이 남의 집에서 잔심부름을 하다가 동리에 사는 최경손의 집으로 옮겨 갔는데, 그 집에서 수도 없이 구타당해 이번 15일 날이 저물 때 마침내 사망하였습니다.'라고 하므로 법례에 의거하여 검험을 행하였습니다. 초검관 서부도사 홍배후의 검장에는 사망 원인이 '넘어져서 목이 부러져 죽었다.'고 기록되어 있으며, 정범은 최경손으로 기록되어 있습니다. …… 사망 원인이 이미 목과 목덜미에서 분명하게 나타나며 간증인이 모두 흉악한 짓을 했다는 것을 진술하였으니 청컨대 정범 최경손에게 다시 엄한 형신을 가하여 정상을 알아내야 합니다." 하니 모두 윤허하였다(『일성록』 헌종 4년 3월 17일).

(나) 양인 최명길의 원정에 이르기를 "저의 아버지 최경손이 지난 무술년 정월에 출타한 뒤로 동리에 거주하는 김인욱의 행랑에 사는 정대길이란 아이가 찾아왔는데, 저의 계모가 출타했다고 답하자 대길이 왔다 갔다 하며 저의 집을 몰래 훔쳐보았습니다. 저의 아버지가 저물녘에 돌아와 그 행색이 수상하여 대길에게 빈집에 왕래한 일을 꾸짖었을 뿐 서로 싸운 일은 없었습니다. 이틀 뒤 대길이 과식하다가 목이 막혀 다음 날 죽었는데, 그 집 주인 인욱이 본디 저의 아버지에게 사적인 감정이 있어 몰래 대길의 아버지를 부추겨 구타당해서 죽은 것처럼 소장을 냈습니다. ……"(『일성록』 철종 즉위년 12월 17일).

(다) 또 계하여 아뢰기를 "서부 최경손이 정대길을 넘어뜨려 목뼈가 어긋나 다음 날 죽었으므로 무술년 정월 17일에 가두었습

니다. 이 옥사는 이웃 부민富民이 능멸을 당한 것에 분함을 품었으며 고로雇奴머슴가 군을 연 것에 격노하여 발로 차서 엎어뜨려 일어났습니다. …… 청컨대 계속 형신하여 자복을 받아야 합니다."(『일성록』 철종 4년 정월 18일)

〈자료 7〉은 『일성록』에 기재된 최경손의 살옥안이다. 옥사가 1838년(헌종 4)에 이루어져 1853년(철종 4)까지 계속되고 있음을 보여주고 있어, 이를 통해 한 죄수의 성옥에서부터 판결까지의 처리 과정을 살펴볼 수 있다. (가)는 먼저 살인 사건 발생 후 피해자 가족의 고발을 통해 한성부에서 검험을 실시하는 과정을 보여주고 있다. 발고장의 내용을 통해 피해자 정대길과 가해자 최경손이 동리에 거주했다는 점, 둘 사이의 관계가 고공雇工머슴, 품팔이과 고주雇主고용주였다는 점, 피해자가 목이 부러져서 사망했다는 점, 정범은 고주 최경손이라는 점, 피해자의 구타 상황 등을 알 수 있다.

(나)는 가해자인 최경손의 아들 최명길이 아버지의 억울함을 호소하는 격쟁의 원정이다. 원정에는 범죄인과 피해자의 관계가 같은 마을에 사는 부민과 고로라는 점, 피해자 정대길이 사건 당시 가해자의 집에 와서 수상한 행동을 했다는 점, 가해자가 피해자가 사는 행랑주인 김인욱과 원한 관계에 있었다는 점, 이로 인해 김인욱이 피해자의 아버지를 부추겨 무고가 이루어진 점 등이 서술되어 있다.

(다)에서는 정범과 피해자의 성명, 사망 원인, 성옥 일자, 범죄의 원인, 구타 상황 등을 확인할 수 있다.

〈자료 7-1〉『추조결옥록』에 기재된 1853년(철종 4) 서울 죄인 최경손의 옥사

"서울 죄인 최경손의 옥사를 아들 최명길의 격쟁으로 인해서 다시 살펴보았습니다. 형조의 회계回啓 내에 있는 원안原案을 상세히 살펴보니 이웃 부민이 능멸을 당한 것에 분함을 품었으며 고로가 문을 연 것에 격노하여 발로 차서 엎어뜨렸습니다. 목뼈를 다쳤는데도 잡아서 끌어 목뼈를 부러뜨렸으니 …… 계속 형신하여 자복을 받는 것이 어떻겠습니까."(『추조결옥록』 권9, 계축 정월)

반면 〈자료 7-1〉 『추조결옥록』에 나타난 최경손의 옥안은 〈자료 7〉에 있는 1853년(철종 4) 형조의 계사 (다)를 요약, 기록한 것이다. 『추조결옥록』에 기재된 옥안의 경우 범죄인에 대한 형조의 판결만 실려 있어 내용이 간략함을 알 수 있다.

이는 비살옥안에서도 마찬가지였다. 다음의 〈자료 8〉은 1852년(철종 3) 경희궁의 철물을 훔친 김봉학에 대한 『일성록』의 기록이다. 『일성록』에는 절도범 김봉학의 직역, 거주지 등 인적 사항, 절도 이유, 절도 횟수, 절도한 물품과 이에 대한 처리 과정 등에 대한 죄인의 자세한 진술이 담겨 있다. 또한 마찬가지로 간련 죄인인 매장인買贓人속이거나 훔쳐서 얻은 물건을 산 사람의 직역, 거주지뿐 아니라 장물의 매득 과정과 방매 가격 등을 공초를 통해 확인할 수 있다.

〈자료 8〉 『일성록』에 기재된 1852년(철종 3) 한성부 죄인 김봉학에 대한 형조의 계

형조에서 아뢰기를 "죄인 김봉학에게 화응하고 사주한 사람을 추궁해서 물으니, '저는 양주 사람으로 올 6월에 상경하여 신문新門 내에 거주하며 짐꾼으로 생계를 유지하고 있습니다. 올 8월 품삯을 받고 이따금 경희궁의 재초 역사를 나갔으며, 이후 길이 익숙해져 차비군을 넘어 쇠사슬과 자물쇠, 주철柱鐵과 쇠고리, 배목排目문고리나 삼배목에 꿰는 쇠을 훔쳐 3냥을 받고 잡철상雜鐵商 장성이에게 팔았습니다. 10월에 또 들어가 약간의 철물을 훔쳐 나와서 그 값으로 2전 5푼을 받고 잡철상 정이중에게 팔았습니다. 같은 달 스무 날이 지난 후에 또 철물을 훔쳐 빼내다가 미처 나오지 못하고 수공에게 잡혀 포청으로 이송되는 지경에 이르렀습니다.'라 하고 …… 매장 죄인 장성이, 정이중 또한 도적놈과 부동하여 몰래 장물을 산 정황을 추문하니 성이가 말하기를 '저는 안동에 거주하면서 잡철상을 생업으로 합니다. 봉학이 올 8월에 철물을 가지고 와서 팔고자 하므로 제가 의심 없이 매득하였습니다. ……' 정이중이 말하기를 '저는 포전병문布廛屛門에 살면서 잡철상을 생업으로 하고 있습니다. 올 10월 지나가던 어떤 놈이 철련환鐵連環쇠로 된 고리를 잇따라 꿰어 만든 사슬 61개, 배목 241개를 가지고 와서 저의 시전에 팔므로 사두었으나 수효가 많지 않고 별달리 의심할 만한 것이 없어 거주와 성명을 묻지 않았습니다. ……'라 합니다. 장성이, 정이중 등은 쇠고리의 모양이 이미 사가의 물건이 아닌데도 어려움 없이 고의적으로 매매하여 감히 이득을 낼 계획을 하니 그 행한 바를 살펴보면 또한 몹시 이상스럽고 놀랍습니다. 모두 청컨대 조율하여 처벌하십시오(『일성록』 철종 3년 11월 10일, 나의 강조).

〈자료 8-1〉 1853년(철종 4) 한성부 죄인 김봉학에 대한 좌우포도청의 계사

좌우포도청의 계사 내에 "삼가 포도청의 계목에 대한 왕의 비지批旨상소에 대하여 임금이 내리는 하답에 의해 '경희궁의 철물을 훔친 김봉학과 매장인 장성이, 정이중 등을 모두 형조로 이송할 뜻을 감히 아룁니다.' 하니 전교하여 말하기를 '알았다.'고 하였습니다. 형조의 계목에 '김봉학은 우미한 부류로 몰래 궁성을 넘어 차비내의 쇠고리를 훔쳤으며, 몰래 판 것이 많지 않을지라도 죄가 용서받지 못할 것에 관계되니 잡아서 조사하고 형조에서도 계복하여 이미 자백을 받았습니다. …… 장성이, 정이중 등은 쇠고리의 모양이 이미 사가의 물건이 아닌데도 어려움 없이 고의적으로 매매하여 감히 이득을 낼 계획을 하니 그 행한 바를 살펴보면 또한 몹시 이상스럽고 놀랍습니다. 모두 청컨대 조율하여 처벌하십시오. ……(『추조결옥록』권9, 계축 9월, 나의 강조)

〈자료 8-1〉인 『추조결옥록』의 기록을 보면 『일성록』에 나타난 범죄인의 상황이 전혀 나타나지 않으며, 『일성록』 형조의 계사를 요약하여 다시 서술하고 있다. 따라서 『추조결옥록』의 기록으로는 범죄의 정황을 자세히 파악하기 힘들다. 〈자료 8-1〉 하단 부분의 기록은 〈자료 8〉의 『일성록』과 동일하다는 것을 알 수 있다. 이를 통해 『일성록』에는 범죄인에 대한 원래 옥안의 내용이 충실히 기재된 반면, 『추조결옥록』은 옥안의 전체적인 내용보다는 범죄자의 진술을 제외하고 형조의 처결과 왕의 판부만을 요약하여 기재하였음을 알 수 있다. 『추조결옥록』에 나타난 범죄인의 기록을 『일성록』에서도 그대로 볼 수 있는 것은 이러한 경향을 보여주는 것이다.

이상의 검토 내용을 통해 범죄 연구에 있어서 『일성록』이 가지는 자료적 가치와 특징을 정리해보면, 첫째, 『일성록』은 조선 후기 어느 사료보다도 형옥류를 가장 많이 수록하였을 뿐 아니라 전국의 범죄 양상과 범죄의 시계열성을 뚜렷이 드러낸다. 둘째, 『일성록』은 18~19세기 당시의 범죄 상황을 충분히 반영하였으며, 수록된 내용 또한 다른 자료에 비해 풍부하다. 『심리록』과 『추조결옥록』에서는 찾아볼 수 없는 시친인, 간련인, 정범 등 범죄 관련인의 진술이 기재되어 있으며, 정조 대에서 철종 대까지 발생한 중범죄에 대한 각 관사의 계사와 함께 피해자나 가해자 가족의 상언·격쟁 원정, 해당 군현에서 발생한 범죄에 대한 각 도 관찰사의 장계, 왕의 판결 등이 상세히 기록되어 있다. 그 결과 『일성록』을 통해 범죄가 발생한 지역, 범죄인 성명, 살인 사건일 경우 피해자의 상태와 사망 원인, 사건의 원인, 피해자와 가해자의 관계 등 범죄 관련 요소를 용이하게 살펴 당시의 사회상과 민의 동태를 효과적으로 파악할 수 있다. 이와 같이 『일성록』은 18~19세기 범죄 연구에 있어서 반드시 살펴보아야 할 1차 사료이며, 범죄의 유형과 발생 건수를 계량화하여 범죄의 시기별 추이, 지역적 특성, 민의 실태 등을 파악하는 데 유용한 자료이다

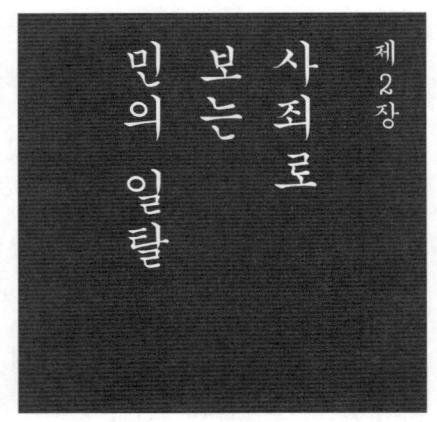

1. 사죄, 『대명률』 형률에서 찾기

 국가는 체제 유지와 질서 안녕을 위해 민의 일탈 행위에 대한 규제를 실시한다. 일반적이고 통일적인 법제에 심혈을 기울이며, 이를 통해 사회에서 발생하는 위법행위에 대해 형벌을 부과한다. 조선 시대에는 고려 말의 법적 혼란을 극복하기 위해 중국 명나라의 형법전인 『대명률』을 일반적이고 통일적인 법제로 받아들였다. 고려 시대에는 일반적이고 통일적인 성문형법전을 시행하기보다는 구체적인 사건과 관련된 왕의 판결과 명령을 집적해나가는 이른바 왕법王法 체제를 이루어갔다. 그러나 단일 왕법만으로는 근본적으로 법적 안정성과 보편성을 기할 수 없었다. 법의 적용에 있어서도 일정한 기준이 없었기 때문에, 형률 자체가 불완전했으며, 형률 시행에 있어서도 사사로운 농단에 의해 법의 권위가 크게 훼손되었다. 따라서 고려 말에 법적 혼란이 심화되었기 때문에 조선 건국 후 집권자들은 『대명률』을 일반적이고 통일적인 법제로 수용하였다(조지만, 1999: 8~9).

『대명률』 형률은 크게 적도賊盜, 인명人命, 투구鬪毆, 매리罵詈, 소송訴訟, 수장受贓, 사위詐僞, 범간犯奸, 잡범雜犯, 포망捕亡, 단옥斷獄 등 11개 조목으로 구성되어 있다. 적도조에는 모반대역謀反大逆, 모반謀叛, 조요서요언造妖書妖言, 도대사신어물盜大祀神御物, 도제서盜制書, 도인신盜印信, 도내부재물盜內府財物, 도성문약盜城門鑰 등 사직을 위급하게 하거나 민심을 혼란하게 하는 책이나 말을 유포하여 국왕권을 침해하는 정치 범죄, 국왕의 인신도장이나 관인 따위이나 국가의 관용물을 훔치는 관물 절도의 처벌이 규정되어 있다. 인명조, 투구조 매리조는 개인의 생명을 침해하는 살인, 인신매매, 구타, 고발의 처벌이 주요 내용이다. 이 세 조목에서는 동일한 범죄행위라도 유교적 명분론에 따라 범죄인과 피해자의 관계를 구분하여, 즉 존장尊長일가친척이 아닌 사람 중 나이가 많은 사람과 비유卑幼항렬이 낮거나 어린 사람, 양인과 천인, 처와 첩, 노주奴主와 노비, 고주와 고공 등의 관계에 따라 형량을 달리하였다.

또한 소송조에는 월소越訴하급 관아를 거치지 않고 바로 상급 관아에 소송을 내던 일, 익명서 투고, 무고 등의 처벌이 규정되어 있으며, 수장조에는 관리의 뇌물 수수, 사위조에는 인신, 제서制書, 지폐인 보초寶鈔의 위조나 동전의 사주私鑄 문제 등이 정리되어 있다. 이 외에 범간조에는 간통, 잡범조에는 도박, 실화, 방화, 위령 등이, 포망조에는 도망인의 체포, 단옥조에는 공신功臣, 노인 및 어린이, 부녀 등의 중범죄에 대한 처벌 절차가 규정되어 있다.

『대명률』 형률은 각 조목마다 형량의 경중은 있지만, 오늘날과 마찬가지로 재물 탈취, 살인, 폭행, 무고, 위조, 뇌물 수수 등에 대한 처벌 규정을 중요시하였다. 조선 시대 일반법이었던 『대명률』 형률에 나타난 사형 범죄의 양상을 범죄행위의 특성에 따라 크게 6가지로 구분하면(〈표 2〉 참조), 첫째, 국가의 존립과 권위를 침해한 죄이다. 조선 시대에는 사직을 위태롭게 하는 모의를 하거나 종묘, 산릉, 궁궐을 훼손한 모반대역, 인심을 혼란하게 하는 요망스러운 책과 말을 만들어 대중을 미혹시키는 등의 정치 범죄는 극형인 사형에 처하였다. 모반하거나 모반대역한 자는 수범과 종범을 가리지 않고 능지처사했으며, 미래의 길흉화복에 대한 예언이나 괴이한 책과 말을 전파시켜 민중을 현혹시킨 자는 참형에 처하였다. 모반대역자의 아버지와 16세 이상의 아들, 모반한 정상을 알고도 고의로 놓아주거나 숨겨준 자, 모반을 계획하고 실행하지 못한 사건의 수범자 등은 교형絞刑에 처하였다.

조선에서는 여기에 더하여 왕의 통치에 악영향을 미치는 유언비어에 대한 처벌을 『경국대전』과 『속대전』에 규정하였다. 난언亂言되거나 난삽한 말. 증거도 없이 사회를 혼란시키는 말한 자는 장 100대에 유배 3,000리에 처했지만, 난언으로 인해 상사上司를 범하여 해친 경우는 참형을 부과하였다. 또한 성명을 바꾸고 표류한 중국인이라 사칭하며, 촌민을 광혹시키거나 국가를 기망한 자도 참형에 처하였다.

둘째, 살인과 강도죄이다. 인명을 상해한 살인의 경우는 이유와 대상을 막론하고 사형에 처했다. 『대명률』 형률 인명조에서는 살인을 모살謀殺, 고살故殺, 투구살鬪毆殺, 희살戲殺, 오살誤殺, 과실살過失殺로 구분하였으며, 피해 정도, 피해자와의 관계에 따라 능지처사, 참형, 교형에 처하는 등 형벌을 달리하였다. 미리 계획하여 사람을 죽인 모살이나 고살의 경우 일을 주모한 자는 참형에, 종범으로 살인 행위에 가담한 자는 교형에 처하였다. 또한 사람을 죽이려고 계획하였으나 살해하지 못하고 상해만 입힌 경우, 제명制命을 받들고 사신으로 나간 사람을 죽이려고 꾀하다가 상해한 경우, 사람을 구타해서 죽게 한 투구살의 경우 등도 교형에 처하였다. 희롱하다가 사람을 상해하거나 살해한 희살, 구타하며 싸우다가 과실로 옆 사람을 살해하거나 상해한 오살의 경우는 각각 투구 살상鬪殿殺傷의 예를 적용하여 교형에 처하였다.

특히『대명률』에서는 유교적 명분과 관련된 사람을 모의해서 살해한 자는 사형 가운데에서도 가장 중한 형벌인 능지처사에 처했다. 즉 유교적 도덕 질서가 형률에 반영된 것으로, 조부모, 부모, 외조부모, 남편, 남편의 조부모·부모 등을 살해한 자, 노비 및 고공인으로 가장 또는 가장의 기친朞親만 1년의 복상服喪을 했던 친족. 중자녀, 맏며느리, 장손, 장증손, 장현손, 형제자매, 백부, 백도 등·외조부모를 살해한 자, 남과 간통한 후 동모하여 남편을 살해한 처첩 등이 이에 해당하였다. 『속대전』형전에는 부도를 모살한 자는 참형에 처하고, 처와 자녀는 노비로 삼을 뿐 아니라 죄인의 집은 헐어버리고 물을 대어 못을 만든다는(파가저택破家瀦宅) 조항이 규정되어 있다. 또한 고치기 힘든 질병(악질惡疾)의 약으로 쓰려고 어린아이를 산으로 유인하여 간, 쓸개, 팔, 다리 등을 도려낸 자는 참형에 처하는 조항도 추가되었다.

강도의 경우는『대명률』적도조에 의하면 수범과 종범에 관계없이 모두 참형의 형벌을 받았으며, 약을 이용해서 사람을 유인하고 재물을 얻은 자도 마찬가지였다. 강도의 뒤를 봐주는 와주窩主로 공모하여 장물을 나눠 가진 자, 강도와 공모하였으나 장물을 나눠 갖지 않은 자, 장물을 나눠 가졌으나 강도 행위에는 참여하지 않은 자 모두 참형에 처했다.

한편 타인을 협박하여 자살하게 한 위핍인치사威逼人致死의 경우 행위에 따라 처벌 규정이 달랐다. 공무를 이유로 타인을 협박해 죽게 한 관리는 장 100대의 형을 받았으나, 기친이나 존장을 협박해 죽게 한 자는 교형을, 간음 또는 도둑질을 하고서 남을 협박하여 죽게 한 자는 참형을 받았다. 이처럼 위핍인치사는 오늘날 자살할 뜻이 없는 자에게 자살할 결심을 하게 하는 자살교사죄와 위계僞計거짓 계책 및 위력威力에 의한 살인죄에 해당하는 사항으로, 이에 대한 처벌은 보통 살인죄의 예와 같이 사형이었다.

셋째, 폭행의 형벌은 상해의 정도, 피해자와의 관계 등에 따라 달랐다. 일반적인 폭행은 태 20대에서 장 100대에 유배 3,000리에 이르는 형벌을 받았지만, 윤상倫常을 어지럽히는 경우는 사형에 처했다. 즉 노비, 고공인이 가장의 기친 또는 외조부모를 때리거나 첩이 정처를, 남편이 아내의 부모를 때려서 위독하게 한 경우는 모두 교형에 처했으며, 조부모·부모에게 욕설한 자도 마찬가지였다. 노비가 가장을 구타한 경우에는 형벌을 더하여 참형에 처했다.

더욱이 조선 시대에는 구타당한 사람의 상처가 나을 때까지 상해한 사람의 처벌을 보류하는 기간인 보고 기한이 있었다. 폭력으로 인해 타인에게 상해를 입힌 자는 상해한 방법과 상처의 정도에 따라 일정 기간 치료할 책임을 지녔는데, 그 기한이 지난 뒤에 피해자의 상처가 치유되거나 악화되는 상태에 따라 폭력을 휘두른 사람의 죄가 결정되었다. 손발이나 다른 물건으로 상해를 했을 경우 유예 기간이 20일이었으며, 칼, 낫, 도끼 따위와 같이 날이 있는 연장이나 끓는 물

또는 불로 상해했을 경우 30일이었다. 팔, 다리가 부러지거나 뼈가 부서지는 경우, 임산부를 낙태하게 한 경우는 때린 도구에 상관없이 모두 유예 기간이 50일이었다. 이처럼 조선 시대에는 가해자가 피해자를 치료함에도 불구하고 피해자가 보고 기한 전에 사망할 경우 가해자에게는 살인죄가 적용되었다. 반면 피해자가 보고 기한이 지나서 사망하거나 혹은 기한 안에 죽더라도 가해자가 입힌 상처가 아니라 다른 이유로 사망할 경우 국가는 살인죄를 적용하지 않고 구타의 경우 적용하는 구상법殿傷法에 의거하여 가해자를 처벌하였다.

이 외에 사적으로 몰래 죄수를 놓아주다 남을 상해하였거나 하급 관인이 상급 관인을 때려 뼈가 부러지게 하거나 위독하게 한 경우, 관사의 차인差人 관아에서 임무를 주어 파견하던 사람이 공무를 집행하거나 죄인을 잡는 과정에서 사람을 상해한 경우, 대낮에 남의 재물을 약탈하다가 남을 상해한 경우는 도두 교형에 처했다.

넷째, 절도, 위조를 행한 자도 사형의 형벌을 받았다. 절도의 경우는 국가의 제사에 사용하는 제기나 왕실과 관아의 물품 등을 훔친 자와 절도를 세 번 범한 자에 한해서 참형을 부과하였다. 일반 절도의 경우에는 절도한 후 체포에 항거하거나 남을 살상한 자, 도둑질하고서 간음한 자 등이 참형을 받았다.

이러한 절도범에 대한 처벌 규정은 조선 후기에 이르면 강화되었다. 임금이 사용하는 물건인 어물御物을 훔치거나 관의 창고를 도죽질한 자, 군량미를 훔친 자는 모두 참형에 처했으며, 사신 행차 시 받물인 백면지白綿紙를 훔쳐 청나라 사람에게 판매한 자는 수범과 종범을 논하지 않고 목을 벤 후 여러 사람이 볼 수 있도록 매달아놓는 효시梟示에 처하였다. 명화적明火賊에 대한 처벌 조항도 강화되었다. 인가에서 명화적질을 한 자는 재물을 얻지 못했거나 사람을 죽이지 않았더라도 수범과 종범에 상관없이 모두 참형의 강한 처벌을 받았다. 그뿐만 아니라 무리를 지어 남의 재물을 겁탈한 자는 모두 명화적으로 간주되었으며, 죄상을 승복한 자는 사형에 처했다(『속대전』권5, 형전 장도조).

문서위조나 변조, 화폐 위조자 또한 사형의 형벌을 받았다. 여러 관사의 인신과 책력冊曆, 부험符驗금군들이 밤에 성문을 드나들 때 쓰던 출입증, 야간 순찰 시의 동패銅牌, 차와 소금의 매매 허가증인 차염인茶鹽引, 보초 등을 위조한 자에 대해서는 참형에, 사적으로 동전을 주조한 자는 교형에 처하였다.¹ 그러나 공문서의 위조를 방지하기 위해 만든 관방인기關防印記를 위조한 경우에는 처벌을 가볍게 하여 장100대에 도형徒刑중노동 형벌 3년의 형을 내렸으며, 이를 고발한 자에게는 은 30냥을 지급하였다.

이에 반해 『경국대전』에는 인신을 위조한 자는 물론, 위조 인신의 형태가 완성되지 못한 경우도 참형을 내리고, 저화楮貨닥나무 껍질로 만들어 쓰던 종이돈를 위조한 자에게는 교형을 부과한다는 규정이 있다. 『대명률』의 경우 인신 위조 미수범에 대해서는 사형의 죄를 내리지 않은 것에 비해 『경국대전』에서는 참형에 처한다고 규정하고 있어, 위조범에 대한 처벌 규정이 『대명률』보다 강하였음을 알 수 있다.

---

1 위조범을 관에 고발한 자에게는 은銀과 범인의 재산이 지급되었다. 위조 보초를 고발한 자에게는 은 250냥과 범인의 재산이 지급되었으며, 사주전이나 아문衙門의 인신을 위조한 자를 고발한 경우에는 은 50냥이 지급되었다. 관리자에 대한 처벌도 수반되었는데, 위조한 정상을 알고도 고하지 않은 이장里長에게는 장 100대의 형벌을 주었다(『대명률직해』권24, 형률 사위조).

다섯째, 강간죄는 교형 이상의 형벌에 처했다. 하지만 강간 행위의 형벌 또한 폭행, 살인과 마찬가지로 신분에 따라 달랐다. 『대명률』 범간조에 의하면 12세 이하의 어린 여자나 친속의 첩을 간음한 자, 가장의 기친 또는 기친의 아내를 강간한 노비·고공인은 교형을 받았다. 사족의 경우에는 강간 행위의 대상이 시마친緦麻親오복五服 가운데서 가장 짧게 만 2개월 동안 상복을 입는 사이의 친족으로 팔촌에 해당한다 또는 시마친의 아나, 아내의 전남편의 딸, 어머니는 같고 아버지가 다른 동모이부同母異父의 누이나 여동생일 때는 이보다 더한 형벌인 참형을 받았으며, 노비와 고공인이 가장의 아내나 딸을 강간한 경우도 마찬가지였다.

『속대전』에서는 상민이나 천민의 신분으로 아내의 어머니를 강간한 자, 아내의 상전을 강간한 비부는 참형에, 동도이부의 누이나 여동생을 강간한 자는 교형에 처한다고 규정하고 있다. 이 밖에 사족의 처녀를 빼앗은 자는 간음의 성립 여부에 상관없이 참형에 처했다.

여섯째, 발총發塚, 실화·방화, 무고를 한 자에 대해서도 사형의 형벌을 내렸다. 『대명률』에서는 먼저 무덤을 파서 시체를 훼손하는 발총에 대해 살인과 동일한 형률을 적용하였다. 조부모·부모의 시체를 훼손한 자손, 가장의 시체를 훼기한 노비·고공인, 무덤을 파고 관곽을 열어 시체를 본 자는 모두 참형의 형벌을 받았다.

방화의 경우는 고의로 관리의 집 또는 관의 창고, 관사에 쌓아둔 물건을 태운 자나 이를 통해 재물을 훔친 자는 참형을 받았으며, 실화로 종묘, 궁궐을 불태운 자는 교형을 받았다. 무고의 경우 무고를 받은 사람이 사죄로 이미 형을 받았으면, 무고자도 무고반-좌율誣告反坐律 거짓으로 고자질하여 남을 벌 받게 한 사람에게 고자질을 당한 사람이 받은 벌과 같은 벌을 주던 일이 적용되어 사형을 받았다. 또한 자손이 조부모·부모를 무고하거나 노비 또는 고공인이 가장을 무고한 경우는 교형에 처했다.

이처럼 『대명률』 형률에 규정된 사죄는 국가의 존립을 해치는 모반죄에서부터 폭력 범죄인 살인, 폭행 치사, 강간, 경제 범죄인 위조, 절도, 사회 범죄인 방화, 굴총, 무고 등에 이르기까지 다양하다. 하지만 『대명률』 형률의 사죄 조항이 조선 사회에 모두 수용된 것은 아니었다. 조선은 중국과 사회적 관습이 달랐기 때문에 『대명률』의 적용에 어려운 점이 많았다.[2] 따라서 일반적인 형률은 『대명률』을 따르되, 여기에 없거나 실정에 맞지 않는 것은 수교를 통하여 특별법을 제정하였다. 『경국대전』 형전은 이를 수집해놓은 것이었으며, 조선 후기에 이르러서는 『속대전』, 『대전통편』 등이 이를 보완하는 역할을 했다.

2. 조선 시대의 사죄란?

1) 사죄에 대한 국가의 철저한 파악

『심리록』에는 옥사가 이루어진 연도와 월, 일이 기록되어 있어 이를 통해 쉽게 범죄의 발생 시기를 살펴볼 수 있지만, 『일성록』이나

---

[2] 『대명률』이 조선에서 일반 형법으로 정착되기 위해서는 많은 과정을 거쳐야 했다. 『대명률』 자체로도 직해直解 과정에서 많은 변화를 겪었지만, 무엇보다 현실에 적용되어 실효성을 획득해가는 과정에서 많은 변화가 일어났다. 『대명률』의 각 조항들은 기존에 쓰이던 형사법원들인 『당률소의唐律疏議』, 『지정조격至正條格』 또는 고유법이나 관습의 영향으로 변형되어 『경국대전』에 규정되었다(정긍식·조지만, 2003).

『추조결옥록』은 그렇지 않은 경우가 많아 이를 통해서는 실제 범죄 시기를 정확히 파악하는 데 한계가 있다. 형조가 국왕에게 옥안을 올리는 이유는 사죄에 대한 국왕의 판부를 받기 위해서이며, 옥안을 올린 시기는 실제 범죄 발생 시기와는 짧게는 한 달에서, 길게는 10년까지의 시간 차를 보였다.[3] 이와 같이 시간 차가 나는 이유는 살인 사건 발생 시 검험관의 검시와 검안 작성, 상부 보고, 심리 절차 등의 옥안을 처리하는 기간이 필요했기 때문이기도 했지만, 해당 관사에서 옥송을 지체했기 때문이기도 했다. 형조에서 녹계한 사형 죄인의 수효가 수십 명이 넘는데도 소송관은 모두 미결로 가두고 몇 달에서 몇 년이 지나도록 형신이나 추문을 하지 않은 채 옥사를 지체하는 실정이었다. 이에 국가에서는 살인과 산송에 대해 반드시 유념해서 살필 것을 지적했지만, 소송관이 판결을 하지 못해 지체되는 경우가 많았다(『일성록』 정조 3년 10월 29일).

조선 후기에 옥송이 지체되는 폐단은 계속 제기되었고, 『심리록』에 기록된 범죄 1,112건 가운데 약 8%에 이르는 85건이 영조 대 발생한 범죄라는 사실을 보더라도(심재우, 2005: 86) 국왕의 판부 시점이 해당 사건의 발생 시기와 반드시 일치하는 것은 아니었다. 하지만 이러한 경향이 정조뿐 아니라 순조, 헌종, 철종 대에도 동일하게 나타난다고 가정하던, 약간의 오차는 있지만 국왕의 최초 판부 시점을 기준으로 범죄가 발생했던 왕대는 충분히 가늠할 수 있다고 생각된다.

따라서 국왕의 최초 판부 시점을 기준으로 왕대별과 지역별로 범

---

3 『심리록』의 성옥 연월과 판부 연월에 대한 심재우(2005)의 분석에 따르면 성옥된 이후부터 국왕의 최초 판부가 내려지기까지는 평균 26.5개월이 걸렸으며, 개별 사건에 따라 짧게는 1개월에서부터 길게는 10년 이상의 기간이 소요되었다.

죄 건수를 살펴보았다(〈표 3〉 참조). 여기서 지역은 범죄인의 거주지가 아닌 사건이 발생한 곳이다. 왕대별 범죄 건수는 정조 대가 953건, 순조 대가 1,046건, 헌종 대가 377건, 철종 대가 477건이다. 순조 대에 가장 많은 범죄 건수가 확인되었으며, 정조, 철종, 헌종 대의 순으로 이어졌다. 그러나 이러한 결과가 나온 것은 순조나 정조의 재위 기간이 다른 왕에 비해 길었기 때문인 것으로 파악된다. 순조의 재위 연도가 34년으로 헌종 대 15년, 철종 대 14년에 비해 2배 이상 긴 것을 보면 당연한 결과라고 말할 수 있다. 따라서 범죄 건수를 왕의 재위 연도로 나누어 각 왕대별 1년간 범죄 건수를 살펴보면 정조 대가 39.7건으로 가장 많았으며, 철종 대가 34.1건, 순조 대 30.8건, 헌종 대 25.1건이었다.

이와 같은 범죄 건수는 어떤 의미를 가지고 있을까. 이 글에서 추출한 범죄 건수는 국가가 공식적으로 처리하여 집계한 사죄의 총계이다. 따라서 국가가 인지하지 못했거나 공식적으로 처리되지 않은 범죄도 있기 때문에, 실제 발생한 범죄 건수와는 많은 차이가 있다. 범죄 기록 또한 각 왕대마다 세밀함과 정확성에서 차이가 있다. 정조는 즉위 후 「흠휼전칙」과 「검험사목」을 제정하는 등 살인 사건과 관련된 규정을 정리하였을 뿐 아니라 심리한 옥안을 『추관지』, 『심리록』, 『일성록』에 기재하도록 하는 등 사건 기록에 대한 세밀함과 정확성을 요구하였다.

반면 19세기인 순조 대와 철종 대는 『조선왕조실록』을 비롯한 관찬 사료의 기록이 18세기인 영·정조 대에 비해 내용적인 면에서 상세하지 못하였다. 하지만 『일성록』 형옥류의 기록은 19세기의 형정을 파악할 수 있는 『추조결옥록』과 비교해볼 때, 그다지 문제가 되지 않는다. 『추조결옥록』에는 철종 대 범죄가 1850년(철종 1), 1860년(철종 11)을 제외하고는 1851년(철종 2)부터 1863년(철종 14)까지 모두 기록되어 있다. 총 557건의 범죄가 기록되었는데, 36건을 제외하고는 모두 『일성록』에도 나타나고 있다.[4] 결과적으로 『일성록』에는 당시 국가에서 파악한 모든 범죄의 기록이 수록되어 있다고 할 수 있다.

사죄의 경우 중범죄에 해당하는 것이었기 때문에 이에 대한 국가의 파악은 경범죄보다 철저했다. 따라서 정조 대에서 철종 대까지의 2,853건의 범죄 통계는 범죄 및 범죄자에 대한 가장 통합적이고 객관적인 자료라고 할 수 있다. 이러한 점을 염두에 두고 보면 연간 범죄건수에서 나타나는 시기별 추이는 당시의 범죄 양상을 그대로 보여주는 것이라 할 수 있다. 시기별 추이를 살펴보면 정조 대에 범죄가 가장 빈번하게 발생하였으며, 순조 대 이후 감소하다가 철종 대 다시 증가하는 모습을 확인할 수 있다.

그렇다면 정조 대 범죄가 많았던 것을 무엇으로 설명할 수 있을까. 결론부터 말하자면 국가의 사회통제 강화를 지적할 수 있다. 숙종 대 이후 계속해서 추진된 법전의 정비는 형벌을 통한 사회 규제를 강화하기 위한 국가의 의도로 파악되며, 이는 영조의 『속대전』, 정조의 『대전통편』 편찬으로 이어졌다. 조선 후기에는 범죄의 증가와 함께 법치의 중요성이 부각되어 조선 전기의 법전과 달리 형전이 강화되었다(심재우, 2003). 형전은 형률을 관장하던 형조의 업무와 관

---

[4] 『추조결옥록』에 나타난 철종 대 범죄 557건은 『일성록』의 철종 대 범죄 건수 447건보다 110건 많은 수이다. 하지만 『추조결옥록』에 기록된 범죄 가운데 1850년(철종 1)의 범죄 146건은 모두 『일성록』에는 순조 대와 헌종 대에 기록되어 있다. 따라서 이를 제외하면 『추조결옥록』에는 철종 대 411건의 범죄가 기록되어 있는 것이다.

련된 규정 가운데 시행을 통해 법령으로 채택된 것을 모은 것이다. 여기에는 재판의 판결 기한, 죄수의 수감, 죄상의 심문, 죄수의 구휼 등 형정을 수행하는 원칙과 관리의 형벌 남용, 위조, 절도, 장도贓盜 장물을 감추는 것, 각종 금제 등 백성이 행할 수 없는 사항에 대한 법령이 포함되었다. 따라서 형정의 문란은 곧 국가의 기본 질서를 어지럽히는 결과를 초래하며, 이는 곧 국가의 기강 해이로 연결되었다. 그렇기 때문에 형전 조항의 증가는 형옥을 신중히 심의하고 범죄행위에 대한 대민 처벌을 강화하려는 국가의 의도가 반영된 것으로 파악할 수 있다.

정조 대의 범죄 발생 추이를 보면, 이전 시기인 숙종, 영조 대와 비교를 해봐야 좀 더 정확하겠지만, 19세기보다는 양적인 면에서 더 많은 갈등이 표출되었다. 이는 수시로 반포된 국왕의 수교를 통해서도 파악할 수 있다. 「수교사목」을 통해서 조선 후기 반포된 형전 관련 왕의 수교는 영조 대 48건에서 정조 대와 순조 대에 이르면 183건과 112건으로 급격히 증가하였다. 정조 대와 순조 대에는 살옥, 절도, 과장 난입, 월장, 소송, 금송, 사채 등의 문제 외에 중관中官과 궁녀의 교통交通, 도배徒配도형(오형五刑 가운데 죄인을 중노동에 종사시키던 형벌)에 처한 뒤에 귀양을 보내던 일 죄인, 상언·격쟁 등과 관련된 사항이 많았으며, 영조 대와 달리 관속의 침학침범하여 포학하게 행동함, 폭력에 관한 문제가 집중적으로 거론되었다(『형전사목』「수교사목」). 이처럼 정조 대 형전 관련 수교가 증가한 것은 백성의 위법행위에 대한 국가의 사회통제가 강화되고 있었음을 단적으로 보여주는 것이다.

다음으로 지역적인 특성을 살펴보자. 지역별로는 경상도, 한성부, 전라도, 평안도에서 범죄가 다수 발생하였다. 경상도가 448건으로 가장 많았으며, 한성부(415건) → 전라도(401건) → 평안도(373건)의 순이었다. 이에 반해 강원도와 함경도는 각각 90건, 141건으로 다른 지역보다 범죄 건수가 적었다. 각 도별 지역적 특성을 살펴보면, 경기도의 경우 개성, 광주, 수원, 양주, 장단 등의 범죄 건수가 총 130건으로 경기도(315건) 전체 범죄 발생의 41.3%를 차지하였다. 황해도(344건)는 해주, 황주, 재령, 안악, 봉산이 범죄 집중 지역이었으며, 이 지역의 범죄 건수가 황해도 범죄의 48.8%를 차지하였다. 충청도(325건)는 공주, 청주, 충주, 홍주, 옥천 등 5개 지역의 범죄가 109건으로 도 전체 범죄의 33.5%를, 경상도(448건)의 경우 대구, 상주, 경주, 진주, 안동 등에서 109건의 범죄가 발생하여 경상도 전체 지역의 24.3%를 차지하였다. 이들 지역 가운데 수원, 대구, 공주 등은 감영이 있는 중심 도시이다. 특히 대구는 어역의 통상이 활발하여 한성부의 역관이 이곳에 다수 머물면서 왜인과의 무역을 통해 많은 이득을 얻었던 도시 지역이라 할 수 있다. 상주는 북쪽으로는 경기도·충청도와 통하고, 남으로는 김해·동래와 연결되어 있어 수로와 육로가 모이는 교통의 요지였다. 그렇기 때문에 무역하는 상인과 상선이 운집해 큰 도회지를 형성하였다.

전라도(401건)는 광주, 나주, 전주, 순천, 영광 등지에서 122건의 범죄가 발생하여 전라도 전체의 30.4%를 차지하였다. 강원도(90건)는 8도 가운데 범죄 건수가 가장 적은 지역으로, 그 가운데 도 전체 범죄의 14.4%를 차지하는 강릉이 범죄 집중 지역으로 나타났다. 평안도는 평양, 안주, 정주, 중화, 의주에서 발생한 범죄가 도 전체의 36.5%를 차지하였다. 특히 평양과 안주는 도시 지역으로 상업이 발달하였으며, 중국 국경 지역과 인접하여 중국 물품이 많이 거래되는 곳이었다. 도시로서의 지역적 특성 때문에 평안도 범죄의 약 21.9%가 평양, 안주 지역에서 발생했으며, 그 가운데 평양은 8도 군현 가운데 범죄 건수가 가장 많았다. 함경도는 함흥, 안변, 영흥, 북청, 단천의 범죄가 도 전체의 44.7%를 차지했는데, 그 가운데 함흥이 21건으로 범죄 다발 지역이었다. 함흥은 개성이나 평양, 전주, 대구 등과 같이 상업이 번성하고 사람과 물화가 많이 모이는 대표적인 도시 지역이었다.

이러한 각 지역별 범죄를 해당 지역의 인구와 비교해 살펴보자.[5] 전국에서 가장 많은 인구가 거주하는 지역은 경상도였으며, 뒤를 이어 전라도, 평안도의 순이었다. 반면 한성부는 전국에서 가장 인구가 적은 지역으로, 약 20만의 인구가 거주하였다. 이는 전체 인구의 약

---

[5] 해당 시기의 인구는 호적을 통해서 간접적으로 살펴보았다. 호적에 기재된 호구 수를 그대로 받아들일 수는 없지만, 이것이 조선 후기 인구를 파악할 수 있는 유일한 자료이기 때문에 자료의 한계에도 불구하고 이를 토대로 각 지역의 인구를 비교해보았다. 조선 후기 서울의 인구뿐 아니라 전국의 인구를 추계할 때 가장 많이 이용되는 자료는 1789년 『호구총수』와 1925년 간이국세조사의 결과이다. 호적은 인구 통계 자료로 활용하기 위해 작성된 것이 아니라 수세收稅를 목적으로 고안된 것이다. 따라서 호적이 당시의 호구를 정확히 반영하지 못했기 때문에, 파악된 호구 수 또한 실제보다 과소 집계된 것이다. 호적대장에는 수세의 대상이 되는 나이의 인구수가 주로 기재되어 있고, 15세 미만의 인구는 기재되어 있지 않아 인구 기록의 완전성은 40~60% 수준에 이르는 것으로 평가된다. 이에 반해 1925년 간이국세조사의 자료는 이와 같은 호적 자료의 한계를 보완할 수 있다는 장점이 있다. 하지만 1925년 간이국세조사 당시 서울의 행정구역은 조선 후기 서울과 다르다는 한계가 있다. 1914년에 일제가 서울의 행정구역을 개편하면서 서울의 영역을 주로 성안으로 축소시켜버렸다. 따라서 1925년 간이국세조사에서 파악된 서울의 인구는 조선 후기 서울 성안 지역의 인구에 해당한다고 볼 수 있다. 따라서 이 글에서는 호적 자료가 완전성이 떨어지는 단점이 있긴 하지만 조선 시대 전체 인구의 추이를 재구성하는 데 없어서는 안 될 자료라는 점을 감안해 이를 통해 각 시기별 인구수를 파악하였다. 인구의 과소 집계는 한 지역에 국한된 것이 아니라 전 지역에서 동일한 비율로 나타났을 것이라고 본다.

3%를 차지하는 것으로, 경상도(약 150만 명)가 전 인구의 22%를 차지하는 것과 비교하면 8분의 1 정도의 적은 수치이다. 한성부의 경우 인구는 가장 적은 데 반해 범죄는 다른 지역보다 많이 발생하였다. 따라서 양적인 범죄 건수만으로 해당 지역의 범죄 발생을 살펴보는 것은 한계가 있으므로, 연간 범죄 건수를 인구수로 나누어 '인구 1만 명당 범죄 건수'(이하 '범죄율'이라고 한다)를 살펴보았다(〈표 4〉참조). 그 결과 전국의 범죄율은 정조 대 0.05건, 순조 대 0.04건, 헌종 대 0.04건, 철종 대 0.05건으로, 시기별 변화가 뚜렷하게 나타나지 않았다. 하지만 지역별로는 한성부의 범죄율이 18~19세기 전 시기에 걸쳐 가장 높았다. 즉 정조 대 0.33건, 순조 대 0.22건, 헌종 대 0.24건, 철종 대 0.17건으로 정조 대 이후 시간이 갈수록 감소하는 추세를 보였지만, 다른 지역과의 격차가 컸다.

 정조 대 한성부의 범죄율은 범죄율이 가장 낮은 함경도(0.02건)의 17배였으며, 8도 가운데 가장 높았던 황해도(0.08)의 4배였다. 헌종 대 한성부의 범죄율 또한 범죄율이 가장 낮은 경상도, 강원도, 평안도(0.02건)의 12배였으며, 가장 높았던 황해도(0.05건)의 5배였다. 전체적으로 한성부를 비롯한 경기도, 황해도 지역의 범죄율이 다른 지역보다 높았는데, 이러한 경향은 한성부를 중심으로 한 근기 지역에서 범죄가 집중적으로 발생하는 모습을 보여주는 것이다.

 이처럼 18~19세기 사형 범죄의 시기적 추이를 살펴보면 정조 대에 범죄 건수가 가장 많았으나, 범죄율에 있어서는 정조 대 이후 꾸준히 범죄가 발생하고 있어 뚜렷한 변화를 파악하기는 어려웠다. 하지만 각 도별로 범죄율을 살펴본 결과 지역 차가 컸음을 알 수 있었다. 향촌과 달리 한성부의 범죄율이 두드러지게 높았으며, 경기도, 황해도의 범죄율도 높아 한성부를 중심으로 한 근기 지역에서 범죄가 다수 발생하였음을 확인할 수 있었다.

2) 사죄의 여러 형태들, 어떻게 분류할 수 있나

전근대사회의 범죄는 현대에 비해 제대로 범주화되어 있지 않다. 이는 조선 후기 당시에 각종 사건을 분류하는 기준이 명확하지 않았고, 오늘날 형사재판 제도상의 분류 기준으로 당시의 사회상을 적절히 반영할 수 없기 때문이다.

선행 연구자의 경우를 살펴보면, 권연웅은 『심리록』의 범죄를 크게 살옥殺獄과 비살옥非殺獄으로 구분하였고, 다시 살옥을 범인의 의사를 기준으로 고살, 상해치사, 과실치사로, 비살옥을 위조, 관물, 모독, 사칭, 부방付榜방을 부치는 것으로 구분하였다(권연웅, 1994). 조광은 『율례요람律例要覽』의 서식 내용 분석을 통해 범죄의 특징을 크게 5가지로 구분하였다. 첫째 일반 범죄로 상해·살인, 강도·절도, 관원 사칭·사기, 문서위조·절취가 있고, 둘째 기존 윤리에 위배되는 범죄로 강상綱常, 범간犯奸·금혼禁婚, 사학邪學·사술邪術이 있다. 셋째 가치관 및 사회를 동요시키는 범죄로 산송, 과폐科弊과거로 말미암아 일어나는 폐해, 경제 관계, 넷째 관리와 강호强豪의 횡포로 직무유기, 직권남용, 수뢰, 횡령, 다섯째 민중의 저항으로 관전호곡官前呼哭관아의 문 앞에 모여 호곡하며 길을 막고 호소한 죄, 관장官長 모욕이 있다(조광, 1996). 심재우는 사죄를 경제, 관권 침해, 사회 풍속, 인명 네 가지 범주로 분류하였다. 경제 범죄는 사유재산의 침해와 경제 문제를 둘러싼 일탈 행위에 해당하는 것으로 부세작간賦稅作奸부세를 징수하는 데 있어서 간악한 죄를 내는 것, 사칭, 위조,

절도가 있으며, 관권 침해 범죄는 국왕의 권위와 관권에 대한 직접적인 도전 행위로 관장 모해, 능침작변_{왕릉, 왕비릉 등을 훼손시키는 일}, 수령 무고, 전패작변이 있다. 사회 풍속 범죄로는 성리학적 사회윤리와 사회질서 위반 행위로 굴총, 금령 위반, 무고, 사학 숭배, 실화, 요사스런 말로 민중을 현혹하는 요언혹중_{妖言惑衆}, 저주, 탈옥 방조가 있고, 인명 범죄는 살인과 자살이 있다(심재우, 2005).

이와 같이 기존 연구자의 범죄 분류는 법학적인 논리보다는 조선 시대의 사회 상황에 따른 연구자의 자의적 기준에 따른 것이다. 따라서 조선 시대 범죄를 체계적으로 파악하기 위해서는 좀 더 명확한 분류 체계가 제시되어야 한다고 생각한다. 이 글에서는 근대 형법 이론을 적용하여 범죄의 범주화를 시도해보았다. 물론 근대의 범죄 분류 또한 조선 시대의 전체적인 사회상을 반영하지 못하기 때문에 근대 형법 이론에 전통 시대의 형법을 적용시키는 것은 어느 정도 한계가 있다. 그렇지만 자의적으로 과거의 범죄를 구분하기보다는 좀 더 체계적인 법 이론을 토대로 범죄를 살펴볼 필요성이 있다.

다음의 〈조선 시대 범죄의 유형〉 표는 근대 형법 이론에 조선의 사회적 양상을 결부시켜 범죄를 범주화한 것이다. 근대 형법은 범죄를 크게 국가적, 사회적, 개인적 법익에 대한 죄로 구분한다.[6] 국가적 법익에 대한 죄는 국가의 존립과 권위 또는 그 기능을 해치는 범죄를

---

6 현대사회에서 법익에 따라 형법 각론을 분류하는 방법은 크게 두 가지가 있다. 이분법과 삼분법이 그것인데, 전자는 공공적 법익(공익)에 대한 죄와 개인적 법익(사익)에 대한 죄로 양분하는 방식이며, 후자는 공공적 법익에 대한 죄를 국가적 법익에 대한 죄와 사회적 법익에 대한 죄로 나누고 개인적 법익에 대한 죄와 대립시키는 방식이다. 현재 법학계에서는 삼분설이 일반적인 학설로 받아들여지고 있다(이재상, 2004).

조선 시대 범죄의 유형

구분		특징	범죄의 유형
개인적 법익	폭력 범죄	폭행 관련	살인·강도, 폭행, 강간, 과실 및 폭행 치사
	경제 범죄	재산 관련	절도, 사기·횡령, 장물, 여가탈입(일반 민가를 빼앗아 들어가는 행위)
사회적 법익	사회 풍속 범죄	공공 신용	위조
		공공 안전	방화·실화
		사회도덕	성 관련 범죄, 사학, 도박, 금령 위반, 산송, 굴총
국가적 법익	정치 범죄	국가 존립	내란(역모), 외란, 능침, 전패작변, 관장 모해
		국가 기능	직무유기·남용, 도주, 무고, 수뢰·횡령

말하며, 사회적 법익에 대한 죄는 공동생활의 기초가 되는 사회생활에서의 일반적 법익을 해치는 범죄이다. 이에 반해 개인적 법익에 대한 죄는 개인의 인격적 가치와 재산적 가치를 해치는 범죄이다.

먼저, 개인적 법익에 대한 죄를 설정하였는데, 이는 개인의 생명, 신체, 자유, 명예, 신용, 재산을 해치는 것이다. 생명과 신체에 대한 죄는 생명이나 신체를 침해하거나 위태롭게 하는 것으로, 살인, 상해, 폭행, 과실치사상, 낙태, 유기, 학대 등으로 구성된다. 주로 폭력 범죄가 이에 해당된다. 재산 관련 죄로는 절도, 강도, 사기, 공갈, 횡령, 장물 등이 있다. 이것들은 전통 시대나 현대 모두 일반적으로 행해지는 범죄 유형이다. 자유에 대한 죄는 개인의 자유 그 자체를 해치는 것으로, 협박, 강요, 체포와 감금, 유인, 강간, 추행 등이 있다. 이 글에서는 개인적 법익에 관한 죄를 조선 시대의 상황과 결부지어 폭행과 재산 관련 두 부분으로 구분하여 파악하였다.

둘째, 사회적 법익에 대한 죄는 공공의 평온을 해치는 죄와 공공의 신용, 공중 건강, 사회도덕을 해치는 죄로 나눌 수 있다. 공안을 해치는 죄로는 방화, 실화, 일수溢水(수해를 일으켜 공공의 안전을 해하는 범죄) 등이 있으며, 공공의 신용에 대한 죄는 위조와 관련된 것으로 통화·문서·인장 위조 등이 있다. 공중 건강에 대한 죄는 음용수, 아편과 관련된 것이며, 사회도덕에 대한 죄는 음행, 음란 등의 성 풍속 관련 범죄와 도박 행위, 분묘 발굴, 장례 방해 등이 있다. 이 글에서는 크게 공공 신용, 공공 안전, 사회도덕 등으로 구분하였다.

마지막으로, 국가적 법익에 대한 죄는 국가의 존립에 관한 내란·외란죄와 국가 기능에 관련된 관리의 직무유기나 직권남용, 관리의 뇌물 수수와 횡령, 도주, 범인 은닉과 관련된 범죄로 범주화하였다.

이 글에서는 이러한 범죄 구분을 바탕으로 『일성록』에 나타난 전국의 사죄를 개인적 법익과 사회적 법익을 중심으로, 다시 행위의 특성에 따라 폭력 범죄, 경제 범죄, 사회 풍속 범죄로 유형화하였다(〈표 5〉 참조). 폭력 범죄는 크게 살인·강도, 과실치사, 독행 치사로 구분하였다. 살인은 인간의 생명을 의도적으로 박탈하는 행위로 특수한 경우를 제외하고는 시대에 상관없이 중대한 범죄로 간주되었다. 조선 시대에는 이를 고살, 모살, 투구살, 오살, 희살 등으로 구별하였다(『흠흠신서』 권9, 의율차례1). 고살, 모살은 범인이 타인을 살해할 의사가 분명한 경우로 오늘날 살인에 해당되며, 계획성의 유무에 따라 처벌이 달라진다. 투구살은 폭형 치사를 말한다. 투구살의 경우 폭행 과정에서 칼을 사용했다면 살해할 의도가 있다고 보아 고의적인 살인과 등

일하게 처벌되었다(신호웅, 1995: 171). 오살, 희살은 고의적인 목적이 없는 과실치사에 해당하였다. 따라서 이 글에서는 칼이나 낫을 사용한 투구살의 경우는 살인으로, 칼을 사용하되 과실이 명백한 경우는 과실치사로 분류하였다.

경제 범죄는 절도, 위조로 유형화하였다. 절도는 말 그대로 남의 물건을 훔치는 것으로,『일성록』에 나타난 절도 기록은 궁궐과 왕실의 기물 및 관용 물품에 대한 것이 대부분이다. 화적은 집단적으로 조직되어 계획적인 경우가 많지만, 개인의 절도는 관물에 대한 호기심이나 빈곤 때문에 일어나는 경우가 많았다. 그러나 위조 범죄는 그 속성상 순간적인 격정이나 극단적인 배고픔 때문에 일어나는 다른 범죄와는 성격이 달랐다. 장비와 기술을 가진 일부 사람에 의해 전문적으로 계획되고 실행되는 범죄였다. 또한 절도와 달리 위조 범죄는 위조로 얻는 경제적 이익이 컸기 때문에 꾸준히 발생하였다.

사회 풍속 범죄는 자살, 방화·실화, 굴총·투장, 범월, 기타로 유형화하였으며, 기타에는 무고, 사치, 탈옥 등이 있다. 자살은 그 원인이 개인적이든 사회적이든, 당사자가 자유의사에 의해 자신의 목숨을 끊는 행위를 말한다. 앞에서 말했듯이 조선 시대에는 위핍인치사가 있었다. 피해자는 주로 부녀자로 간통이나 추잡한 소문으로 인해 자살하는 사례가 대부분이었다. 방화는 일반적으로 고의나 악의로 사람의 재물에 불을 놓는 행위를 말하며 그 특성상 한번 발생하면 피해 규모가 큰 범죄이다. 조선 후기에는 재물 탈취를 목적으로 방화하거나 남을 모함할 목적으로 궁묘나 사당에 불을 지르는 경우가 있었다. 굴총은 남의 무덤을 불법적으로 파내는 일을 이르며, 투장은 남의 산이나 묏자리에 몰래 자기 집안의 묘를 쓰는 일이다. 범월은 국경을 침범하거나 남의 나라에 몰래 들어가는 것을 말한다. 범월의 경우는 정치적 목적보다 사회적 성격이 강하기 때문에 굴총·투장과 함께 사회 풍속 범죄로 구분하였다.

범죄 유형별로 보면 정조 대부터 철종 대까지의 폭력 범죄는 전체 범죄 2,853건 가운데 2,539건으로 약 89%를 차지하였으며, 경제 범죄는 170건으로 6%, 사회 풍속 범죄는 144건으로 5%의 비율을 보였다(〈표 5〉 참조). '폭력 범죄'의 경우 폭행 치사의 비율이 78.3%로 다른 폭력 범죄보다 많으며, 정조 대 이후 증가하는 경향을 살필 수 있었다. 특히 철종 대는 국가에서 파악한 범죄의 대부분이 폭력 범죄인 것이 특징이며, 폭행으로 인한 사망 사건이 정조 대 76.1%에서 철종 대 83.9%로 급증하였음을 알 수 있다. 고의적인 살인의 경우는 정조 대 이후 감소하는 경향을 보이다가 헌종 대에 증가하였으며, 과실치사는 시간이 갈수록 감소하였다.

구체적인 폭행의 양상을 보면, 1779년(정조 3) 해주에 사는 이의변의 경우 홀아비인 김만상에게 중매를 핑계로 돈을 가로챈 후 그를 산골짜기로 유인해 살해, 매장하였다. 1809년(순조 9) 김응득은 3대 독자로 후사를 얻기 위해 기생 앵도를 첩으로 삼았는데, 그녀가 신세한탄을 하면서 오지 말라고 하자 화가 나 차고 있던 칼로 찔러 3일 만에 죽게 하였다. 같은 해 함경도 덕원의 김정구는 과부인 엄마가 주변 사람들로부터 음란하다는 모욕을 받자 수치심과 분노로 윤태걸을 구타하였다. 1827년(순조 27) 경상도 지례의 이 소사는 채무자인 박성손이 술빚을 갚지 않자 도리어 그의 돼지를 훔쳐 박성손에게 구타당해 사망하였으며, 1829년(순조 29) 이맹산은 동거녀 동월이 박동이와 동침하며 자기를 무시하자 화가 나 박동이 부부와 동월 등 5인을 칼로 살해하였다. 이처럼 재물을 탈취할 목적으로 살인, 강도를 벌이기도 했고, 이에 못지않게 간통이나 여자 문제로 인한 치정 살인도 다수 발생하였다.

과실치사의 경우로는 1784년(정조 8) 유각동이 전자근노미의 삿갓을 찢는 것을 본 강주변이 낫을 쥐고 있던 유각동의 손을 장난으로 쳤는데, 이 낫이 전자근노미의 복부에 찍혀 전자근노미가 죽는 일이 있었다. 1806년(순조 6)에는 정의득이 시험 삼아 조총을 발사했는데 오발되어 김 소사가 맞아 치사한 사례도 있었다.

'경제 범죄'의 경우 범죄 건수는 정조 대 66건, 순조 대 58건, 헌종 대 29건, 철종 대 17건으로 시간이 갈수록 감소하였다. 절도는 정조 대 이후 증가하여 헌종 대에는 정조 대 1.8%의 약 2.5배인 4.2%였으며, 철종 대에는 3.4%였다. 여기서 19세기에 도적으로 인한 사회적 혼란이 두드러졌음을 유추할 수 있다.

위조의 경우 홍패, 가자체加資帖가자를 내릴 때 주는 교지, 직부첩直赴帖초시를 거치지 않고 소과 복시 또는 대과의 회시 및 전시에 곧바로 나아갈 수 있는 자격을 증명하는 문서 등의 문서위조가 극심하였으며, 개성부를 중심으로는 동전을 위조하는 사주전 죄인이 발생하였다. 하지만 위조는 시간이 갈수록 감소했으며 철종 대에 이르면 1건으로 급감하였다. 이러한 위조의 급감 원인은 첫째, 기록상의 누락으로 보인다. 『일성록』과 달리 『포도청등록』에는 1852년(철종 3) 이치언이 홍패와 가자첩을, 1859년(철종 10) 조병민이 교지를 위조하는 등 위조 사례가 추가적으로 보이기 때문이다. 둘째, 위조문서의 수요가 감소한 것으로 보인다. 『포도청등록』의 철종 대 위조 사례는 총 4건으로 다른 왕대에 비하면 역시 급감하는 추세이다. 위조된 문서의 대부분이 홍패, 교지, 가자첩 등 신분 상승을 요구하는 것이었음을 생각해볼 때 이러한 양상은 위조문서의 수요 인구가 줄어들었기 때문이라고 생각된다. 이는 역으로 19세기 중엽에 이르면 더 이상 신분 상승이 민의 희망 사항은 아니었다는 것을 유추할 수 있다. 그 밖에 공물로 바치는 인삼에 풀을 칠하고 모래를 붙여 중량을 늘리거나 중국의 물품을 밀수하거나, 왕릉을 훼손하고 은을 채굴하는 등의 범죄 사례가 확인되고 있다.

'사회 풍속 범죄' 가운데 가장 많은 부분을 차지한 것은 자살이다. 주로 간음이나 추문으로 인해 여자가 목숨을 끊는 경우가 대부분이었다. 1792년(정조 16) 충청도 연기의 홍명렬이 양 소사를 강간하자, 양 소사가 수치심과 원한으로 곡기를 끊어 5일 만에 죽은 경우나 1787년(정조 11) 여주의 조취문이 김 씨의 딸 판련에게 억지로 장가를 들려고 자기와 간통한 사이라고 소문을 내자 판련이 간수를 마시고 자살한 사례 등이 대표적이다.

방화·실화의 경우 정조 대 0.4%, 순조 대 0.7%, 헌종 대 0.8%로 19세기에 이르러 증가하는 양상을 보였다. 대체로 재물과 원한 관계에 의해 방화가 일어났다. 1826년(순조 26) 어영청오군영 중 하나 고직창고지기인 차은룡은 어영청의 돈 1,598냥을 사사로이 써버린 후 이를 은폐할 목적으로 어영청의 창고에 방화를 하였다. 1835년(헌종 1) 북부어사는 김석은 수진궁예종의 둘째 아들인 제안 대군의 사저. 뒤에 어려서 죽은 대군, 왕자 등의 제사를 지내는 궁이 되었다의 마직마지기. 내수사와 각 궁방에 속한 하인을 담당하다가 쫓겨나자, 이에 기존의 궁속을 도태시키고 자기가 그 자리에 다시 들어올 목적으로 수진궁의 사당을 세 차례나 방화하였다.

굴총·투장과 범월 또한 19세기에 집중적으로 나타나는 것이 특징이지만, 다른 범죄와 달리 발생 빈도는 극히 낮다. 범월의 경우 인삼을 캐거나 갈대를 베기 위해 국경을 넘는 예가 대부분이었다. 굴총·투장은 남산南山에 투장하거나 창질피부에 나는 질병을 고치려는 사람의 사주를 받고 무덤을 파헤쳐 죽은 아이의 팔을 자르는 사례로 나타났다. 이러한 사건이 발생한 이유는 민간에서 악질 처방에 대한 미신이 유행했기 때문이다. 조선 시대 민간에서는 악질에 걸린 사람들이 사람의 손가락을 잘라 불에 태워 먹으면 효험이 있다는 미신이 성행하였다. 이러한 민간요법의 효험은 민중들 사이에서 과장되고 부풀려져 악질을 치료하기 위해 살아 있는 사람의 쓸개와 손가락을 먹는 악습이 유행하기 시작하였다. 특히 걸인들이 그 대상이 되어 쓸개를 취하고자 하는 사람에게 살해되는 경우가 많았다. 특히 선조 대에는 간담이 창질에 효과가 있다는 낭설이 돌아 흉악한 무리들이 어린아이를 사람이 없는 곳으로 유괴함은 물론, 장성한 사람이라도 혼자 길을 가는 경우에 배를 가르고 쓸개를 꺼내는 일이 많았는데, 그 이유는 쓸개를 팔면 많은 값을 받을 수 있었기 때문이다. 이 시기 배가 갈린 채 나무에 묶여 있는 자가 산골짜기에 많아지자, 국가에서는 이의 심각성을 깨닫고 이러한 행위를 하는 무리들을 현상금을 걸어 체포하게 할 정도였다(『선조실록』 권10, 9년 6월 정해). 이러한 악습의 유행으로 악질에 걸린 사람들은 차마 살아 있는 사람의 신체 일부를 취하지 못하자 그 대신 갓 죽은 사람이나 아이의 무덤을 파헤쳐 죽은 자의 신체 일부를 훔쳐가는 경우가 많았다. 정조 대 강원도 양양의 이재득이 김 소사로부터 뇌물을 받고 그녀의 아들과 손자의 창질을 위해 김 소사의 6촌인 전재팽의 아이 무덤을 파서 왼쪽 팔을 잘라준 사건이 그 한 예이다(『일성록』 정조 원년 11월 12일;『심리록』 권1, 강원도 양양 이재득옥).

다음으로 지역별 범죄 유형의 특성을 살펴보았다(〈표 6〉 참조). 18~19세기 살인·강도의 건수는 평안도가 53건, 한성부가 49건으로 다수를 차지하였으며, 과실치사는 충청도(9건)와 전라도(8건)에서 가장 많았다. 폭행 치사는 경상도, 전라도가 각각 394건과 344건으로 다른 지역보다 많았으며, 반면 강원도는 75건으로 가장 적었다. 범죄율은 살인·강도의 경우 한성부가 2.45건으로 가장 높았으며, 황해도가 0.55건으로 다음이었다. 한성부의 살인·강도 범죄율은 황해도의 약 5배였으며, 이는 범죄율이 가장 낮은 경상도(0.20건)보다 12배 높았다. 과실치사의 경우도 한성부가 0.35건으로 경상도보다 35배 정도 높았다. 폭행 치사 또한 한성부의 범죄율이 높게 나타나지만, 황해도의 2배, 경상도·평안도의 4배 정도로 살인·강도, 과실치사에 비하면 그 차이가 크지 않았다. 따라서 한성부의 경우 8도보다 폭력 범죄가 빈번했으며, 그 가운데 살인·강도, 과실로 인한 치사가 다른 지역보다 자주 발생했음을 알 수 있다.

경제 범죄는 총 170건 가운데 72.4%인 123건이 한성부에서 발생했다는 점이 특징이다. 경제 범죄율은 한성부가 6.15건으로 전체 0.24건의 26배이다. 그 유형별로 보면, 절도는 전체 72건 가운데 83.3%인 60건이 한성부에서 발생하였으며, 절도 범죄율은 3.0건으로 전국의 30배였다. 위조 또한 전체 위조 건수 94건 가운데 66%인 62건이 한성부에서 발생하였으며, 전국의 위조 범죄율이 0.13건인 데 비해 한성부는 24배 높은 3.1건이었다.

이러한 한성부의 높은 경제 범죄율은 지역적 특성에서 연유한 결과라고 생각된다. 한성부에서는 경제활동이 활발하게 이루어지고 있었기 때문에 이득 추구를 위한 부민府民 상호 간 마찰이 크게 일어났으며, 경제적으로 불안정한 계층이 많아 절도가 빈번하였다. 또한 궁궐과 관청이 중심에 있었기 때문에 왕실과 관청 창고의 기물에 대한 절도와 문서위조가 다른 지역보다 많았다. 절도의 경우 지방에서는 병부와 군기를 훔치는 행위가 대부분을 차지한 반면, 한성부에서는 주방 기물을 비롯하여 제기, 미곡, 화약, 철물 등 다양한 종류의 품목에 대한 절도가 일어났다.

사회 범죄의 경우 자살은 충청도에서 전체 87건 가운데 약 29%인 25건이 발생해 가장 많았으며, 방화·실화는 16건 가운데 9건인 56.3%가 한성부에서 발생하였다. 굴총·투장 또한 한성부에서 가장 많았으며, 범월은 지역 특성상 평안도와 함경도에서 상당수 일어났다.

이처럼 18~19세기 범죄 통계 분석에 따르면 사죄 가운데 폭력 범죄가 89%로 가장 많은 비중을 차지했으며, 경제 범죄와 사회 풍속 범죄는 각각 6%, 5%로 전체 범죄의 10분의 1에 해당하였다. 폭력 범죄의 경우 철종 대 가장 극심했으며, 경제 범죄는 헌종 대에 집중되어 있어 19세기에 범죄가 증가했음을 알 수 있다. 또한 한성부의 범죄율이 가장 높아, 지방과의 격차가 매우 컸다. 이는 범죄 유형별 분석에서도 재차 확인되어, 지방의 경우 폭력 범죄가 중점적으로 발생하는 등 특정 부류의 범죄가 증가하는 모습을 보인 것과 달리 한성부는 폭력 범죄와 함께 경제 범죄, 사회 범죄가 만연한 경향을 살필 수 있었다. 결국 이러한 경향은 범죄가 한성부로 집중되었음을 말해주는 것으로, 범죄 양상에 있어 경향京鄕 간 지역 차가 뚜렷했음을 확인할 수 있다.

3) 사죄, 왜 일어나나: 살인 사건을 중심으로

 범죄는 다양한 원인에 의해서 표출되기 때문에 범죄의 원인을 특정하는 것은 쉬운 일이 아니다. 절도나 위조 등의 경제 범죄는 재산 분배의 불균형으로 인한 재물 취득을 목적으로 하는 등 그 이유가 비교적 단순하지만, 폭력 범죄나 사회 범죄의 경우 사회적 관계에 따라 발생 원인이 다양하다.

 조선 후기 사죄 가운데 빈번하게 발생한 것은 살인이었다. 살인은 그 진위를 판단하는 데 있어 다른 편견이 개입되기 어려우며, 다른 폭력 사건과 달리 발생 사실을 은폐하기 어려운 범죄이다. 살인에 대한 처벌 또한 극형인 사형이기 때문에 살인 사건의 보고와 조사는 가장 정확하고 객관적이어야 한다고 할 수 있다. 오늘날 살인은 다른 주요 범죄에 비하면 그 발생 비율이 비교적 낮은 편이다. 조선 시대의 경우도 다른 범죄와 정확하게 비교해볼 수는 없지만 사형에 해당하는 중죄인 살인의 발산률이 낮을 것이라고 생각된다. 『일성록』에 나타난 살인의 원인은 부부간 불화, 고부 갈등, 술주정, 절도, 전답 매매, 채무, 도박, 간통, 추문, 투장, 범작犯斫 베지 못하게 한 나무를 베어냄, 군역·환곡 문제, 복수, 모욕, 과실, 사고, 희학 농지거리, 사형私刑 사적 형벌 등으로 매우 다양하였다. 이 글에서는 이러한 범죄의 원인을 상호 연관이 있는 항목으로 묶어 간음·추문, 음주, 재물, 투장, 모욕·보복, 사형·불화不和, 과실·희학, 범분, 기타 등 9가지로 분류하였다.[7] 사형·불화

---

[7] 살인의 원인을 분류하는 방식은 다양하다. 18세기에 편찬된 『추관지』에서는 살인 범죄의 유형을 윤상, 토수, 간음의 세 가지로 분류하였으며, 정약용은 『흠흠신서』 「상형추의」에서 살인 사건의 원인을 간음, 사기使氣, 사주使酒, 보원報怨, 함원含怨, 독채督債, 색처

로 인한 살인 사건은 관속이나 노주奴主, 양반의 사적 구타 혹은 처벌로 인한 인명 사건이나, 동기나 사회적 원인이 뚜렷하지 않은 사소한 문제, 우발적 사고로 인한 폭행 등 이웃, 가족 간·부부간 불화가 원인으로 작용한 것이다. 과실·희학으로 인한 살인 사건은 말 그대로 과실이나 친구 및 동료 간 장난으로 시작된 폭행이 죽음에 이르게 된 것이며, 투장 사건은 묏자리 다툼으로 살인이 일어난 경우이다. 이 외에 범죄의 주요 원인들이 무엇이었는지는 아래에서 구체적으로 살펴보자(〈표 7〉 참조).

(1) 간음, 추문으로 인한 살인

조선 시대에는 남편이 간통한 부인이나 간부奸夫를 죽이는 경우가 많았으며, 마을에 떠도는 추문 때문에 살인 사건이 발생하기도 하였다. 순조 대 영변에 사는 김이추가 간음한 처 임 소사를 칼로 찔러 죽인 경우나, 복매가 간부인 완손과 함께 남편을 칼로 찔러 죽인 후 우물에 빠뜨린 사건 등은 모두 그러한 사례이다. 과부의 겁간이나 화간和姦 부부가 아닌 남녀가 육체적으로 관계함으로 인한 친족 간 살인, 간부와 동모한 처의 남편 살해 등의 사례에서 볼 수 있듯이 당시 여성을 둘러싼 정절 의식은 갈등의 원인이 되었다. 18~19세기 간음과 추문으로 인한 살인은 전체 범죄의 11%를 차지하여 이로 인한 사회적 갈등이 적지 않았음을 확인할 수 있다. 정조 대에 13.9%로 가장 극심하였는

索債, 탐재貪財, 의분義憤, 아희兒戱, 과오過誤 등으로 분류하고 있다. 윌리엄 쇼는 조선 시대 살인 사건의 유형을 폭력의 기능, 추문의 역할, 사적인 해결(고문), 술과 범죄, 불평등의 문제, 여성과 법 등으로 분류하였고, 심재우는 가정불화, 갈등·우발, 과실·사고, 복수·위친爲親, 부세, 사형私刑, 산송·산림, 성관계, 여성·추문, 음주, 재물로 분류하였다.

데, 순조 대 이후 감소하는 경향을 보이다가 철종 대에 11.9%로 증가하였다.

범죄 사례를 보면 대치로 부처夫妻 관계에서 사건이 발생하였다. 가정 내에서 부부 관계는 강상에 속하는 것으로 지극히 친밀한 관계였다. 따라서 국가에서는 부부간 살해의 처벌을 일반 살인과 같게 하는 것은 부당하다는 견해를 보였다. 먼저 부인이 남편을 살해한 시부弑夫 사건은 모두 부인이 간부와 모의하여 남편을 죽인 음옥淫獄이었다. 『일성록』에 따르면 1820년(순조 20) 한성부 서부에 거주하는 박어인연은 남편 김철삼이 병이 든 틈을 타 남편의 약에 비상을 넣어 음독 살해하였다. 박어인연이 남편을 살해한 원인은 술을 먹고 구타하는 남편의 습관적인 폭력을 견디지 못한 데다가 이웃의 조수영과 화간하여 그와 함께 살고 싶었기 때문이었다. 같은 해 회양부에 사는 유어인연 또한 술로 인한 남편의 폭력과 자신의 화간 때문에 남편을 살해했다. 유어인연은 남편 이성득이 술에 취해 잠든 사이를 이용하여 간부 송원철과 함께 남편의 목을 졸라 살해하였다. 앞에서 말했듯이 심지어 한성부에 사는 복매는 간부 완손과 모의하여 남편을 살해한 뒤 우물에 던져 시신을 은폐하려고 하였다.

이러한 시부 죄인에 대해서 국가는 엄형주의를 내세웠다. 국가는 시부 죄인에게 삼성추국三省推鞫 의정부, 사헌부, 의금부의 관원들이 모여 패륜을 범한 죄인을 국문하던 일을 하여 자복하는 공초를 받은 후, 죄인을 참형에 처했다. 그뿐만 아니라 이들의 자식은 노비로 만들었으며, 죄인이 태어난 읍호를 강등시키고, 거주하는 집은 파가저택하였다. 이 경우 일반 살인 사건의 심리와 달리 사건의 정상, 형법상 용서할 점 등을 살펴 어떻게든 살려보려는 국가의 관형寬刑주의를 찾아볼 수 없었다. 오히려 국가는 부모를 살해한 시부弑父 죄인과 마찬가지로 남편을 죽인 죄인에게도 강상을 무너뜨린 시역弑逆부모나 임금을 죽임을 적용하여 당사자뿐만 아니라 가족, 군현에까지 그 책임을 물었다.

부인이나 딸의 음행에 대한 남편, 가족의 폭력으로 인한 살인 사건도 많았다. 1848년(헌종 14) 희천에 사는 김성덕은 처 방 소사를 칼로 찔러 죽이고 자신 또한 스스로 목을 베어 자살하였다. 사건 당시 김성덕의 처 방 소사는 이웃에 사는 이장백과 간통한 사이였다. 김성덕이 외출하고 돌아왔을 때 이미 부인은 간부와 함께 방에 있었으며, 이에 김성덕은 더 이상 같이 살기 어려우니 함께 죽자고 판단하고 칼집에 있는 칼을 꺼내 자신의 아내를 찔러 죽였다. 1834년(순조 34) 한성부의 양장성은 서울로 상경한 이후 처가 자주 음란한 행적을 드러내 수치심과 분함을 못 이겨 재산을 버리고 하향하고자 하였으나 부인이 반대하자 구타하여 다음 날 죽게 하였다. 같은 해 자인에 사는 사비 춘절은 간부와 몰래 도망가다 남편인 사노 잉복에게 잡혀 허벅지와 옆구리를 칼에 찔린 후 3일 만에 사망하였다. 이 밖에 1809년(순조 9) 한성부 남부의 노복 순봉은 처가 간음했다는 말을 듣고 격분을 참지 못하고 간부인 김천성의 집으로 달려가 칼로 찔렀으며, 1815년(순조 15) 이원은 딸이 실행失行하자 사위와 동모하여 간부 이만손을 구타, 살해하였다. 1838년(헌종 4)에는 최점득이 이웃인 이계손의 처와 간통한 후 도주하였다가 돌아와 다시 처를 본부本夫인 이계손에게 주었는데 화가 난 이계손의 형제들에게 구타당해 죽었다.

이와 같은 살인은 원칙적으로 사형의 형벌을 받았지만 간음으로 인한 것은 감형되는 경우가 많았다.『속대전』살옥조에는 '어머니가 타인과 몰래 간통하는 것을 본 아들이 그 자리에서 간부를 찔러 죽이면 정상을 참작하여 정배한다.'는 조항이 있다. 살인 사건이지만 간음으로 인해 간부를 살해한 경우에는 정배형에 처한 것이다. 이는 피해자인 남편이 간통한 남녀를 현장에서 잡아 그 자리에서 죽였을 때에도 마찬가지였다. 원칙적으로 간통한 자를 처벌하는 것은 국가만이 할 수 있었으나 예외적으로 남편이나 가족에게 일정 범위 내에서 이들에 대한 처벌권을 허용했던 셈이다. 간통한 남녀에 대한 사적 징벌의 용인은 정조 이후 더욱 확대되어 간통 장소가 아닌 다른 곳에서 간부를 살해하거나, 간통 행위가 있은 지 9개월 후에 간부를 구타 살해한 경우에 대해서도 석방의 판결을 내리고 있다(『정조실록』 권38, 17년 11월 갑인).

향촌의 경우 양반과 상민을 구분할 것 없이 정숙한 여자가 포악한 자에게 욕을 당하거나 나물을 캐는 여자가 광주리를 버려둔 채 돌아다니면 간음의 여부에 상관없이 바람을 피운다는 오명을 쓰게 되는 일이 빈번하였다. 실제 간통 못지않게 추문으로 인해 자신의 정절이 더럽혀지는 것에 대해 피해자인 여성은 자살이나 살인으로 보복하는 경우가 빈번하였다. 1782년(정조 6) 황성욱의 첩인 윤 소사는 정처인 정 소사를 모함하기 위해 박무신을 사주하여 밤에 정 소사의 방에 들어가게 한 후 추악한 소문을 퍼뜨리게 하였다. 그 결과 정 소사는 수치스러움을 참지 못하고 독약을 마시고 자살하였다.

반면 추문으로 인해 잃어버린 자신의 정절을 지키기 위해 추문을 퍼뜨린 자를 살해하기도 하였다. 1790년(정조 14) 전라도 강진에서 발생한 김은애 옥사가 대표적이다. 김은애는 안 소사가 자신을 이웃에 사는 최정련과 간통한 부정한 여자로 꾸며 소문을 내자, 이에 분을 품고 그녀를 칼로 찔러 죽였다. 그런 후 안 소사와 함께 자신을 모함

했던 최정련의 처벌을 강력히 요구하였다. 사법부인 형조와 의정부의 입장은 김은애의 복수는 비록 원통함에서 나온 일이지만 살인죄를 저질렀으므로 정상을 참작하여 용서할 수 없다는 것이었다. 더없는 원한이 있더라도 이장里長에게 고발하거나 관청에 고소하여 안 소사의 무고죄를 처벌해달라고 청원할 수 있었음에도 불구하고 김은애가 살인의 방법을 쓴 것은 부당하다는 견해였다. 그러나 정조는 왕정의 급선무를 풍속 교화로 보고 여인의 정절을 높이 여겨 김은애를 석방하였다(『추관지』 2편, 상복부 심리 옥안 최소사옥).

이처럼 여성의 성 통제가 강화된 조선 사회에서 여성들이 성리학적 윤리의 테두리 안에서 자신의 입지를 강화시키기 위한 방법은 무고자의 살해를 통해 자신의 결백을 인정받는 것이었다. 추문, 겁간이라는 자신에게 불리한 상황에서도 자살이라는 소극적 저항이 아니라 추문자, 겁간자를 살해하는 적극적인 방식을 택한 여성들이 많았다. 국가 또한 자신의 정절을 지키기 위해 서슴지 않고 살인을 행한 이들에게 석방이라는 관용을 베풀기도 한 것이다.

(2) 음주로 인한 살인

음주로 인한 살인은 주로 술주정으로 인해 이유 없이 싸우다가 발생하는 경우가 많았으며 전체 범죄의 10.9%를 차지하였다. 술로 인한 살인은 정조 대 9.2%에서 순조 대 11.6%로 증가하였고 다시 헌종 대 12.2%로 높아져 19세기에 들어 음주로 인한 살인이 증가하는 경향을 엿볼 수 있다.

1776년(정조 즉위) 괴산의 여종 귀섬은 술을 훔쳐 마시고 취해 5개월 된 신욱경의 아이를 발로 차고 밟아 8일 만에 죽게 하였으며,

1779년(정조 3) 서울에 사는 백점복은 윤칠월금과 술에 취해 싸우다가 구타하여 4일 만에 죽게 하였다. 같은 허 포천에 사는 최효대는 술에 취해 행인과 싸우고 있었는데 이범금이 가세하자 화가 나 몽둥이로 그의 갈빗대를 때려 5일 만에 죽게 하였다. 1781년(정조 5) 하양의 윤봉의는 활쏘기 모임에 나갔다가 술에 취해 윤수만과 다투다가 그를 발로 차고 입으로 물어뜯어 다음 날 죽게 하였으며, 주와달은 술에 취해 신장돌을 칼로 찔러 12일 만에 죽게 하였다. 대개 음주로 인한 인명 사건의 경우 술주정 과정에서 발생해 고의적인 살인보다 취기에 의한 우발적인 사건이 많았다.

술과 다른 원인이 복합적으로 작용하여 사람을 죽게 한 경우도 있다. 1776년(정조 즉위) 서울 남부에 사는 이광점은 박세홍을 취중에 구타하여 즉사하게 하였다. 이광점은 장醬을 매매하는 과정에서 박세홍이 가격을 너무 낮게 책정한 데 유감을 품고 있다가 술에 취하자 술김에 박세홍의 뺨과 겨드랑이를 차 죽게 하였다. 1852년(철종 3) 정창석은 동학인 강인형과 봄놀이를 가서 술에 취해 장난치며 서로 돌건을 던지는 과정에서 닿아 15일 만에 죽었다. 이 사례는 음주한 상태에서 서로 노는 과정에서 과실이 발생한 경우이다. 또한 사위가 술에 취해 장인을 욕하자, 이에 화가 난 제형姉兄이 아버지에 대한 모욕을 참지 못하고 사위를 구타하여 죽게 하기도 하였다.

이처럼 음주로 인한 폭력은 조선 후기에 빈번하게 발생하였다. 당시 위정자 또한 "경외京外의 상놈이 쉽게 살인을 범하는 것은 오로지 술, 여색, 재물 세 가지 대문인데, 그중에서도 술의 폐해가 가장 심하다."(『심리록』 갑진14 평안도)고 파악할 정도로 조선 후기 폭행 사건의 대부분은 음주에서 비롯되었다.

(3) 재물 문제로 인한 살인

재물로 인한 살인 사건은, 도박 및 장시에서의 경제적 이권으로 인한 다툼, 채무 독촉, 군역·환곡·요역 등 부세의 징수와 관련된 갈등, 도둑에 대한 폭행 등을 모두 포함하였다. 이 외에 남의 산의 재목을 베는 경우, 논에 물 대는 일이나 경작 문제로 인한 이웃 간의 갈등 또한 결과적으로는 금전과 관련이 있기 때문에 재물 사건으로 분류하였다. 재물로 인해 발생한 치사 사건이 전체 범죄의 33.5%를 차지한 것을 볼 때 재물은 주요 범죄 원인이었다고 할 수 있다. 정조 대 재물로 인한 민의 대립이 가장 심하였으며, 이후 순조 대 감소하다가 헌종 대 증가하는 경향을 보였다.

먼저 채무로 인한 사망 사건을 살펴보자. 1827년(순조 27) 경상도 인동에 사는 김성함은 김만금이 빚을 갚지 않는다고 몽둥이로 때려 10일 만에 죽게 하였으며, 1832년(순조 32) 전라도 통진에서는 한판룡이 민광운에게 돈을 빌려주었는데 이를 갚지 않자 도둑이라며 서로 싸우다 한판룡이 민광운에게 맞아 죽기도 하였다. 1845년(헌종 11) 진산에 사는 정원국은 20냥의 묵은 빚을 갚지 못하자 채권자인 김오장을 독약을 먹여 살해하였다.

도박장에서의 채무로 인해 싸움이 일어나기도 하였다. 1780년(정조 4) 한성부 중부의 양계돌과 고응세는 육월금과 도박을 하다 싸움이 일어나 그를 묶어놓고 구타하여 15일 만에 죽게 하였다. 1845년(헌종 11) 북청의 전치동 또한 도박장에서 돈을 주는 과정에서 김상덕과 싸움이 일어나 등잔으로 그의 머리를 때려 죽게 하였다. 1852년(철종 3) 평안도 의주의 문미수는 박효언과 함께 도박장에 들어가 잡기를 하다가 17냥의 빚 때문에 박효언을 구타하였으며, 예천의 김 대행수는 김둔둔이와 윷놀이를 하다가, 그가 도전賭錢을 갚지 않자 화를 못 이기고 구타하여 9일 만에 죽게 하였다.

이처럼 재물로 인한 사건은 대체로 술빚이나 빚 독촉 등 채무로 인한 싸움에서 시작되어 사람이 죽게 되는 인명 사건으로 번지는 것이 다수였다. 조선 후기 빈부의 격차가 심화되자 하층 농민은 이를 벗어나고자 사채를 이용하였다. 반면 사채 행위를 통해 경제적 이득을 노린 일부 계층은 양반을 사칭하면서 고리대에 가담하여 민채民債를 억지로 받아내는 폐가 많았다. 이들은 무뢰태와 결탁하여 거짓 채권을 만들어 도성의 부민富民을 잡아 위협하였으며, 법 외의 혹형을 시행하기도 하였다. 이러한 양상은 19세기 민장民狀 백성의 송사·청원에 관한 서류에서도 보이는데, 폭력에 관한 소송 사례 중 전답, 채전, 우마 등 재산에 관한 것이 대부분이었다(김인걸, 1990a).

다음으로 도둑으로 오인하여 구타하거나 물건을 거래하는 과정에서 폭행을 하는 경우가 있었다. 1779년(정조 3) 광주에 사는 이상련은 작두를 잃어버리자 종 석랑을 도둑으로 의심하여 묶어놓고 불법적인 형벌을 시행하여 죽게 하였으며, 청도에 사는 김정언은 전립을 잃어버리고서 최재량을 도둑으로 의심하여 죽게 하였다. 1781년(정조 5) 고성에 사는 원영진은 신성복이 자기 닭을 훔쳐간 것에 화가 나서 그의 처를 구타하여 죽게 하였다. 또한 상인 간에 장사를 하면서 이익을 다투다가 구타하여 죽게 한 경우를 들면, 1781년(정조 5) 강진의 둘이는 강명금과 생선 장사를 동업하였는데 이윤을 나누는 과정에서 다투다가 강명금을 발로 차 7일 만에 죽게 하였으며, 부안의 조오찬은 돌무치와 생선 값을 놓고 다투는 과정에서 그를 구타해 3일 만에 죽게 하였다. 상인의 이윤 추구에 화가 나 형제가 칼을 가지고 백주에 난자하거나 판매할 고기의 분배 문제가 사단이 되어 살인에 이른 사례도 있었다. 이러한 양상을 통해 대체로 이웃 간의 갈등이 재물과 채무 문제로 인해 심화되었으며, 시장에서 물품 거래로 인한 상인 간, 상인과 구매자 간 마찰이 심했음을 간접적으로 알 수 있다.

한편 친족 간에 돈 문제로 살인 사건이 발생하기도 하였다. 토지와 집 문제로 싸우다가 사촌동생이 형을 칼로 찌른 경우가 있으며, 1779년(정조 3) 강동에 사는 황기종은 조카며느리가 돈을 빌려주지 않자 발로 차서 즉사하게 하기도 하였다. 또한 1854년(철종 5) 죽은 형의 제사 주관을 둘러싼 재산 싸움이 원인이 되어 형수인 박 씨를 구타하여 그날로 죽게 한 산청의 민이혁 사례처럼 친족 간 돈 문제로 인한 살인도 다수 일어났다.

(4) 모욕과 보복으로 인한 살인

모욕이나 보복으로 인한 살인에는 언어 불손·무례·능욕으로 인한 폭행, 원한 관계로 인한 복수, 부모나 형제를 위한 복수 등이 포함된다. 대체로 부모가 타인에게 모욕을 당하여 이에 대한 보복으로 살인을 저지르는 등 모욕과 보복이 복합적으로 일어나는 경우가 많았다. 모욕이나 보복으로 인한 살인은 전체 범죄의 14%를 차지하여 불화나 사적 형벌로 인한 살인과 비슷한 비율을 보였다. 두 경우 모두 순조 대에 증가하다가 헌종 대 감소하는 경향이 있으나 철종 대 다시 증가하였다.

『속대전』에 따르면 보복으로 인한 살인의 경우 '아버지가 다른 사람에게 구타를 당하여 중상을 입었을 때 아들이 구타한 사람을 때려 죽게 하거나', '아버지가 피살되어 자식이 자의로 원수를 죽였을 때'

에는 살인죄인 사형을 적용하지 않고 정배형에 처하였다. '처가 남편의 원한을 갚거나 어머니가 아들의 원한을 갚기 위해 자의로 원수를 죽인 경우'도 살인죄를 적용하지 않고 형벌을 감해주었으며, 처남이 어리고 약해서 복수할 수 없어 이에 매형이 동모하고 조력하여 원수를 타살했을 때에도 감사정배減死定配죽을죄를 지은 죄인을 처형하지 않고, 귀양을 보내던 일의 형을 부과하는 등 부모나 형제의 원한을 풀기 위한 보복은 범죄의 정당한 이유로 판단되어 감형을 받았다.

대표적인 사례가 1788년(정조 12)에 강진에서 발생한 윤항 옥사이다. 이 옥사는 윤항의 아버지 윤덕규가 집안의 서자인 윤언서와 사이가 안 좋은 데다가 환곡을 받는 문제로 창고 마당에서 서로 싸우는 과정에서 얻어맞고 화병이 나서 사망하자, 윤항이 윤언서를 찔러 죽이고 그의 창자를 꺼내 허리에 두른 채 관문 앞에 앉아 죄를 청한 사건이다. 윤항 옥사의 경우 복수의 정도가 심하여 처벌에 논란이 있었지만 정조는 복수의 율을 적용하여 감형하였다(『일성록』 정조 12년 5월 7일;『흠흠신서』 권22, 상형추의10 복설지원1).

1781년(정조 5) 충청도 문의에 사는 정태손은 양해달을 구타해 죽게 하였다. 이들은 함께 계를 조직할 정도로 친분이 있는 사이였다. 사건은 양해달이 회합에 참석하지 않은 정태손에게 화가 나 취중에 그의 어머니를 구타한 것에서 비롯되었으며, 어머니가 구타당한 것에 화가 난 정태손이 양해달을 발로 차 2일 만에 죽게 하였다. 이 사건에 대해서도 정조는 자식이 부모를 보호하는 것은 정당한 윤리라고 보아 살인죄를 적용하지 않고 특별히 사형을 감하여 정배형을 내렸다.

처가 남편을 위해 살인을 한 사건의 경우 국가에서는 부덕婦德을 강조하며 석방하였다. 1750년(정조 14) 충청도 결성의 황 소사 살옥이 대표적이다. 이 옥사는 황 소사의 딸이 석유일 처의 꼬임에 빠진 것을 보고 남편이 가서 싸우자, 이웃의 고판금이 석유일 처의 편을 들었고 이에 화가 난 황 소사가 그를 이빨로 물어 7일 만에 죽게 한 사건이다. 국왕은 아들이 아비를 방어하는 것이나 처가 남편을 방어하는 것을 동일하게 보았다. 더욱이 가해자인 황 소사는 병자였고, 남편은 맹인이었기 때문에 국가는 남편을 구하는 행위에 대해서 법률의 타당함을 강조하지 말고 죄인을 석방할 것을 명령하였다(『일성록』 정조 14년 5월 12일; 『심리록』 권21, 충청도 결성 황소사옥). 그러나 언어 불손, 무례, 능멸 등이나 화풀이, 이유 없는 사소한 갈등 같은 우발적인 행동은 살인의 정당한 이유가 될 수 없어 살인을 저지른 범인은 사형에 처했다.

(5) 범분으로 인한 살인

범분 사건은 반상班常, 고로·고주, 처첩妻妾 문제로 인해 빚어진 사건을 말한다. 양인이 사대부의 처를 구타하여 죽이거나 노비가 노주를 죽이는 등 사회적으로 용인된 윤상倫常의 질서에 어긋나는 행동을 했다는 이유로 벌어진 살인 사건이 여기에 포함된다.

1779년(정조 3) 봉산에 사는 양유언은 속량한 여종 봉금을 몽둥이로 때려 2일 만에 죽게 하였다. 구타의 원인은 봉금이 옛 상전인 양유언의 형 양유대가 중병이 들었는데도 문병을 오지 않았기 때문이다. 여종 봉금은 40냥의 속전을 내고 노비에서 양인으로 신분이 바뀐 상태였기 때문에 이미 상전이었던 양유대와 종과 주인의 관계에 있지 않았다. 그러나 양유언은 여전히 봉금에게 주인과 종의 명분을 강조하며 폭행을 가하였던 것이다. 1797년(정조 21)에는 봉산의 양반 이

시곤이 타 지역의 상놈인 김다복을 발로 차서 23일 만에 죽게 하였는데, 이는 이시곤이 상놈에게 도적이라는 말을 듣고 분개하여 벌어진 일이었다. 김다복이 이시곤이 주막에서 술을 먹고 치른 술값을 훔친 것으로 알고 도둑으로 의심하자, 이에 화가 난 이시곤이 김다복을 묶어놓고 구타하여 죽게 하였다. 1808년(순조 8)에는 김래영이 상전 송면재를 찔러 죽인 일이 발생하였다. 김래영은 양주목사 송면재의 비부婢夫로, 처상전에게 쫓겨난 데 대해 원한을 품은 후 칼을 갖고 상전의 처소에 돌입하여 송면재와 그의 처, 며느리, 9세의 손녀를 찔러 죽였다.

이러한 범분으로 인한 살인의 발생률은 전체 본죄의 0.8%로 살인의 원인별 분류에서는 가장 저조하다. 하지만 시기적으로 18세기인 정조 대에는 거의 발생하지 않다가 19세기로 들어서면서 비부가 처의 옛 상전을 죽이거나 종이 주인의 친족을 죽이는 등 범분으로 인한 살인이 점점 증가하는 경향을 보였다. 더욱이 범분으로 인한 살인은 사건의 특성상 풍속 교화와 관계가 있어 단순 살인 사건으로 취급될 수 없는 범죄였다. 조선 시대에는 계층 구조를 바탕으로 인간관계를 규제하는 구체적인 윤리 덕목인 삼강오륜이 강조되었다. 이는 서로 다른 도덕 질서를 의미하는 것으로, 삼강이 종적인 질서라면 오륜은 인간과 인간 상호 간에 지켜야 될 인륜인 횡적인 질서를 의미하였다(강봉수, 2001: 8~9). 즉 국가는 삼강오륜을 통해 상하의 명분과 계층을 설정함으로써 인간마다 자기의 본분을 지키게 하여 도덕 질서를 확립하고자 한 것이다. 그중에서도 특히 인간의 가장 기본적인 공동체인 '가족'을 중요한 근간으로 삼고 강조하였다. 유교의 가족 윤리는 개인보다 가족 구성원들 사이의 관계성에 초점을 맞추고 있는데,

부자유친, 부부유별은 부모와 자식, 남편과 아내의 개별적 관계를 규정한 것이 아니라 양자 사이의 규범적 관계를 제시한 것이다(최영진, 2005).

이러한 유교의 명분은 조선 시대 형률에 그대로 적용되었다. 노주의 명분은 부자의 명분을 따랐으며, 남편과 처첩의 명분 또한 부부간의 의리를 따르긴 했지만 부자의 명분과 거의 같은 것으로 간주되었다. 또한 처첩과 남편 친속 사이의 범행은 응당 복제服制친속의 등급에 따라 착용하도록 정해진 다섯 가지 복상服喪의 제도에 따른 존장과 비유 사이의 범행을 처벌하는 법에 따랐다. 그러므로『대명률』의 형사법제는 부부, 부자, 노주, 처첩, 양천이라는 사회 및 가족 관계를 반영하고 있었으며, 이에 따라 조선 시대에는 양인이 노비를 구타해 죽였거나 고의로 살해했을 때에는 교형에 처한 반면, 노비가 양인을 구타해 죽게 한 경우는 1등급을 더해 참형에 처하는 등 불균형한 형률이 적용되고 있었다.

19세기에 들어 국가에서 강조하는 유교적 명분을 어기는 범죄가 증가했다는 것은 명분을 엄격히 강조하는 성리학적 윤리가 이완되고, 신분 질서에 대한 민의 저항이 강화되고 있던 당시의 사회 분위기를 간접적으로 보여주는 것이라고 할 수 있다.[8]

---

[8] 18세기 조선 사회에서 명분이 문란해지는 양상이 나타나자, 정조는 노비가 상전을 무고하지 못하도록 반좌율을 적용하였으며, 처의 상전이 비부의 범분 행위를 처벌할 수 있는 권한을 강화하였다(『정조실록』 권38, 17년 12월 정축).

3. 신분이 범죄 발생에 끼치는 영향

1) 신분에 따른 범죄의 양상

다음으로 18~19세기의 범죄인은 어떤 신분별, 직역별 특성을 가졌으며, 이러한 요소가 범죄에 끼치는 영향은 어떠한지 사례를 통해 알아보자. 『일성록』에서 파악한 2,853건의 범죄를 통해 범죄인의 신분과 직역을 살펴보는 데에는 약간의 어려움이 있었다. 대다수 범죄인의 직역이나 신분이 파악되어 있지 않았기 때문이다. 『일성록』에는 범죄인이 양반 및 천민일 경우 양반, 반족, 사노, 고로 등으로 신분이 기재되어 있고, 범인이 각 관사에서 근무하는 하급 관속일 경우 군졸軍卒, 조졸漕卒, 포졸捕卒, 하례 등으로 직역이 기재되어 있어 이를 통해 쉽게 신분을 파악할 수 있다. 그러나 일반 양인의 경우 양인, 상한常漢상놈으로, 여성은 소사 등으로 기재되어 있기도 하지만 대부분 기재되어 있지 않아 양반이나 관속에 비해 신분 파악이 어려운 실정이다. 이 글에서는 신분과 직역이 분명하지 않은 범죄인은 양인·농민으로 일관되게 분류하였다. 농민이 전통 시대 가장 많은 인구를 차지하는 계층이기도 하지만, 직역을 가진 자는 모두 직역이 정확히 기록되어 있으므로 직역이 분명하지 않은 자는 농민일 가능성이 높기 때문이다. 따라서 이 글에서는 양인의 범죄를 자칫 과대평가할 수 있는 가능성이 있긴 하지만, 직역을 알 수 없는 범죄인은 양인·농민으로 분류해 파악하였다.

또한 전·현직 관리와 반족, 학생學生, 토호土豪, 한량閑良은 양반으로 분류하였다. 또 양반층 외에 충의위忠義衛 충좌위에 속한 군대로, 양반 특수 병종兵種, 향리 및 기술직 중인, 직역이 있는 하층민들이 유학으로 사칭하는 경우가 있어[9] 이들은 양반으로 분류하기보다 따로 유학으로 분류하였다. 좌수座首향청의 우두머리, 존위尊位한 마을의 어른이 되는 사람, 면임, 이임, 이정里正이里의 책임자 등 향임층鄕任層과 서리, 읍리邑吏 등의 이서층吏胥層은 향임·아전으로 분류하였다. 의금부나 포도청, 형조, 승정원 등 중앙 기관에 소속되어 말단 업무를 수행하는 포졸, 군졸, 하례, 액례掖隷액정서에 속한 구실아치와 하례 등과 산직山直산지기, 고직, 승호군陞戶軍승호포수, 기병騎兵, 군사 등은 관속·군인으로 분류하였다. 그 밖에 기생, 백정, 진부津夫관아에 속한 나룻배의 사공, 걸인 등은 기타로 분류하였다.

　이러한 분류를 통해 사죄를 저지른 범죄인의 직역별 구성을 보면, 양반이 3.2%, 양인·농민이 85.1%의 비율을 보였다. 이 외에 관속·군인이 5.0%, 노비가 3.8%를 차지하였다(〈표 8〉 참조). 시기별로는 양반의 범죄는 정조 대 4.0%에서 순조 대 3.0%, 헌종 대 2.4%로 감소하다가 철종 대 2.7%로 소폭 증가하는 양상을 보였다. 유학의 범죄는 순조 대 가장 많이 발생했으며, 향임·아전의 경우는 정조 대 1.2%였던 것이 헌종, 철종 대 각각 0.3%와 0.2%를 보여 시간이 갈수록 감소하였다. 가장 많은 비율을 차지한 양인·농민은 정조 대 82%에서 철종 대 89.9%로 증가하였다. 상인·장인의 범죄는 정조 대 0.1%에 불과했던 것이 순조 대 0.8%, 헌종 대는 1.6%로 눈에 띄게 증가했으며, 관속·군인의 범죄는 순조 대 4.6%로 감소하다가 헌종 대 6.6%로 급증하는 모습을 보인다. 반면 노비의 범죄는 18세기 이후 시간이 갈수록 감소하는 경향이 나타나지만, 고공·고로의 경우 19세기 이후 증가폭

---

9 조선 후기 유학의 신분적 양상에 대해서는 최승희(1989b), 송양섭(2005) 참조.

이 커지고 있다.

 범죄인의 직역별 분포가 각 도별로 어떠한 양상을 띠고 있는지 살펴보면(〈표 9〉 참조), 먼저 전국에서 양반의 범죄 건수가 가장 많은 지역은 충청도이다. 총 26건으로, 전체 양반 범죄의 28.6%를 차지하였다. 다음으로 경기도와 경상도가 15건으로 16.5%의 비율을 보였다. 하지만 범죄율에 있어서는 한성부가 0.5건으로 가장 높아, 경기도의 2배, 경상도의 5배였다.

 양반층이 일으킨 범죄는 재물 문제가 원인인 경우가 다수였다. 앞서 언급했듯이 1779년(정조 3) 경상도 인동의 양반 김성함은 빚을 갚지 않는다는 이유로 김만금을 구타하여 10일 만에 죽게 하였으며, 1785년(정조 9) 충청도 보은의 양반 송우규는 도랑에 물을 대는 문제로 양인인 김종만을 구타하여 죽게 하였다. 송우규는 김종만과 봇도랑과 밭두둑을 놓고 다투다가 화가 나자 울타리를 두르고 있는 나무토막을 뽑아 김종만에게 마구 휘둘러 2일 만에 죽게 한 혐의를 받고 있다.

 도박과 모욕으로 인해 살인이 벌어지는 경우도 있었다. 1789년(정조 13) 황해도 서흥의 양반 곽상갑은 속량한 노비 강덕수와 투전을 하다 돈을 잃자 이를 가지고 다투는 과정에서 강덕수의 말이 불손한 것에 화가 나 등잔대로 때려 죽였다. 1809년(순조 9)에는 양반 박재인이 비부가 처상전을 능욕했다는 이유로 그에게 장 20대와 주뢰를 행하여 죽게 하기도 하였다. 이러한 사례들은 양반층 범죄의 전형을 보여주는 것으로, 사적 권력을 이용해 양인이나 노비에게 폭력을 휘두르는 경우가 대부분이다.

 유학층의 범죄는 한성부, 경기도, 황해도, 충청도, 강원도에서만 발생했으며, 향임·아전의 범죄는 평안도에서 6건이 일어났는데, 전체 향임층 범죄 19건 가운데 31.6%를 차지하였다. 1788년(정조 8) 영리營吏인 김정일은 백정인 안동이 욕을 하자 화가 나 분판을 던지며 구타해 죽게 하였으며, 1821년(순조 21) 이임인 서업손은 4두의 환조還租환곡의 벼를 독촉하는 과정에서 이이석을 구타해 죽게 하였다.

양인·농민의 범죄는 전체 범죄 건수로는 경상도가 386건으로 다수였지만, 범죄율로는 한성부가 14건으로 가장 높고, 황해도가 5.43건으로 그 뒤를 이었다. 관속·군인의 범죄는 다른 직역과 달리 특정 지역에서 다수 발생하는 것이 특징이다. 전체 관속·군인 범죄 143건 가운데 한성부의 범죄가 69건으로 48.3%의 비율을 보이며, 황해도와 경기도가 각각 15건, 13건으로 뒤를 잇는다. 이러한 양상은 관속의 범법행위가 한성부에서 집중적으로 발생하였음을 말해준다.

노비를 비롯해 고공·고로, 걸인·진부의 범죄도 한성부에서 가장 많이 발생했다. 그 가운데 전체 노비 범죄의 3분의 1 이상이 한성부에서 발생했다. 범죄율은 한성부가 1.9건으로 0.16건의 충청도, 경상도보다 12배 높았다. 범죄 사례를 보면, 1814년(순조 14) 한성부 서부 지역의 사노 덕순은 내상전인 홍 씨를 돌로 때려 살해하였다. 사건 당시 덕순은 홍 씨의 세전노비한 집안에서 대를 이어 내려오는 종로 상전의 채마밭을 갈아먹고 있었으나 도지賭地지주가 농민에게 땅을 부치게 하고 대가로 받는 현물 2냥 5전을 납부하지 못해 채마밭 경작권을 빼앗긴 상태였다. 이후 덕순은 홍 씨에게 채마밭 경작권을 돌려줄 것을 누차 간청했음에도 불구하고 받아들여지지 않자 그녀의 침방으로 들어가 돌로 세 차례 때려 살해하였다. 1821년(순조 21) 진주목의 영노營奴군영, 감영, 병영, 수영 등에 속한 사내종인 억록이 관기 효절을 살해한 사건도 있다. 억록은 효절의 동거인으로 그녀가 자주 술을 마셔 이를 꾸짖었으나 대응하는 태도가 불순하자 칼로 찔러 죽였다. 노비의 경우 상전과의 갈등이나 호노豪奴노비 중에서 다른 노비들을 지휘하여 주인의 재산 관리를 전담하는 자가 모욕당한 것을 이유로 기생이나 양민을 살해하는 사례가 다수 있었다.

2) 갈등, 대립 속의 범죄인과 피해자

범죄에서 어떤 계층 간의 갈등, 대립 관계가 두드러졌는지 살펴보기 위해 피해자를 크게 가족·친족, 관민·관속, 동촌인·지인, 타인, 미상 등 5가지로 유형화하였다. 그 가운데 피해자가 동촌인·지인인 경우는 다시 세분화하여 이웃·지인, 반상班常·상천常賤, 거래 상대, 고용 관계, 간부 5가지로 재분류하였다. 이웃·지인은 같은 동네에 거주하거나 이웃은 아니지만 친구, 계원처럼 안면이 있는 사람을 말하며, 고용 관계는 피해자가 고주나 고로·고공 등일 경우를 말한다. 거래 상대는 생활용품 및 전답 매매, 금전 거래로 인한 채무와 관련된 피해자이다. 간부는 간통으로 인한 살인 사건에서 발생한 피해자이며, 반상·상천은 신분적 관계를 말해주는 것으로 피해자가 양반, 상놈, 노비 등이다.

이러한 분류 기준을 토대로 폭력 범죄 2,539건과 자살 87건을 중심으로 범죄인과 피해자의 관계를 살펴보았다(〈표 1〉 참조). 먼저 가장 많은 사건이 안면이 없는 타인들 사이에서가 아니라 같은 촌락에 거주하는 사람들 사이에서 발생했다. 특히 동촌인과 지인에 의한 범죄는 전체의 73.4%에 해당하는데, 가족·친족까지를 포함하면 서로 아는 사이에서 행해지는 범죄가 86%를 상회하였다.

그 가운데 가족 간의 갈등을 살펴보면 고부간 갈등, 시누, 동서 지간이나 처첩 간의 불화, 간음으로 인한 부부간 폭행 치사가 다수 발생했다. 1785년(정조 9) 경상도 신녕의 하 소사는 시누인 김 소사와 술에 취한 상태에서 사발을 가지고 서로 뒹굴고 싸우다 김 소사의 머리를 돌에 짓찧어 다음 날 죽게 하였다. 이 사건에 대해 국가는 김 소사의 죽음이 우발적이라는 점을 인지하고 정배형에 처하였다. 1782년(정조 6) 전라도 영광의 임어인아지 옥사는 처첩 간의 다툼 때문에 발생하였다. 임어인아지와 박 소사는 모두 이항독의 처로, 임어인아지는 자신이 박 소사의 여종을 빼앗으려 했으나 주질 않자 박 소사를 발로 차 21일 만에 죽게 하였다. 이 사건에 대해 국가는 박 소사가 80세의 노인임에도 불구하고 걸어서 관문까지 갔으며, 보고保辜 기한이 지나도록 살아 있다가 죽었기 때문에 구타로 인한 치사로 보지 않고 병사로 보아 임어인아지를 정배하도록 하였다.

한편 동서 지간의 다툼이 살인으로 번지기도 하였다. 1786년(정조 10) 전라도 고부에 사는 이 소사는 동서인 득이와 박 덩굴 때문에 다투다가 구타당하여 6일 만에 죽었다. 싸움의 화근은 이 소사가 기근을 구제해주는 사람이 없다며 동서 집의 박 덩굴을 전부 잘라버린 것이었다. 1796년(정조 20) 함경도 영흥의 윤 소사는 오 소사와 동서 사이인데, 오 소사가 순종하지 않자 이를 꾸짖는 과정에서 오 소사를 부엌의 모서리로 떠밀어 그 자리에서 죽게 하였다. 그러자 윤 소사는 오 소사가 익사한 것처럼 가장해서 거짓 진술을 꾸몄으며, 국가는 이러한 윤 소사의 간사함과 악독한 태도를 고려해 형률에 따라 사형에 처하였다.

부부간에는 대부분 처첩 간의 시기·질투나 불화·간음으로 인해 폭력 범죄가 발생하였다. 화처花妻노리개첩와 동거한 후 시기와 노여움으로 부부간 불화가 일어난 경우, 부모에게 순종하지 않는다고 남편이 아내를 구타한 경우, 자신의 말을 듣지 않는다고 남편이 아내를 구타한 경우 등이 대부분이다. 범죄를 저지른 남편은 아내에게 심리적이거나 간접적인 폭력을 아무렇지 않게 휘둘렀다. 밥상으로 아내를 때려 머리가 깨지게 하거나, 머리를 휘어잡고 구타하여 목이 부러지게 하거나, 심지어는 불로 부인을 단근질하기도 하였다. 이러한 부부간의 폭력에 대해 국가는 남편이 가장이라는 이유에서 남편의 아내에 대한 지배 행위를 합법화하고 정당화하고 있었다. 가족 간 불화 못지않게 간음은 가족 공동체를 붕괴시키는 원인이 되었다. 부인의 간통으로 인해 남편이 부인이나 간부를 살해하는 일이 빈번하였으며, 친족 간에는 재물·채무로 인한 폭행이 많았다. 이것은 가족과 사회 공동체 내부의 갈등 관계가 심화되고 있다는 증거였다.

다음으로 동촌인 간에 나타나는 갈등 관계이다. 이웃·지인 간의 대립이 51.1%로 가장 많으며, 거래 상대자 간의 갈등은 7.9%, 반상·상천 갈등은 6.4%를 차지하였다. 18세기 이후 화폐 유통의 정착과 함께 상업적인 거래가 왕성해지고 민간의 사채 문제가 증가하자, 거래 관계에 따른 동리인 간의 갈등이 표출되었다. 거래로 인한 갈등 관계는 순조 대 6.9%에서 철종 대 10.0%로 급증하였다. 대체로 채전이나 술값을 갚지 않는 등 채무의 불이행으로 인한 채무자와 채권자 간의 폭행 치사가 많았으며, 소 매매 문제나 시장에서의 물품 흥정으로 인한 인명 사건도 있었다. 1783년(정조 7) 박종일은 김가와 함께 장사를 하다가 담뱃대를 사고파는 문제로 시비가 일어나 그를 구타하여 죽게 하였다. 1842년(헌종 8)에는 태인의 김맹옥이 자신이 판매한 소를 다시 물린 것에 화가 나 매매인 장복록을 때려 3일 만에 죽게 하였다.

반상·상천 간 폭행은 주로 말이 불손하거나 욕설을 하는 등의 모욕으로 인해 발생하였다. 하지만 신분 관계에서 나타난 반상, 상천, 노주 간 갈등은 시간이 갈수록 감소하는 경향이 나타났다. 고용과 거래 관계로 인한 범죄는 정조 대(9.7%)에 비해 순조 대(9.1%)에 약간 감소하지만 헌종 대(12.3%), 철종 대(12.2%)에 증가하는 모습을 보였다. 19세기에 이르면 신분적 관계를 바탕으로 한 노비 노동보다 일용 노동이 증가하는 양상이 심화되었다. 따라서 이들 고용인과 피고용인, 거래 상대 간의 갈등이 19세기에 증가하였는데, 주로 고가雇價모군의 품삯나 재물 문제, 고공·고로의 고주에 대한 모욕적인 태도로 인해 폭행이 발생하였다.

1788년(정조 12) 경주의 권상만은 고공인 김정삼이 일을 한 품삯을 독촉하자 머리채를 잡고 등유목燈油木나무로 만든 등잔대으로 구타해 다음 날 죽게 하였다. 1831년(순조 31)에는 고주가 돈을 도적맞았다고 고공을 매달아서 구타하였으며, 1853년(철종 4)에는 나이 어린 고아雇兒품팔이하는 아이가 낫을 잃어버린 것을 이유로 고주가 그를 매달아 난타하였다. 절도와 재물 손실 때문에 고주가 고로에게 사적 형벌을 시행하고 있는 양상을 살펴볼 수 있다.

마지막으로 관민 간, 관속 간 갈등이 정조 대에 극심하였으며, 19세기인 순조 대에 감소했다가 헌종 대 다시 증가하는 경향을 볼 수 있다. 관민 간, 관속 간 범죄의 경우 관속의 사적 형벌로 인한 인명 사건이 많았다. 1790년(정조 14) 진영鎭營의 군졸이었던 충주의 김복동과 최덕순은 박 소사가 가지고 있는 유기를 도둑질한 물건으로 의심하고 그녀에게 사적인 형벌을 가해 사망하게 하였다. 1821년(순조 21)

이임里任 서업손은 이이석에게 4두의 환곡을 납부하라고 독촉하는 과정에서 이이석이 욕설을 하자 구타하였다. 관속, 특히 포교나 군졸은 서울과 지방에서 치도治盜를 담당하였기 때문에 이와 관련된 인명사건이 빈발하였다. 1789년(정조 13) 진영의 군졸이었던 경상도 함양의 김잉질돌은 강복삼을 인삼 도둑으로 오인하여 발에 족쇄를 채우고 등을 때려 죽게 하였으며, 1790년(정조 14) 진영의 장교였던 안동의 권득문 또한 사노 원복을 강제로 도적으로 귀결시키고 그에게 가혹한 형벌을 가했다. 이는 사건들에서 도적을 잡는 포교나 나졸이 공무를 빙자하여 민간인을 침학하는 실태를 확인할 수 있다.

이상으로 『일성록』에 기록되어 있는 사형 범죄를 통계 처리하여 분석함으로써 범죄의 시기 및 지역적 분포, 발생 원인, 범죄인의 신분·직역, 범죄인과 피해자의 관계 등 18~19세기 범죄의 전체적인 전개 양상을 살펴보았다. 지금까지 검토한 내용을 정리해보면 첫째, 전체적인 범죄율에 있어서는 18~19세기의 시기적인 차이를 뚜렷하게 살필 수 없었다. 그러나 범죄 유형별 범죄율에 있어서는 폭행 치사와 살인·강도, 절도 등 주요 범죄가 19세기로 갈수록 증가하는 경향이 짙었다.

둘째, 범죄의 지역적 분포에 있어서 지방과 달리 한성부의 범죄율이 높은 특징을 살필 수 있어 범죄 양상에 있어 서울-지방 간 지역적 차이가 뚜렷했음을 알 수 있었다. 조선 후기 사회변동과 상업의 발달은 인구와 물적 자원의 이동을 초래하였다. 이는 백성의 생활을 점차 도시 중심으로 이동시켰고 이로 인해 도시에서 범죄가 많이 발생했다. 그 대표적인 지역이 한성부였다. 특히 경제 범죄가 다른 지역에 비해 한성부로 집중되는 모습을 볼 수 있었다. 한성부의 경제 범죄율은 6.15건으로 전국 평균(0.24건)의 26배였다.

셋째, 전국의 범죄 양상을 통해 알 수 있었던 사실은 백성들이 사회에서 발생하고 있던 계층 간 갈등을 폭력을 통해 해소하려는 경향이 강했다는 것이다. 간음과 불화로 인한 가족 간 폭력이 증가하여 가족 공동체가 붕괴되었으며, 상품 화폐 경제의 발달로 경제적 이윤 추구가 확대됨에 따라 사회 공동체 내부에서 재물과 금전 문제로 인한 인명 사건이 많이 발생했다. 또 반상, 상천 간 갈등의 모습은 18~19세기에 명분을 엄격히 강조하였던 성리학적 윤리가 이완되고 신분 질서에 대한 민의 저항이 강화되고 있었음을 간접적으로 보여준다.

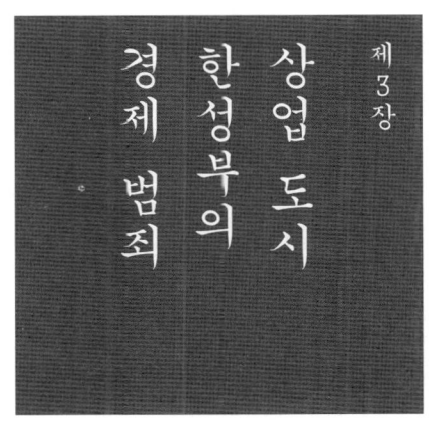

제3장
상업 도시
한성부의
경제 범죄

1. 치솟는 경제 범죄율

조선 후기 법전에 나타난 사죄로서의 경제 범죄는 크게 국가 재정과 개인 재산 범죄로 양분할 수 있다(〈표 11〉 참조). 국가 재정 범죄로는 인신이나 국가의 기둘을 훔치는 관물 절도, 군량미와 조운미를 절도하는 조세 범죄, 대외 교역에 사용되는 방물·인삼 관련 범죄, 사기 범죄 등을 들 수 있다. 정부는 국가의 제사에 사용되는 제기나 왕실·관아의 물품 등을 훔치는 관물 절도범은 참형에 처했다. 조세와 관련해서는 군량미나 조운미를 10석 이상 훔친 자, 관의 창고를 드적질한 자, 색리色吏 감영이나 군아에서 곡물의 출납과 간수를 맡던 구실아치로서 명목을 거짓으로 불려서 국가의 곡식을 탕감한 자, 조운하는 쌀에 물을 타는 자 등은 효시梟示하였다(『증보문헌비고』 권136, 형고10 저 율유기). 대외 교역과 관련된 경우도 마찬가지였는데, 사신 행차 시 방물인 백면지를 훔쳐 청나라 사람에게 판매한 자는 수범과 종범을 막론하고 효시하였다(『속대전』권5, 형전 장도조).

인삼과 잠상潛商법령으로 금지된 물건을 몰래 사고파는 장사 문제도 정부의 규제 대상이었다. 인삼은 국가 경제에 미치는 영향이 컸기 때문에 인삼의 수확 및 제조, 수출 교역 등을 정부가 철저하게 관장했다. 따라서 이를 판매하는 삼상은 호조에서 발급하는 여행권인 노인路引이나 행장行狀을 소지해야만 생산지에서 인삼을 채취하거나 이를 매매하는 것이 가능하였다. 그러나 조선 후기 인삼의 수요가 증가하면서 가격이 급등하는 등 인삼으로 인한 경제적 이득이 커지자, 이와 관련된 부정행위가 다수 발생하였다. 특히 17세기 중엽 이후 인삼에 대한 인식이 보편화되면서 일본으로부터의 인삼 수요가 증가하자, 인삼 판매상은 정부의 규제와 통제를 피해 몰래 인삼 매매를 시작하였다(차수정, 1989). 따라서 정부는 이를 규제하기 위해 인삼을 붙이거나 거짓 인삼을 만든 자, 삼화參貨인삼 상품를 몰래 지니고 연경에 가는 자, 왜관입국한 왜인들이 머물면서 외교적인 업무나 무역을 하던 관사에서 삼화를 몰래 파는 자, 서북에서 개시開市할 때 삼화를 몰래 지닌 자 등을 참형에 처하였다(『증보문헌비고』권136, 형고10 제율유기). 사기 범죄로는 국가 문서의 위조나 동전의 주조 등을 들 수 있다.

개인 재산 관련 범죄로는 3회 이상 절도를 한 행위와 명화적과 같이 횃불을 들고 약탈을 자행한 강도 행위를 들 수 있다. 무리를 지어 남의 재물을 겁탈한 자는 모두 명화적으로 간주되었으며, 죄상을 승복한 자는 사형에 처했다. 그뿐만 아니라 인가에서 명화적질을 한 자는 재물을 얻지 못했거나 사람을 죽이지 않았더라도 수범과 종범에 상관없이 모두 참형에 처했다(『속대전』 권5, 형전 장도조).

이러한 경제 범죄는 조선 후기 전체 사죄의 약 6%에 불과하였다. 하지만 그 가운데 72.4%가 한성부에서 집중 발생하였다. 앞에서 말했듯이 한성부의 경제 범죄율은 전국과 매우 큰 격차를 보였다. 한성부 경제 범죄 건수는 왕대별로 정조 대가 47건, 순조 대가 40건, 헌종 대가 19건, 철종 대가 17건이었다. 이를 1년간 범죄 건수로 환산해 살펴보면, 정조 대 2건, 순조 대 1.2건, 헌종 대 1.3건, 철종 대 1.2건으로, 정조 대 경제 범죄가 성행하였지만 평균 수치에서 다른 시기와 큰 차이를 보이지는 않았다. 이러한 통계는 결과적으로 조선 후기에 한성부에서 경제 범죄가 꾸준히 발생했음을 간접적으로 보여주는 것이다.

각 유형별로는 절도가 총 60건으로 48.8%를 차지하였으며, 위조가 62건(50.4%), 기타가 1건(0.8%)이었다. 절도 건수는 정조 대 13건, 순조 대 18건, 헌종 대 13건, 철종 대 16건이며, 연간 범죄 건수는 정조 대(0.5건) → 순조 대(0.5건) → 헌종 대(0.9건) → 철종 대(1.1건)의 순을 보여 19세기로 갈수록 한성부민의 절도가 증가했음을 알 수 있다. 이 같은 양상은 각 왕대별 절도 범죄의 비율에서도 동일하게 나타났다. 사기·절도의 비율은 정조 대 27.7%에 불과했던 것이 순조 대(45%) → 헌종 대(68.4%) → 철종 대(94.1%)로 늘어나 연간 범죄 건수에 비해 급격한 증가세를 보였다. 특히 정조 대에 비해 철종 대 절도 행위가 비약적으로 증가한 점이 눈에 띈다.

위조 건수는 전체 경제 범죄의 50.4%인 총 62건으로 절도와 함께 한성부 경제 범죄의 대부분을 차지하였다. 경제 범죄 가운데 위조가 갖는 비중은 근소한 차이지만 절도보다 높았다. 이는 그만큼 위조 행위가 한성부에서 활발하게 이루어졌다는 증거이다. 한성부에서 위조 행위가 만연한 이유는 당시 적발된 위조 문건의 성격을 통해서 파악할 수 있다. 포도청에서 적발한 위조문서의 대부분은 추증첩追贈帖 죽은 후에 관위나 시호를 내리는 문서, 가선첩嘉善帖 종이품인 가선대부의 품계를 내리는 교지, 홍패, 백패白牌 소과에 급제한 생원이나 진사에게 주던 흰 종이의 증서 등 임명 관련 교지와 관청에서 발급하는 관문關文이었다. 위조문서를 매매한 사람 가운데에는 지방의 향촌민이 많았는데, 과거를 보러 상경했다가 낙방한 자나 관문, 첩문을 얻으러 한성부로 올라온 자가 대부분이었다. 지방민이 상경하여 관문서를 찾는 이유는 바로 한성부가 이들 문서의 발급지이기 때문이었다. 한성부에서 문·무과의 과거 시험이 시행되었기 때문에 홍패나 백패의 위조는 다른 지역에서는 찾아볼 수 없었다. 추증첩이나 가선첩 또한 그 발급처가 이조, 병조였기 때문에 한성부에서 주로 위조되었다.

하지만 위조범죄의 발생 추이는 절도와는 정반대의 모습을 보였다. 위조 건수는 정조 대가 34건으로 가장 많았으며, 순조 대 21건, 헌종 대 6건으로 19세기 이후 점점 감소하는 현상을 보였다. 철종 대에 이르면 위조 행위는 1건으로 헌종 대보다 더욱 저조했다. 이러한 현상은 몇 가지 측면에서 생각해볼 수 있다. 먼저 『일성록』에 위조 기록이 부재했다는 점을 말할 수 있다. 철종 대 문서위조 행위는 『일성록』의 경우 1건만 기록되어 있는 데 비해, 『포도청등록』에는 4건이 기록되어 있다. 1852년(철종 3)에 이치언이 홍패와 가자첩을 위조하였으며, 1859년(철종 10)에는 남촌 인현仁峴에 사는 조병민 등이 교지, 첩문을 위조하여 정동에 사는 박가에게 5냥에 팔았으며, 문규상은 홍패를 위조하였다. 그렇기 때문에 철종 대 위조 건수가 급감한 이유는 실제 위조가 감소되기도 했지만 기록의 부재 때문이라고 할 수 있다.

다음으로 위조 행위의 급감 원인은 18~19세기의 사회 변화에서 찾을 수 있다. 18세기 홍패나 직부첩, 납속첩 등 신분 관련 문서가 집중적으로 위조된 게 비해, 19세기 후반에 이런 문서의 위조가 급감한 원인은 국가의 납속 정책의 변화나 실제 수요층의 감소와 관련이 있다고 여겨진다. 19세기 후반에 이르면 계속되는 자연재해로 인해 정부는 긴급한 진휼 재원을 확보하는 주요 방책으로 납속 제도를 지속적으로 추진하였다. 즉 공명첩 판매 정책과 함께 부민富民을 상대로 의연금을 납부하게 하고 보상하는 권분勸分을 적극 시행하였다. 따라서 천인일지라도 부를 축적한 사람은 공식 절차를 통해 납속첩이나 공명첩 등을 얻음으로써 신분 상승의 기회를 얻을 수 있었다. 정식 절차를 거쳐 공명첩을 얻은 사람들은 주로 가선대부, 절충장군의 품직을 받을 수 있었으며, 이러한 품직을 호적이나 관문서에 기록함으로써 일반 백성들과 구분되고자 노력했다(서한교, 2000). 19세기 후반 무분별한 납속첩, 공명첩의 발행으로 부민들은 굳이 위조 문건을 통한 불법적 방법을 택할 필요가 없게 되었고, 이로 인해 위조 문건에 대한 사회적 수요가 감소되었다고 판단된다.

그렇다면 한성부 경제 범죄의 지역별 실태는 어떠했을까. 전체 경제 범죄 123건 가운데 한성부 내의 발생 지역을 확인할 수 있었던 것은 99건이며, 미상은 24건이었다(〈표 13〉 참조). 따라서 99건을 토대로 각 부별 경제 범죄율을 살펴보았다. 한성부 5부별로 경제 범죄 건수를 보면 중부가 9건, 동부가 15건, 서부가 40건, 남부가 10건, 북부가 25건이다. 서부의 범죄 건수가 가장 많았으며, 북부 → 동부 → 남부 → 중부의 순이었다. 이를 범죄율로 살펴보면, 중부가 4.5건, 동부가 5건, 서부가 5.6건, 남부가 2건, 북부가 12.5건이다. 북부의 경제 범죄율이 가장 높았는데, 범죄 건수가 가장 많았던 서부보다 2배 이상의 범죄 발생률을 보였다.

특히 한성부 북부는 경제 범죄 가운데서도 절도 범죄율이 10건으로 가장 높았는데, 이 수치는 서부의 4배, 남부의 50배에 이른다. 북부에서 절도가 극성한 이유는 궁궐과 관사가 위치하고 있는 지리적 특성 때문이라고 말할 수 있다. 사형에 처해지는 경제 범죄가 궁궐 기물에 대한 절도와 관문서 위조 등으로 제한적이었기 때문에, 절도물의 대부분도 궁궐의 기물이거나 제물, 관사 창고에 있는 관물 등이었다.

위조의 경우 서부의 발생 건수는 22건으로 전체 위조 범죄의 35.5%를 차지하였다. 범죄율에 있어서도 서부는 3.1건으로 가장 높았으며, 동부가 2.7건, 중부와 북부가 각각 2.5건, 남부가 1.8건을 보였다. 위조 범죄는 각 부별로 약간의 차이는 있지만, 절도가 특정 지역인 북부에 집중된 것과 달리 5부에서 고르게 발생하는 경향을 찾아볼 수 있다. 특히 남부 지역은 절도 범죄율이 0.2건인 데 비해, 위조 범죄율은 그보다 9배 높은 1.8건으로 나타났다. 이와 같은 양상은 한성부 전역에서 위조 행위가 빈번했음을 말해주는 것이다.

2. 도시, 떠돌이, 그리고 범죄

1) 도시 하층민의 일탈: 국가 기물을 훔쳐라

경제 범죄 가운데 타인의 재물을 절취하는 행위인 절도는 어느 시대를 막론하고 민간에서 행해지는 가장 보편적인 범죄 형태였다. 한성부에서 발생한 절도의 원인은 다양했다. 먼저 배고픔을 해결하거나 재물을 획득하기 위해 관청의 기물을 탈취하는 경우를 쉽게 볼 수 있다. 1834년(순조 34) 이완철은 동남관왕묘東南關王廟동묘와 남묘. 중국 삼국시대의 장수 관우의 영을 모신 것의 청지기로 일하다가 쫓겨난 후에 배고픔을 참지 못하여 백미 당칠唐柒, 황률黃栗 등 제사에 쓸 물건들을 절도하였다. 1835년(헌종 1) 정일손 또한 돈을 마련할 목적으로 제기를 훔쳐 전당포에 맡긴 후 2냥을 빌리기도 하였다.

 1802년(순조 2) 형조 노비인 김재륜은 형조에서 소장하는 계목啓目과 옥안獄案 331근을 훔쳐 수차례에 걸쳐 조지서造紙署 지장紙匠에게 판매하였다. 그는 같은 소속 군사인 김복양과 함께 형조의 창고를 열고 몰래 들어가 계문과 옥안 61근을 훔쳐 조지서 지장인 우지흥에게 24냥을 받고 팔았으며, 얼마 후 다시 옥안 90근을 훔쳐 72냥을 받고 처분하는 등 수차례에 걸쳐 총 331근을 절도하였다. 장물을 사고 판 매장인買贓人 유지흥은 이것을 다시 지장 표태국과 지전紙廛 상인 주봉악에게 판매했으며, 이들의 손을 거쳐 옥안은 과거 시험지인 시지試紙로 재활용되어 처분되었다. 이완철이나 정일손의 경우 순간적인 충동으로 일회성 절도를 일으킨 데 비해, 김재륜은 자신이 관리하던 지물을 수차례에 걸쳐 지속적으로 훔쳤다.

 19세기에 이르면 재물 탈취를 위해 집단적으로 절도하는 경향도 있었다. 1860년(철종 11) 금위영 순령인 한종혁은 동료 김순갑과 함께 송정동에 사는 김치서의 집을 도적질하였다. 이들은 밤을 틈타 월장하여 집주인을 결박한 후 칼로 위협하여 재물과 옷가지 등을 약탈하였다. 한종혁은 이전에도 10여 차례 공덕리 율목동과 남대문 밖 이문동, 정동, 남산동 등지의 양반가와 여염집에서 유기그릇과 의복 등을 훔쳐 잡철상, 바리전鉢里廛놋그릇 상점, 유점장鍮店匠놋점 장인, 종로 의전衣廛 상인에게 팔았으며, 모화관 주변과 신문 밖 상전床廛잡화상에서 물건을 훔치기도 하였다. 1862년(철종 13) 어영청 수문군인 전녹이는 해남에 사는 조해평과 종로에서 만나 여염집을 도적질할 계획을 갖고 청석동에 가서 초가에 불을 지르고 물건을 절도하였다.

한편 18~19세기 만연했던 민간에서의 도박은 절도를 부추기는 한 요인이 되었다. 당시 도박의 폐단은 위로는 사대부 자제로부터 아래로는 항간의 서민까지 도박 때문에 집과 토지를 팔 정도로 컸다. 관속이나 아전이 포흠을 지고 군교가 부정을 저지르는 것도 도박 때문인 경우가 많아 정부에서는 수령에게 도박을 엄중히 금하라는 명령을 내리기도 했다. 한성부에서도 도박에 빠져 돈을 마련할 목적으로 재물을 탈취하는 단순 절도가 다수 발생하였다. 1851년(철종 2) 종묘 효정전 별희방別熙房 군사인 이연종은 효정전 제기고에서 유승鍮升유기그릇, 황이黃彝황금색 강신용 그릇, 촉대燭臺촛대, 계이鷄彝닭 그림 강신용 그릇 등 제기를 훔쳐 잡철상 김춘성에게 방매하였다. 그가 절도를 행한 이유는 도박에 쓸 돈을 마련하기 위해서였다. 같은 해 강재수 역시 노름 비용을 마련하기 위해 육상궁 재실의 창호를 찢은 후 병풍과 조총을 훔쳤다. 그런 후 그는 절도 물품을 효경교 장전인襵廛人세간살이 상점 주인 장도석과 대사동에 사는 의장군儀仗軍임금의 위의威儀를 장식하는 부斧, 월鉞, 개선蓋扇, 모茅 등을 가지고 가는 군사 조만대, 산렵포수山獵砲手 이시연 등에게 40냥을 받고 처분하였다.

이러한 개별 사례에서 알 수 있듯이 절도물의 대부분은 제기, 악기, 문고리나 열쇠 등의 철물, 군기고의 화살, 총, 화약 등의 군용 관련 물품이었다. 이러한 것은 일반 양인이 쉽게 접할 수 없는 물건으로, 절도의 발생 장소도 경희궁, 경모궁, 효창묘, 주전소, 선혜청 등 일반 양인의 접근이 용이하지 않은 궁궐, 관사, 창고였다. 따라서 절도범의 직역 또한 해당 관청의 수직 군사나 관속, 고직을 수행한 자, 이들 직역에서 쫓겨난 자가 대부분이었다.

조선 시대 한성부는 왕이 거주하고 있는 수도였기 때문에 이를 수호하고 유지하기 위해서는 한성부민의 노동력이 필수적이었다. 정부에서는 일정한 고가雇價를 지불하면서 한성부민으로 하여금 궁궐과 각사의 고직, 수직 군사를 수행하게 하였다. 이들 중에는 기존 한성부민도 있었지만 지방에서 올라온 상경 이농인도 있었다.

수직 군사, 고직, 관속 등에 종사하면서 품삯을 받는 것은 한성부민의 생계 기반 중 하나였다. 한성부민에게 있어서 각 관사의 하례직이 생계 기반이었다는 점은 다음의 절도 사례를 통해서도 확인할 수 있다. 1778년(정조 2) 순산직巡山直인 남두산은 자기와 숙혐이 있는 수복守僕을 곤경에 빠뜨리기 위해서 소령원昭寧園의 침상을 훔쳐 수복의 방 부엌 아궁이에서 불태웠다. 1807년(순조 7) 문인성은 효창묘 고직인 최수륜과 숙혐이 있어 그를 곤경에 처하게 할 목적으로 효창묘의 제향에 쓰는 기명과 재실齋室의 철환鐵環 등을 훔쳤다. 위의 두 사례는 단순 절도가 아닌 원한 관계에 의한 것이다. 절도범들이 숙혐 관계에 있는 사람들의 근무처에 와서 기물을 훔치는 근본적인 이유는 이를 빌미로 그들의 생계 기반을 박탈하기 위해서였다. 이들의 목적은 재물 획득이 아니었기 때문에 불태우는 방식으로 절도한 물품들을 은폐하였다. 이러한 한성부 관물 절도와 범죄인의 특색은 지방의 절도와 두드러지게 차이를 보이는 부분이라고 할 수 있다.

2) 유랑의 범죄화: 도시에서 살고 싶다

16세기 이래 특권층이 토지 점유를 확장함으로써 농민들은 농토를 잃고 도시로 떠나기 시작했다. 이로써 농촌 인구의 도시 유입이 크게 늘어났다. 이후 전란이나 기근, 전염병으로 인한 재해뿐 아니라 국가의 조세수탈 등 삼정 문란으로 이러한 현상은 더욱 가속화되었다. 서북과 관동 지방의 유민들이 한성부로 집중되었을 뿐만 아니라(『비변사등록』 24책, 숙종 46년 4월 16일), 경기, 황해와 강원 지역의 유민들 또한 한성부로 유입되어 인구 압박을 부추겼다(『영조실록』 권53, 17년 3월 신묘).

여기에 더하여 조선 후기의 경제적 변화는 농민층의 분해를 촉진시켜 상당한 농민이 농촌에서 이탈했고, 도시 지역은 경제적 성장을 하면서 농촌에서 유입된 인구를 값싼 노동력으로 수용하였다. 한성부는 왕도였던 까닭에 다른 지역에 비해 일찍부터 상업이 발달하였고, 이에 부응하여 수공업도 발전하였다. 따라서 벌어먹을 수 있는 방법이 향촌보다 다양했기 때문에, 지방의 이농인은 물산이 풍부한 한성부로 몰려들었다.

> 저는 본래 강원도 평강 사람으로 금년 2월쯤 집안 식구들을 거느리고 상경하여 여기저기에서 먹고 자다가 다행히 배가裵哥의 행랑에서 임시 거주하게 된 것이 이제 보름 정도에 불과합니다. 짐꾼을 생업으로 삼아 아침에 나갔다가 저녁에 들어옵니다(『우포도청등록』 30책, 신사 윤7월 29일).

위의 사료는 한성부로 유입된 이농인의 실태를 잘 보여주고 있다. 이들은 향촌에서 무작정 상경하여 유리流離하다가 민가의 행랑에 거주하며 막노동자로 생계를 유지하였다. 당시 생산 활동에 있어서는 노비 노동의 비중이 축소되고 고용 노동의 비중이 점차 확대되고 있었기 때문에 일용 노동자나 단기 고공이 크게 늘어났으며, 농업 경영도 빈부를 막론하고 임노동제 위에서 이루어졌다(윤용출, 1993). 따라서 상경 유리민이나 영세 빈농층들 가운데 남자는 짐꾼이나 막노동자로, 여자는 물 긷는 급수汲水 등으로 일하면서 자신의 노동력을 상품화하지 않을 수 없었다.

선전관 조문석이 서계하기를 "신이 지난밤 순교를 받들어 돈화문 앞 대로 바로 아래인 이현 사거리에서부터 영풍교에 이르기까지 걸인막에 있는 걸인의 수를 살펴보니 13인이었고 …… 다시 훈련원 석교로 가니 허름한 집 안에 한 어린아이가 있는데, 나이가 10세로 어머니가 봄에 죽어서 의탁할 곳이 없어 유리하다가 여기에 이르렀다고 합니다. …… 천변에서부터 그대로 광통교로 향하며 상하 두 곳의 걸인막이 있는 걸인의 수를 살펴보니 각각 6명이었고 …… 동대문 밖을 돌아서 왕십리, 신촌, 두모포에 이르러 유걸流乞거지, 유기아遺棄兒 및 무의지류無衣之類를 일일이 자세히 살피니 유걸은 도성 안의 유걸로 낮에는 성 밖에서 걸식하고 밤에는 다시 성안으로 들어옵니다. …… 왕십리 말촌에 한 칸의 작고 초라한 집이 있는데, 바람과 서리를 막지 못해 추위하는 소리가 밖에서 들리므로 들러서 물으니 말하기를 '강씨 성을 가진 과부로 나이가 42세인데 중간에 눈병을 얻어 보질 못하여 의지할 데가 없으며, 단지 13세 아들이 강촌에서 땔감을 지어 생계를 유지한다.'고 합니다. ……"(『일성록』 정조 22년 10월 20일)

주로 빈민들은 시장이 개설된 이현이나 청계천 내 주요 교량인 광통교, 훈련원 석교, 마전교나 성 밖 지역인 왕십리, 신촌, 두모포 등지에 천막을 치고 생활하였다. 특히 청계천 주변은 비단을 판매하는 면전綿廛, 닭과 병아리의 매매 시장인 계전鷄廛·계아전鷄兒廛, 미곡을 판매하는 잡곡전, 상미전上米廛, 하미전下米廛 등 각종 시전이 설치되어 있어 상거래가 규모 있게 이루어지는 곳이었다. 따라서 청계천 주변의 경제적 조건은 자연히 가난하고 천한 '빈천지호貧賤之戶'를 모이게 하였다.

도성 밖 지역에도 빈민들이 몰렸다. 도성 안의 걸인들이 낮에는 도성 밖인 왕십리, 신촌, 두모포 등지로 나가 걸식하다가 밤에 성안으로 들어오는 이유는 이 지역들 또한 걸식이나 고립의 조건을 갖추고 있었기 때문이었다. 두모포는 뚝섬과 함께 나루가 개설된 곳으로, 전국의 물화가 집결되어 상업 기지로 발전했으며, 왕십리 등지는 배추, 무, 미나리가 재배되어 상품 작물지로 각광을 받았다. 따라서 이 지역들은 걸인이나 빈민이 품팔이나 걸식 등으로 생계를 유지하기에 적합한 곳이었다.

이처럼 갈 곳이 없는 이농인이나 빈민은 주로 천변으로 모여들어 움막을 지어 생활하거나 도성민의 행랑에서 거처하였고, 이들의 미약한 경제력은 강도나 절도를 유발시키는 동기가 되었다. 상경 이농인은 물화가 풍부한 한성부로 들어와 노변의 임시로 지은 집이나 빈집에 노숙하다가 궁궐에 난입하여 물품을 도적질하거나 강도짓을 하는 경우가 많았다. 1834년(순조 34) 본래 인천 사람이지만 전국을 떠돌다가 서울로 올라와 창덕궁의 군사로 일하던 윤흥록은 궁을 수직하는 과정에서 보경당에 잠입하여 내사지內司紙 46속, 백지白紙 40속 등 지물을 12차례에 걸쳐 훔쳤으며, 지물 외에 후추, 백반 등의 물건을 훔친 혐의도 받았다(『추조결옥록』 권3, 갑오 4월). 1843년(헌종 9) 강원도에서 상경한 최관유는 빈집을 전전하다가 수도水道 구멍을 통해 창덕궁 요금문에 난입하여 절도를 시도하였다(『우포도청등록』 3책, 계묘 3월 16일).

1852년(철종 3) 경희궁의 기물을 훔친 김봉학은 양주에서 상경한 자였다. 그는 신문新門에 거주하면서 짐꾼으로 일하다가 경희궁에서 제초하는 역에 고용된 후 수차례 경희궁의 철물을 훔쳐 잡철상에게 판매하였다. 김봉학은 자신을 '무식한 시골놈'으로 표현하며, 서울에서의 어렵고 힘든 생활 때문에 절도를 저질렀다고 자백하였다.

이러한 상경 이농인은 모두 한성부 내 신흥 도시민을 형성하는 계층으로 상인, 군병, 승호포수, 고용 노동자, 유민으로 생활하였다. 그러나 이들의 생활 정도는 그다지 여유롭지 못했다. 고용 노동자나 유민은 차치하더라도 일정한 급료를 받는 승호군 또한 처지는 비슷하였다. 1787년(정조 11) 정조가 경모궁을 참배하고 오는 도중에 궁 주변의 인가가 거의 허물어진 상황을 한성부윤과 예조참판에게 들어보았다는 기록에서 이들의 생활상을 알 수 있다. 경모궁 주변에 살고 있던 사람은 승호포수와 그의 자식으로, 정조는 궁궐의 보호를 위해 이들의 집을 호조로 하여금 싸게 구입하게 하였다. '인가가 거의 허물어졌다.'라는 표현에서 그다지 여유롭지 못했던 승호군의 생활 형편을 살펴볼 수 있다(『일성록』 정조 11년 11월 3일).

지방의 농민인 경우 생산 기반이 농사였기 때문에 자급자족으로 생계를 유지할 수 있었지만, 한성부민의 경우는 돈으로 모든 것을 구입하였다. 그렇기 때문에 생계를 유지하기 위해서는 자신의 노동력을 이용하여 돈을 벌어야만 했다. 게다가 쌀값에 따라 물가가 불안정하게 변동하였으므로 상경 이농인의 도시 생활은 그리 쉬운 일이 아니었다. 따라서 이들이 도시 생활을 유지하기 위해 각 궁의 수직 군사나 고직 등으로 들어가 역을 수행하는 경우도 많았다. 앞의 사례의 윤흥록은 인천에서 거주하다가 상경하여 창덕궁 수직 군사를 수행하였으며, 김인득은 양주에서 상경하여 별감방에 입속하여 찬군사饌軍士를 수행하였다. 하지만 승호군을 비롯하여 궁에 입속하여 군사나 고직을 수행하던 신흥 도시민들은 직역에서 쫓겨날 경우 도시 생활을 유지하기 위해 상업 활동을 하거나 극단적인 경우에는 위조, 절도 등의 경제 범죄를 저질렀다.

1장에서도 언급된 위조 죄인 강윤상은 황해도 송화민으로 승호군이 되어 상경한 자였다(〈자료 1-1〉 참조). 승호군은 식년子, 묘卯 등의 간지가 들어 있는 해. 3년마다 한 번씩 돌아오는데, 이해에 과거를 실시하거나 호적을 조사하였다마다 서울 및 각 지방에서 뽑혀 훈련도감의 정군正軍이 되는 병졸로, 번상군番上軍번의 차례가 되어 지방에서 서울로 올라와 군역에 복무하는 군사과 달리 가족과 함께 서울로 올라와서 생활하였으며, 자기 역에서 도태되면 다시 지방으로 내려가는 경우가 많았다. 하지만 이들 대부분은 승호로 뽑혀 상경할 때 집안의 재산이나 전토를 모두 팔고 올라오기 때문에 승호 역에서 쫓겨나거나 그만둘 때 파산하는 경우가 많았다. 따라서 승호군으로 뽑힌 지방민 가운데에는 서울에 거주하는 친척에게 뇌물을 지급하거나 이름을 바꾸어 자신이 해야 할 공역公役을 다른 사람이 대신하게 하는 자가 많았다. 이러한 폐단으로 지방의 수령들은 승호군의 할당을 향군鄕軍 대신 한성부민으로 하도록 정부에 요청하기도 하였다(『일성록』정조 22년 12월 16일).

이처럼 승호로 뽑혀 올라온 지방민의 경우 받는 급료가 적었기 때문에 도시 생활에 적응하기 힘들었다. 강윤상의 경우도 승호포수로 상경하여 역을 담당하다가 쫓겨난 후에는 고향으로 돌아가지 않은 채 서울에 머물고 있는 상태였다. 그는 도태된 후 마땅한 생계유지 수단이 없자 궁핍을 면하기 위해 돈이 되는 위조에 참여하였다. 이러한 모습은 수진궁 마름첩[舍音帖]을 위조한 이형규의 사례에서도 확인된다. 이형규는 남포에서 살다가 향교동으로 이주한 상경 이농인으로 태안에서 상경한 장지규와 함께 수진궁 마름첩을 위조하였다. 이들은 지방에서 올라온 향촌인이 많이 모여드는 여관 주변을 서성이다가 첩문을 구하는 자를 노려 위조문서를 판매하였다. 위조한 마름첩을 매득한 위방철은 선산에 거주하는 향촌민으로, 집 앞에 수진궁 소속의 논이 있어 궁답宮畓의 마름이 되려고 상경한 자였다. 장지규와 이형규는 마름첩을 구해 오면 60냥을 지급한다는 위방철의 말에 문서를 구해 오는 대신 자신들이 손수 첩문을 위조하였다(『일성록』순조 25년 9월 17일).

이와 같이 기존 한성투민이나 상경 이농인이 절도, 위조와 같은 경제 범죄를 저지르는 이유는 이를 '돈을 얻을 수 있는 일[錢兩可得之事]'로 인식하였기 때문이다. 강윤상과 이형규의 예를 보면 홍패나 마름첩 등의 문서 1장을 위조함으로써 얻는 수입은 50~60냥에 이르는 거액이었다. 절도범인 김재륜, 강재수 역시 절도물을 장물아비에게 판 대가로 100냥, 40냥 등을 받았다(『우포도청등록』 6책, 신해 3월 20일).

특히 아무 직역도 없는 상경 이농인의 위법은 그 강도가 더욱 심하였다. 1845년(헌종 11) 길주, 함흥, 평양 등지에서 온 일부 유민은 돈을 변통하기 위해 일부러 불을 놓은 후 물건을 훔칠 계획을 하였다. 천호손과 최석조 등은 상인이었지만, 장시에서 13냥을 훔치다가 읍교邑校에게 잡혀가 곤장을 맞기도 한 무뢰배였다. 이들은 서울로 올라오는 길에 다른 무뢰배와 결탁하여 함께 재물을 탈취할 것을 모의했으며, 이를 위해 남대문 밖 여염과 시전에 불을 지른 후 절도를 행하였다(『우포도청등록』 4책, 을사 4월 초2일).

한성부 도로변이나 천변 인근 교량에서는 강도도 발생하였다. 1833년(순조 33) 이오종은 조대길의 목을 칼로 찔렀는데, 그는 경기감영의 발졸撥卒각 역참에 속하여 중요한 공문서를 교대로 변방에 급히 전하던 군졸로 일하다가 병을 얻어 입역할 수 없자 이곳저곳을 떠돌다가 상경한 자였다. 이오종은 상경하여 북부 연희방 근처를 배회하다가 한 아이가 땔나무를 내려둔 채 노변에서 휴식을 취하는 것을 보고 차고 있는 칼을 빼서 아이의 목을 찌른 후 땔나무를 탈취하였다(『일성록』 순조 33년 10월 22일).

1852년(철종 3)에는 유리민 3명이 동모하여 수구문 밖에서 전냥을 허리에 차고 변을 보고 있는 사람을 칼로 찔러 죽이기도 하였다. 주범인 김돌몽은 경기도 양근에서 거주하다가 뚝섬으로 온 이주민으로 일용노동자로 일하다가 땔나무를 불법 판매한 일로 축출당한 자였다. 이상손은 평양 출신으로 무명을 훔친 일로 감영에 체포되었다가 풀려난 뒤 상경하였으며, 이성록은 황해도 해주 출신으로 기근이

들어 서울로 유리한 자였다. 이상손과 이성록은 해주에 있을 때부터 알고 지낸 사이로 서울에서 다시 만나 함께 걸식하다가 김돌쭝을 만난 것이다. 이들은 함께 도성 주변을 배회하면서 동대문 문루나 훈련원 대청 등지에서 거처하는 등 일정한 주거지가 없는 무뢰배였다. 김돌쭝 등은 달래를 훔쳐 장시에 내다 팔 목적으로 수구문 밖 삼거리에 이르렀다가 길가에서 변을 보는 사람이 전냥을 차고 있는 것을 보고 돈을 탈취하기 위해 그를 칼로 찔러 죽이는 강도 행위를 저질렀던 것이다(『우포도청등록』 6책, 을자 5월 21일).

이처럼 도성에 정착하여 생활하지 못하는 유리민이나 걸인들은 고공으로 생계를 유지할 수 있음에도 자생할 계획을 꾀하지 않고 절도와 구걸을 일삼으며 쉽게 생활하려고 하였다.[1] 유랑하는 상경 이농인의 범죄는 시간이 지날수록 증가해 당시 큰 사회문제로 대두되었다.[2] 따라서 정부에서는 확실한 거주지가 없는 '무근무착지류無根無着之類'와 하는 일 없이 놀면서 입고 먹는 '유의유식지배游衣游食之輩'를 사회

---

[1] 국가에서는 걸인들의 호구지책을 위해 이들을 국가 기관의 사환인으로 고용할 방도를 마련하기도 하였다. 떠돌아다니는 걸인의 경우 모두 생활 근거가 없는 자들이었기 때문에 국가에서는 사람들에게 이들을 일용 노동자로 고용하게 해 생계를 유지할 수 있게 하였다. 그러나 걸인들이 노역을 견디지 못하였기 때문에 고용주들 또한 이들을 고용하려고 하지 않았다. 이에 국가에서는 걸인 가운데 15세 이상자 62명을 좌우포도청에 나누어 포교의 사환인으로 고용하기도 하였다(『일성록』 정조 21년 10월 6일 신축).

[2] 그 밖에 어린이를 유괴하는 경우도 발생하였다. 한성부 무교武橋 노변에서 3세 영아를 유괴한 사건이 있었는데, 이 또한 상경 이농민이 저지른 일이었다. 범죄인인 서금록은 본래 수원 남문 밖에서 거주하며 농업에 종사하다가 상처한 후 혼자 상경하여 효경교에 사는 상인 한만득의 집에서 품팔이를 하고 있었다. 그는 두 다리의 수종으로 오랫동안 치료했지만 효과를 보질 못했는데, 어린아이의 피가 악질에 좋다는 말을 듣고 술에 취해 돌아오는 길에 어린아이를 유괴하였다(『우포도청등록』 6책 신해 5월 초9일 죄인서금록; 『추조결옥록』 권7 신해 5월 좌우포도청).

불안 세력으로 간주하고 도적으로 엄중 처벌하도록 하였다(『비변사등록』170책, 정조 11년 정월 20일). 하지만 정부의 조처에도 불구하고 해질녘 인적이 드물 때 도성 내 궁벽한 곳이나 으슥한 곳에서 강도질이 빈번하여 한성부민들이 편히 살 수 없을 정도였다(『비변사등록』202책, 순조 12년 정월 22일).

3. 신분 상승 욕구와 배금주의의 합작품: 문서위조

1) 한성부민의 상업성과 위조품의 만연

경제 범죄는 한성부 전역에서 빈번하게 발생하였다. 그 원인은 우선 한성부민의 특성에서 찾아볼 수 있다.

> 장령 구수온이 상소하기를 "…… 도성에 사는 백성들은 본래 농사를 짓는 업이 없기 때문에 각사의 이례가 되는 이외에는 대개가 싼 것을 사다가 비싸게 파는 것으로 이익을 남겨 생활하는 사람이 열이면 8, 9명입니다. 대개 사방의 물화가 도성으로 폭주하기 때문에 값이 쌀 때에 사람들이 살 수가 있고 값이 비쌀 때를 당하여 사람들이 팔 수가 있는데, 있고 없는 것을 열심히 옮겨다 파는 것으로 아침저녁 이익을 남기는 것이 실로 도성민 생애의 근본인 것입니다. ……"(『정조실록』권12, 5년 11월 기해)

1781년(정조 5) 사헌부 장령 구수온은 한성부민에게는 '농사를 짓는

업[農作之業]'이 없다고 말하였다. 이는 '농민'이 없다는 말을 의미하는데, 그 이유는 도성 내에서는 경작이 법으로 금지되어 있었기 때문이다. 『속대전』을 보면 경성에서 논밭을 경작한 자에 대하여 장 100대의 처벌을 내린다는 규정이 있어 도성에서 경작이 금지되었다는 것을 알 수 있다(『속대전』 권2, 호전 전택). 19세기 말 도성 내외 거주 인구의 차이가 이러한 양상을 잘 보여준다. 19세기 말 도성 안 지역의 거주 인구를 살펴보면 양반이 47.1%, 양인이 39.4%로 양반의 비율이 다소 높았다. 반면 도성 밖은 양반이 9.2%인 데 비해 양인은 84.3%였다. 양인 가운데 농민은 도성 밖에 많이 분포하였으며, 성 밖이라도 성곽과 가까운 지역보다는 멀리 떨어진 곳에서 많이 거주하였다(조성윤, 1992: 130~136).

한성부민은 대개 각 관아에 속한 이속, 노비이거나, 상업에 종사하는 자였다. 상업에 종사하는 사람들로는 시전 상인을 비롯하여 시전에서 물건을 떼어다가 소비자에게 파는 영세 소상인, 행상 등이 있었다. 그렇기 때문에 한성부에는 상품을 만드는 장인이 많았으며, 물건을 살 수 있는 수많은 전방이 운집해 있었다. "백성의 업은 서울에서는 돈이며, 팔도에서는 곡식이다[生民之業 京師以錢 八路以穀]."라는 표현 또한 위와 같은 한성부민의 특성을 그대로 보여준다.

이처럼 한성부민의 구성원은 대부분 비농업 인구였기 때문에 생산적인 활동을 하기보다는 외부의 생산력에 의존하면서 이를 판매하거나 소비하는 경향이 높았다. 상업성과 소비성이 다른 지역에 비해 상당히 높았기 때문에 한성부에서 돈은 중요한 생활의 척도가 되었다. 한성부에서는 돈이 모든 경제활동을 지배하였으며, 이는 도시민의 의식을 결정하는 중요한 역할을 하였다.

최동익 나이 33. …… "저는 본래 서울 벽동에 살았으며, 무술년에 패부를 위조한 일로 포도청에 붙잡혀 법사로 이송되어 평해군에 정배되었다가 다음 해에 사면되어 풀려났습니다. 재작년 저의 오촌 당숙이 전주 읍내로 이사하므로 따라가서 살았으며 말을 부리는 것으로 생계를 유지하고 있습니다." …… '근래 듣건대, 암행어사가 각 도로 모두 나온다고 하는데, 이때에 맞춰 여러 고을을 몰래 다니며 암행어사인 것처럼 꾸미면 좋은 일이 있을 것이다. ……' 하여 제가 답하기를 '마패와 인은 모두 국가에서 쓰는 것으로 어찌 사사로이 만들 수 있습니까.' 하니 득춘이 말하기를 '서울은 지방과 달리 돈이 있으면 일이 이루어지지 않는 것이 없다. 내가 가지고 있는 물건이 없어 다만 20냥을 먼저 줄 테니 이를 가지고 상경하여 모양을 얻어 오는데, 만약 부족하면 서울에서 미봉해라. 내려오면 모두 갚아줄 것이다.'라고 하였습니다."(『우포도청등록』 2책, 임인 3월 29일, 나의 강조)

이 사료는 마패를 위조한 최동익에 대한 포도청의 공초 내용이다. 최동익은 원래 서울 벽동에 살다가 전주로 내려간 자로, 형조 서리를 수행할 때 위조죄로 유배형을 받은 적이 있는 위조 재범자였다. 여기서 주목할 점은 마패의 위조는 불법이 아니냐는 최동익의 말에 대한 이득춘의 대답이다. 그는 "서울은 지방과 달리 돈이 있으면 일이 이루어지지 않는 것이 없다."고 생각하였다. 배금주의 풍조로 인해 위법한 일일지라도 돈만 주면 행하는 한성부민의 현실을 유추할 수 있다. 이는 법보다 돈을 더 중요시하는 한성부민의 실태를 반영하는 것이다. 즉 이 사료는 상업화가 진행되면서 돈의 중요성이 강조되고 있는 현실과, 물질적 가치가 한성부민에게 중요하게 인식되는 현상을 잘 보여준다.

이러한 배금주의 현상은 한성부에서 갖가지 사회문제가 발생하는 요인이 되었다. 대표적인 것이 사치로 인한 과소비 풍조와 경제 범죄의 발생이다.

> 임금이 편차인編次人순서를 따라 편집하는 읽을 담당한 사람 구윤명을 공묵합恭默閤에서 소견하고 친히 윤음을 지어 말하기를 "지금의 사치는 옛날의 사치와 다르다. 의복이나 음식은 빈부에 따라 각자 가지런하지 않은데, 지금은 즉 그러하지 않아 한 사람이 하면 벽 사람이 본받으니, 이름 하기를 시체時體풍습이나 유행라고 하여 한정이 있는 재물로 무한한 비용을 쓰는 것이다. 다리일명 가체䯾䯻가 사치가 아니라 큰 것이 사치가 되고, 홍포紅袍가 사치가 아니라 선홍鮮紅으로 하는 것이 사치가 되니, 시체의 폐단의 종류가 이와 같다. ……"(『영조실록』 권90, 33년 12월 기묘)

사치에 대한 금지는 조선 전기부터 법전에 수록될 정도로 국가에서 중요시 여기는 사항 중의 하나였다. 그러나 시대가 지날수록 사치 풍조는 심해져 이제는 시체라고 하여 유행을 불러 일으킬 정도였다.[3] 직역을 통한 일정한 급료와 상업 활동은 한성부민의 생활 기반을 농촌보다 향상시켰는데, 사치로 인한 과소비는 한성부민의 생활 향상

---

3 조선 후기의 사치 풍조는 청나라와의 사회적 긴장이 풀어져 대청 교류가 확대되자 청 문물이 폭주하는 가운데 이를 향유하는 계층이 날로 늘어가면서 심화된 것으로 파악되고 있다(이경구, 2005).

에 기반을 둔 결과라고 할 수 있다. 하지만 빈부에 상관없이 한 사람이 하게 되면 그것이 유행이 되어 백 사람이 따라해 사치가 경쟁의 대상이 되었다.

사치는 비단 사대부뿐 아니라 시정의 상인과 역관, 부를 축적한 양인 및 천인 사이에서도 만연했다. 신분의 상하나 빈부의 격차에 상관없이 분수에 넘치는 사치가 만연해 의장과 복식에 있어 귀천의 구분이 없었으며, 살림살이에서도 빈부의 차이가 없었다. 집에 곡식 한 섬 없으면서 몸은 비단으로 치장하고, 아침에 저녁 끼니 걱정을 하면서도 아름답게 장식한 진기한 기물을 가지고 있는 풍토가 이를 말해 주는 것이다(『일성록』 정조 즉위년 6월 임자). 심지어는 가마를 메는 사람까지도 사대부와 견주고자 담비의 털가죽인 초서피貂鼠皮와 진주로 치장을 하는 실정이었다(『순조실록』 권29, 27년 4월 임술).

그 결과 한성부의 시정에는 사기꾼이 만연하였다. 서울의 3대 시장인 이현梨峴, 칠패七牌, 운종가雲從街에는 시전에서 기생하는 부류인 소매치기, 사기꾼 등이 생겨났으며, 고가품을 모조해서 파는 위조 사기꾼도 극성하였다.

> 백철白鐵은 천은天銀과 비슷하고 양각羊角은 화대모花玳瑁와 비슷하고 주식토朱埴土는 한중향漢中香과 비슷하고 조서피臊鼠皮는 회서피灰鼠皮와 비슷하고 황구黃狗의 털은 이리의 꼬리와 비슷하다. 시장의 간교한 자들이 이것을 팔아서 지방 사람을 많이 속이는데, [술수가] 교묘함에 이르러는 비록 서울에 잘 분변할 줄 아는 자라도 오히려 그 술중에 빠진다(이우성·임형택 편, 1982: 「市奸記」).

이 사료에서 제시된 백철, 양각, 주식토, 조서피, 황구의 털은 모두 고가품인 천은, 화대모, 한중향, 회서피, 이리 꼬리의 모조품이다. 시전에는 이처럼 모조품을 진품처럼 판매하는 무리가 성행하였으며, 한성부민과 상경한 향촌민은 시전판의 사기꾼들에게서 이를 진품인 양 비싸게 사기도 했다.

이렇듯 배금주의 풍조가 18~19세기 한성부민의 삶을 지배하는 사회의식으로 형성되고 있었다. 이는 사치로 인한 과소비를 유도하였고, 더 나아가 쉬운 방법으로 경제적 부를 축적하려는 위조 사기꾼을 양산하였다. 신분 관념을 떠나 돈이 있는 사람을 강자로 여기고 돈이 없는 사람을 약자로 여기는 풍조가 생겨났으며, 이로 인해 신분 간 격차가 모호해지는 양상이 나타났다. 한성부에서는 상업을 통한 경제력 향상에 따라 역관이나 상인, 농민 중에도 부를 축적한 사람이 많이 나타나 신분에 따라 규정된 집터의 규모나 복식이 모호해지고 있었다. 돈이 없는 사람은 수단과 방법을 가리지 않고 돈을 모으는 데 집착하였으며, 돈이 있는 사람은 더 많은 돈을 버는 데 몰두하였다. 부유한 양반 사대부는 권세가와 결탁하여 술을 빚어 판매하거나 도살을 행하면서 개인적 이익을 추구하였으며, 가난한 양반의 경우는 재물을 축적할 목적으로 관문서를 위조하여 매매하는 것을 성업으로 삼기도 했다. 당시 신분 상승과 경제적 이득을 요하는 부민富民이 이와 연관된 문서를 많이 요구하게 되자, 양반조차 어보와 계자를 위조하여 이들 문서를 만들고 있었다.

2) 과거 시험의 부정행위와 위조문서

　18~19세기 한성부에서 적발된 위조문서는 조선 전기와 달리 특징적인 양상을 보였다. 바로 홍패, 족보, 공명첩과 납속첩 등이 다수 위조되었는데, 모두 민의 신분 상승과 관련된 문서로 이러한 양상은 조선 후기 위조문서의 특징을 잘 보여준다.

　조선 후기 한성부로 부가 집중되는 경향이 가속화되면서 토지에서 유리된 지방의 농민뿐만 아니라 부민 또한 서울로 몰리는 경향이 많았다. 농민들은 돈을 벌기 위해 소를 팔고 서울에서 상인으로 활동하였으며, 백성 가운데 조금이라도 여유가 있는 자는 관직의 획득이나 신분 상승을 꾀하려고 가산을 탕진하면서까지 양반이 되려고 하였다(『우서』 권8, 논상판사리액세규제論商販事理額稅規制).

　돈으로 관직이나 신분 상승을 꾀하려는 부류가 한성부뿐 아니라 지방에서도 나타났기 때문에 일반 양인 중 부유한 자나 면천된 노비 가운데 경제력을 갖춘 자는 유학을 사칭하고 과거에 응시하는 자가 많았다. 따라서 유학을 사칭한 상놈과 천민은 과거 시험의 답안지를 대신 써주는 거벽巨擘과 잔글씨에 능한 서수書手를 이용하여 과거에 응시하였으며, 이는 과장을 문란하게 하는 원인이 되었다.

　이러한 민의 신분 상승 욕구는 홍패나 가자첩, 절충첩 등의 납속첩이 위조되는 요인으로 작용하였다. 특히 홍패의 위조가 가능했던 데에는 과거제의 문란이 큰 역할을 했는데, 그 가운데 무과의 폐단이 심했다. 무과를 통해 고위 무관을 선발한다는 당초 국가의 의도와 달리 임진왜란 이후에는 한꺼번에 1,000명 이상을 선발하는 만과萬科의 시행, 다양한 별시의 빈번한 시행, 직부제直赴制의 활성화 등으로 무과 출신자出身者가 대폭 증가하였다. 만과는 국방상의 필요가 아니라 국가의 경사를 축하하기 위한 경과의 성격이 짙었으며, 만과에서는 평상시의 무과에 비해 한꺼번에 많은 인원이 뽑혔기 때문에 응시 내지 합격의 기회가 확대되었다(심승구, 2002).

하지만 이로 인한 불법과 부정도 적지 않았다. 그중 대표적인 것이 바로 무과의 시재試才를 남이 대신 치르게 하는 대사代射나 차사借射였다. 정약용이 "무과의 폐단이 날마다 증가하여 마침내 온 나라의 백성 중에 한 사람도 활을 잡고 나오는 사람이 없었다." "결습決拾도 모르는 소년이라도 돈이 있으면 과거에 오르고 기예가 좋아도 돈이 없으면 불쌍하게 늙어가므로 한 나라의 사람이 눈을 부릅뜨며 주먹을 움켜쥐고 오직 돈만을 꾀하게 되었다."(『경세유표』 권15, 하관수제 무과)고 할 정도로, 무과를 보는 응시자들의 대부분은 대사자代射者였다. 당시 돈이 있는 자는 대사자를 이용하여 무과에 응시하였으며, 기예가 있어도 돈이 없는 자는 그렇지 못한 상황을 정약용은 지적하였다. 이처럼 돈을 받고 부정으로 합격을 시켜주는 매과가 성행하자, 이에 조응하여 위조 홍패를 판매하는 자가 증가하였다.

기예가 있어야 되는 무과의 경우에도 대사나 매과로 입격할 수 있다는 것이 사람들 사이에서 공공연히 얘기되는 실정이었고, 그 중심에는 선전관이 있었다. 선전관은 직책상 무과를 담당하는 하급 관리와 결탁이 가능하여 대사나 매과를 원하는 응시자의 중개인 역할을 하였다. 중개인은 매과를 이유로 서울의 사정을 잘 모르는 지방 출신 과거 응시자에게 접근하였으며, 결국에는 매과나 대사를 알선하지 않고 위조 홍패를 지급하면서 이들을 속이고 있었다. 신분 상승의 욕구를 가진 지방민 또한 기예가 없어도 돈만 있으면 무과에 합격한다는 소리에 서울 마계전에서 500냥을 빌려 무과에 입격하고자 하였다 (『우포도청등록』 2책, 임인 2월 초5일).

이러한 모습은 조선 후기 고소설 속에서도 확인된다. 형조의 아전을 일컫는 「추리秋吏」라는 소설이 그것이다. 훈련원 봉사가 시골 한량에게 무과의 합격증을 위조해준 것이 탄로 나 형조에 구속이 되어 중벌을 받게 되자, 형조의 아전이 교묘하게 농간을 부려 그를 무사하도록 만드는 것이 주요 내용이다. 소설에서는 조선 후기 과거의 문란한 모습과 홍패 위조 실태를 자세히 묘사하고 있다(이우성·임형택 편, 1982: 233). 구체적인 내용을 살펴보면, 서울에 거주하는 훈련원 봉사는 시골 한량으로부터 무과 시험 때 과녁의 명중 여부를 떠나 무조건 합격 깃발을 들어주는 조건으로 500냥을 받았다. 그런데 당일 무과 시험장의 단속이 심하여 훈련원 봉사가 약속을 지키지 못하자 시골 한량이 훈련원 봉사의 집으로 찾아와 화를 내며 준 돈을 돌려달라고 하였다. 이에 난처한 훈련원 봉사는 어보를 찍은 위조 홍패를 구해 한량에게 진짜 홍패라고 주었으며, 한량은 그것을 좋아라고 받아갔다. 그러나 위조 홍패인 줄 몰랐던 시골 한량은 고향에서 홍패를 자랑하다가 경상도 감영에 적발되어 형조로 압송되었고, 홍패의 출처를 캐묻는 형조의 심문에 훈련원 봉사와의 일을 실토한 후 형벌을 받고 죽었다. 반면 형벌을 받고 수감된 훈련원 봉사는 사식을 가지고 온 딸의 모습을 보고 혼사를 요구한 형조 서리의 계략에 따라 '위조 홍패는 시골 한량이 가져온 것이다.'라고 진술하여 귀양을 갔다가 특별 사면으로 방면되었다.

여기서 고려할 점은 홍패 위조가 갖는 사회적 의미가 무엇인가라는 것이다. 앞서 언급한 것처럼 조선 후기 무과는 한꺼번에 1,000명,

1만 명을 선발할 정도로 다량의 출신자를 배출하였다. 숙종 대 만과의 경우 1만 8,000명을 뽑았는데, 집안의 3대가 함께 등과하고, 급제자의 이름을 부를 때는 동명이인이 나타나 서로 싸우는 일이 있을 정도였다. 많은 수의 급제자를 뽑았기 때문에 무과이는 사대부뿐만 아니라 상한이나 천민 등도 대거 응시하는 것이 일반적인 추세였다(심승구, 2002: 181).

그러나 국가에서 급제자들을 모두 관직에 수용한 것은 아니었다. 그럼에도 불구하고 상한이나 천민이 무과에 진출하려고 했던 이유는 과거 급제자를 향한 사회적 인식과 신분 상승 때문이었다. 정조 대 위조 홍패를 매득한 박민행은 "나주 12도 가운데 압태도嚴泰島의 경으 부자가 많은 반면, 예로브터 출신자가 없기 때문이 과거에 합격하여 12도를 유가遊街 과거 급제자가 시가행진을 벌이고 시험관, 친척 등을 찾아보던 일하면 재물을 거두어들이는 게 육지보다 배가 된다."는 말에 솔깃하여 과거에 응시하였다. 그러나 박민행이 정시에서 떨어지자, 동행한 이종원은 후에 별시가 있다고 부추겨 그로 하여금 대사자를 내세워 과거에 응시하게 하였다. 이종원은 궁장弓匠군기감의 궁전색에 속하여 활과 화살을 만드는 일을 맡아 하던 장인인 김유택을 대사자라고 속여 박민행에게 300냥을 받았으며, 김유택과 함께 위조 홍패를 만들고 홍패를 받을 때 쓰는 관모인 복두幞頭와 조화造花, 급제자가 입을 의복, 재인才人 3인을 매득하여 박민행과 함께 유가를 하였다(『일성록』 정조 21년 10월 5일).

이 예에서 보듯이 당시 과거에 급제한 사람이 고향에 돌아와서 베풀던 잔치인 도문연到門宴은 그 지역에서의 사회적 지위를 상승시키는 요인이었다. 양반이 아닌 '상천', '상한' 출신의 무과 급제자 또한 지역에서 차지하는 사회적 지위가 컸다. 이들이 무과에 진출하는 일

차적인 목적은 과거에 급제하여 신역을 면제받는 것이다. 신역이 면제되면 그로 인한 각종 경제적 부담이 줄어들기 때문에 자식의 신분 상승을 도모하는 데 유리하였다. 상천인의 무과 급제는 바로 사회적 지위와 신분을 상승시킬 수 있는 바탕이었기 때문에 18세기 이후 한성부를 비롯하여 지방의 많은 부민富民들이 매과를 통해서 무과에 응시하였고, 이 과정에서 홍패 위조가 극성을 부리게 된 것이다.

한편 조선 후기에는 빈민을 구제하거나 군사상 필요한 물자를 얻기 위해 곡식 등 각종 재물을 납부하는 사람에게 그 신분과 납속한 양에 따라 관작을 주거나 국역 부담을 한정적으로 면제시켜 사회적 신분을 상승시켜주는 납속제가 시행되었다. 조선 시대 납속인이 받을 수 있는 품직品職으로는 노직老職, 추증직追贈職, 가설직加設職 등이 있었으며, 그 가운데 통정대부通政大夫, 절충장군折衝將軍, 가선대부嘉善大夫 등이 많았다. 납속첩을 취득한 양반은 관직을 얻을 수 있는 기회를 제공받았고, 양인의 경우는 면역할 수 있었을 뿐 아니라 신분 상승의 기회도 얻을 수 있었다(서한교, 1999: 857~859). 따라서 이러한 첩문은 관직의 취득 내지 신분 상승을 바라는 계층의 신분적 지위를 향상시켜주는 요소가 되었다.

이와 같은 사회 상황은 18~19세기에 이들 문서가 주로 위조되는 요인이 되었다. 한성부민이나 지방민은 그들이 가지고 있는 경제력을 이용하여 납속첩을 얻으려고 하였으며, 위조범은 이러한 사회적 상황을 이용하여 관련 문서를 위조하였다. 위조 죄인인 정익환이 가자첩과 증직첩을 위조하여 20여 곳에서 반인泮人과 경강민 등에게 50냥에서 100냥을 받고 판매한 사건은 이를 잘 말해주고 있다(『일성록』 순조 6년 11월 2일 을사).

3) 문서위조는 집안의 가업 : 전문 위조범의 등장

조선은 초기부터 위조 행위를 중범죄로 여겼으며, 위조범은 위조의 완성 여부에 상관없이 사형에 처했다. 조선 전기 위조범이 증가하자 정부는 이의 단초를 없애기 위해 인문印文의 완성 여부와 관계없이 모두 참형에 처했으며, 범인의 처자는 외방 고을의 노비로 영속시켰다. 또한 이를 검거하지 못한 관리는 위제율違制律로 처벌하였다(『예종실록』 권6, 원년 7월 갑진).

조선 후기에도 위조범에 대한 형률 적용은 동일하였다. 하지만 조선 초기에는 인문의 작성 여부에 상관없이 위조범을 사형에 처했던 것과 달리 후기에 이르러서는 자획이 불분명한 경우에는 해당 율문을 적용시키지 않아 대부분의 위조범이 정배형을 받았다. 위조범은 가짜 어보나 관인을 이용하여 가자첩, 홍패, 족보, 첩문 등을 위조하였다. 특히 조선 후기에는 조선 초기와 달리 가자첩이나 홍패의 위조가 두드러졌으며, 양인의 위조 행위가 급증하였다.

1777년(정조 1) 이똥이, 이똥개, 김치학 등은 관사의 곡식을 포흠한 후, 이를 충당할 목적으로 인신을 위조하여 사적으로 역서曆書를 인쇄해 판매하였다. 이들은 모두 관상감천문, 지리, 역수曆數, 기후 관측 등을 맡아보던 관아의 장인으로, 이똥이와 이똥개는 자격루장영실, 김빈 등이 만든 물시계 만드는 일을 하던 자격장이었으며, 김치학과 신성득은 각수장刻手匠나무나 돌 등에 조각하는 일을 하던 사람과 인출장印出匠교서관에 속하여 책을 찍는 일을 하던 사람 또는 사섬시에 속하여 저화를 박아 내는 일을 하던 사람이었다. 1785년(정조 9) 북부의 장운창은 박정신과 함께 출장 관리에게 발급하는 역마 교부권인 파상把上을 위조하고 마패를 훔쳐 차고 다니면서 3년 동안 호남과 영남에서 간계를 부리기도 하였으며, 1789년(정조 13) 동부의 남의진은 인신을 위조하여 몰래 전답문서를 빼내려고 하였다.

19세기에 이르면 몰락한 양반인 잔반이 재물을 축적할 목적으로 위조를 행하기도 하였다. 1847년(헌종 13) 남부 원정동에 사는 윤범기는 유업儒業유가의 학업에 종사하는 양반이었다. 그는 양반임에도 집이 가난했기 때문에 관문서를 위조해 판매하는 것으로 생업을 삼고 있었다. 윤범기가 위조한 문서의 종류를 보면 가자첩, 가선첩, 절충첩 등 납속첩과 명례궁 위첩, 각도 금은점관문金銀店關文, 거제도 염전관문鹽田關文, 총위영 연철관문鉛鐵關文 등이었다. 당시 신분 상승과 경제적 이득을 요하는 부민들이 이와 연관된 문서를 많이 요구하게 되자 윤범기는 어보를 위조하여 관련 문서를 만들었으며, 연죽烟竹담뱃대 판매 상인 손순흥, 이손철과 함께 모의하였다(『우포도청등록』 5책 정월 25일).

조선 후기 위조범들은 가난했기 때문에 재물 취득을 목적으로 위조를 행하는 경우가 많았다. 그러나 이 가운데에는 위조를 가업으로 삼는 자도 많았다. 위조문서의 매수가 한두 장에 그치지 않고 100여 장에 달하는 상황은 그러한 현상을 보여주는 것이다.

> 형조에서 아뢰기를 "포청에서 이송해온 어보, 관인, 공명첩을 위조한 죄인 박성량, 이춘웅, 팽천수 등을 심문하여 공초를 받았습니다." …… 하교하기를 "위조된 첩문을 발매한 것이 너무나 낭자하여 그 수가 이렇게까지 많으니, 그 행적을 살펴보면 또한 한 때의 빈궁함 때문은 아니다. 대개 이는 여러 해 동안 몰래 만들면서 자기 집의 산업으로 삼은 것이니, 대단히 흉악하고 사납다. ……"(『일성록』 정조 4년 9월 14일)

박성량의 경우 어보와 인신을 위조하여 교지와 공명첩을 만들었는데, 발매한 위조문서의 수가 매우 많았다. 그러므로 정조는 이들의 위조 행위를 일시적인 가난 때문에 한 행동이 아니라 가업으로 생각하였다. 이 외에도 1780년(정조 4) 김처공은 아버지인 김여택과 함께 보인寶印을 위조해서 문권을 작성, 발매한 것이 100여 장에 이르렀다. 1781년(정조 5) 윤봉의는 어보를 위조하여 100여 장에 가까운 위조문서를 한성부를 비롯해 지방에까지 판매하였는데, 재범자였다. 이처럼 위조범 가운데에는 혼자서 한두 장의 위조 문건을 만들어 판매하는 단순 위조범도 있었지만, 100여 장씩 다량으로 만들어 전국에 내다 파는 전문 위조범도 있었다.

전문적인 위조범의 경우 앞의 윤범기의 예처럼 글을 읽을 줄 알았으며, 공문서의 형태를 잘 알고 있었기 때문에 쉽게 문서를 위조할 수 있었다.

우포청에서 계하여 말하기를 "어보를 위조한 죄인 박창욱, 김기완 등을 엄히 곤장을 치면서 신문하니 박창욱의 공초 내에 '저는 양인으로 문자를 조금 읽을 줄 알아 품삯을 받고 글을 쓰는 일을 하면서 생계를 유지하고 있습니다. 임자년 가을에 극활첩極活帖을 배포한다는 소문을 듣고 김기완과 상의하여 가첩假帖을 만들어 팔아 이득을 나눌 계획을 세웠습니다. 김기완이 진짜 관교官教教지 1장을 얻어 와 나무 조각에 전형篆形을 오려 붙여 제가 먼저 모양을 새겨 가짜 어보를 만들었으며, 위인僞印과 가첩자假帖字는 김기완이 새겼으며, 첩문은 모두 제가 손수 썼습니다. 임자년부터 을묘년 봄까지 방매한 위첩은 135장으로, 250여 냥의 가격을 받고 나누어 사용하였습니다. 을묘년 가을에는 내각의 공문을 위조하여 외읍 사찰에 폐단을 일으킨 일로 경상 감영에 잡혔다가 죄를 받고 풀려났습니다.' ……"(『일성록』 정조 21년 5월 18일)

어보를 위조한 박창욱은 양인이지만 글을 읽을 줄 아는 자였다. 그가 관교를 본떠 만든 위조문서는 무려 135장이었으며, 총 250냥을 받고 거래될 정도로 위조 규모가 컸다. 특히 박창욱은 과거에 이미 내각의 공문을 위조한 혐의로 형벌을 받고 풀려난 뒤 다시 위조 행각을 벌였다. 이러한 위조범의 재범 양상은 단순 위조범이 아닌 전문 위조범이 성행했다는 것을 말해주는 것이다. 이와 같이 한성부에서 위조를 가업으로 삼는 전문 위조범이 나타나고 있는 양상은 그만큼 이 지역에서 위조가 활발했음을 보여주는 것이며, 이를 필요로 하는 수요층이 많았음을 역으로 보여주는 것이다.

이처럼 한성부를 중심으로 두드러진 경제 범죄의 양상은 당시의 사회상을 그대로 보여준다. 도시 한성부에서 살아가는 데 돈이 중요한 사회적 척도로 작용하였으며, 고가의 기물에 쉽게 접근할 수 있는 관속의 경우 절도 등의 범죄를 쉽게 저지를 수 있었다. 이는 위조도 마찬가지였다. 문서위조의 실태에서 알 수 있는 사실은 상경 이농인을 비롯한 한성부민이 당시 만연하던 민의 신분 상승 욕구를 범죄에 이용하였다는 것이다. 한성부라는 도시는 상품화폐경제가 확대되는 가운데 사회적 지위를 평가하는 척도로 가장 중요한 기능을 해왔던 신분보다 경제적 관계, 재산의 소유 여부가 더 중요한 척도로 작용하는 사회로 변화해가고 있었다. 이러한 경향은 양반층의 범죄행위에서도 나타나지만 특히 위조 범죄에서 뚜렷하게 나타났다

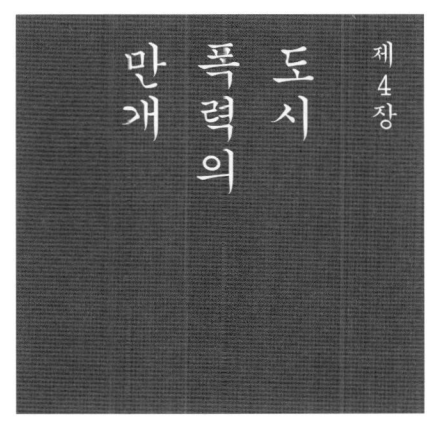

1. 폭력 범죄의 온상, 한성부

폭력 범죄는 두 명 이상의 사람이 물리적 강제력을 행사하는 것으로, 강력한 폭행을 수반하는 대인對人 범죄이다. 이 범죄의 관련자는 가해자와 피해자로 구분되며, 폭력을 통해 범죄인이 궁극적으로 획득하고자 했던 것이 무엇인지 극명하게 드러난다. 조선 후기 서울인 한성부의 경우 물리적 크기, 빈번한 인구 이동, 인구의 고밀도, 경제적 불평등 등 여러 측면에서 지방과는 대비되는 모습을 보였다. 절도와 위조 등의 경제 범죄가 활개를 쳤으며, 살인, 강도 등의 강력 범죄도 극성을 부렸다. 여기서는 폭력 범죄에 대해 다루기 전에 우선 한성부의 전체 범죄 지형을 살펴보자.

18~19세기 한성부 5부에서 발생한 범죄 중 서부의 범죄 건수가

147건으로 5부 가운데 가장 많았으며, 남부 69건, 동부 58건, 북부 56건, 중부 45건이었다(〈표 14〉 참조). 오늘날 서대문구, 마포구, 은평구 일대를 아우르는 지역인 서부의 범죄 건수는 한성부 전체 범죄의 35.4%를 차지하는 것으로, 범죄 건수가 가장 적은 중부 지역(10.8%)보다 3배 이상 많았다. 중부는 정조 대 이후 범죄 건수의 비율이 점차 감소하는 양상을 보인 반면, 남부와 북부는 시간이 갈수록 증가하는 경향을 보였다. 남부는 정조 대 15.1%에서 헌종 대 20%로 증가하였으며, 북부는 정조 대 10.5%에 불과했으나 철종 대 26.1%로 2배 이상 뛰어 범죄 비율이 급격하게 증가했다.

하지만 이러한 수치는 인구가 고려되지 않았기 때문에 정확한 범죄 양상을 드러낸다고 볼 수 없다. 한성부의 거주 인구는 서부가 6만 8,194명으로 가장 많았다. 이는 한성부 전체 호수의 37.3%, 인구수의 36.1%를 차지하는 것이다. 남부가 4만 6,784명으로 그다음이며, 중부가 2만 186명으로 가장 적었다. 특히 서부의 경우는 각 방별坊別로도 1만 명이 넘는 인구가 살았다. 서부의 경우 용산방龍山坊이 1만 4,915명으로 가장 많았으며, 반석방盤石坊 1만 3,882명, 반송방盤松坊 1만 2,971명이었다. 이에 비해 인구가 적은 북부는 거주자가 1,000명에도 미치지 못한 방이 많았는데, 광화방廣化坊이 692명, 의통방義通坊이 865명, 준수방俊秀坊이 908명, 양덕방陽德坊이 994명이었다(『호구총수』1책, 한성부). 결국 서부의 범죄 건수가 가장 많고, 중부나 북부가 적은 이유는 거주 인구의 차이에서 비롯된 결과라고 말할 수 있다.

따라서 한성부 각 부별 범죄 양상을 정확히 파악하기 위해 5부의 범죄율을 살펴보았다(〈표 15〉 참조). 범죄 건수만 놓고 봤을 때는 서부에서 다른 지역보다 3배 정도 많은 147건의 범죄가 발생하였음을 알 수 있다. 그러나 범죄율을 살펴본 결과 이와는 다른 양상을 확인할 수 있었다. 1789년 『호구총수』의 통계를 근거로 정조 대에서 철종 대 한성부의 범죄율을 보면 오히려 서부(21건)보다 북부(28건)가 높았다. 중부가 22.5건으로 북부 다음으로 높았고, 동부는 19.3건이었다. 이에 비해 남부는 많은 인구에도 불구하고 범죄율이 13.8건으로 가장 낮아 5부 가운데 제일 안정된 지역이었다.

정조 대에는 『심리록』 연구를 통해서도 확인할 수 있듯이 서부의 범죄율이 다른 5부에 비해 높았다. 서부가 9.6건, 중부가 9.0건, 동부와 북부가 각각 8건이었다. 반면 남부는 4.6건으로 다른 지역보다 2분의 1 정도 낮았다. 이처럼 서부의 높은 범죄율은 지역적 특성과 깊은 관련이 있다. 서부는 조선 후기 상업의 중심지였다. 한성부의 3대 시장 중의 하나인 칠패가 성 밖 지역인 반석방에 있었고, 상품 유통의 중심지인 용산, 마포, 서강 등이 서부에 있어 이 지역에서 활발한 상업 활동이 전개되었다. 16세기까지 이 지역은 상업의 중심지라기보다는 어채(魚採)와 세곡의 집하 기능을 담당하는 곳이었다. 그러나 17세기 이후 경강이 전국 포구 시장권의 중심지로 성장하면서 경강 상업이 비약적으로 발전했으며, 상업 중심지가 확대되는 현상이 나타났다. 경강을 중심으로 유흥가가 번창하여 마포, 용산, 서강 등지에 설치된 술집이 600~700여 곳에 이르렀고, 술로 소비되는 미곡도 1년에 수만 석을 넘을 정도였다. 이처럼 경강에 시전이 대거 설치되어 이 지역이 도성 내부를 능가하는 상업 중심지로 성장하자 서부의 애오개길과 약현점길은 한성부의 번화가가 되었다(고동환, 1998a).

이러한 변화로 인해 서부 지역으로의 유입 인구는 많을 수밖에 없었다. 경강 주변의 시전으로 땔나무를 팔러 오는 경기 인근 지역 행상의 유입이 빈번하였으며, 물건을 사러 오는 타 지역의 한성부민도 많았다. 게다가 상업 중심지로서의 경강의 성장과 이에 필요한 노동력의 증가로 마포, 서강, 용산 등을 중심으로 한 서부의 인구 증가율은 다른 지역에 비해 높았다. 조선 후기에 이르러 서부를 중심으로 많은 신생 촌락이 형성되는 상황은 이와 같은 사회 분위기를 잘 대변하고 있다(고동환, 2005). 이러한 양상은 결국 서부의 주민 구성에도 영향을 미쳐 정업定業에 종사하는 인구 이외에 일용 노동자를 비롯한 악소惡少성질이 고약하고 못된 짓을 하는 젊은이, 무뢰배 등이 다수 존재하여 살인·강도가 성행하는 원인이 되었다.

18세기에는 한성부의 범죄가 서부에 집중되었지만 19세기에 이르면 도성 안인 북부와 중부에서 범죄가 성행하였다. 순조 대 서부의 범죄율이 6.3건인 데 반해, 북부와 중부는 각각 9건과 8건을 보였다. 철종 대에는 북부의 범죄율이 6건으로, 2건인 동부, 서부, 중부보다 3배 높았다. 북부와 중부의 범죄율은 순조 대뿐 아니라 헌종 대에도 5부 가운데 가장 높았다.

이 두 지역은 서부와는 지역적인 면에서 대조적인 모습을 띠었다. 북부는 인구 2만 4,249명 가운데 67.1%인 1만 6,291명이, 중부는 부민 모두가 도성 안에 거주하였다. 특히 북부의 경우는 경복궁과 창덕궁 등 궁궐을 사이에 끼고 있어 종친과 권세가가 주로 입지하였으며, 부민 구성의 대부분은 양반층과 양반 소유의 노비, 관노비, 관속, 군병이었다(조성윤, 1992). 중부 지역의 경우 조선 초기부터 오늘날의 관철동貫鐵洞, 장교동長橋洞 지역인 장통방長通坊에 대시大市가 있었고, 혜정교惠政橋 부근에는 미곡 잡화점이 있었으며, 혜정교에서 파자교把子橋까지는 800여 칸의 행랑이 건설되는 등 시전 지역으로서 입지가 두

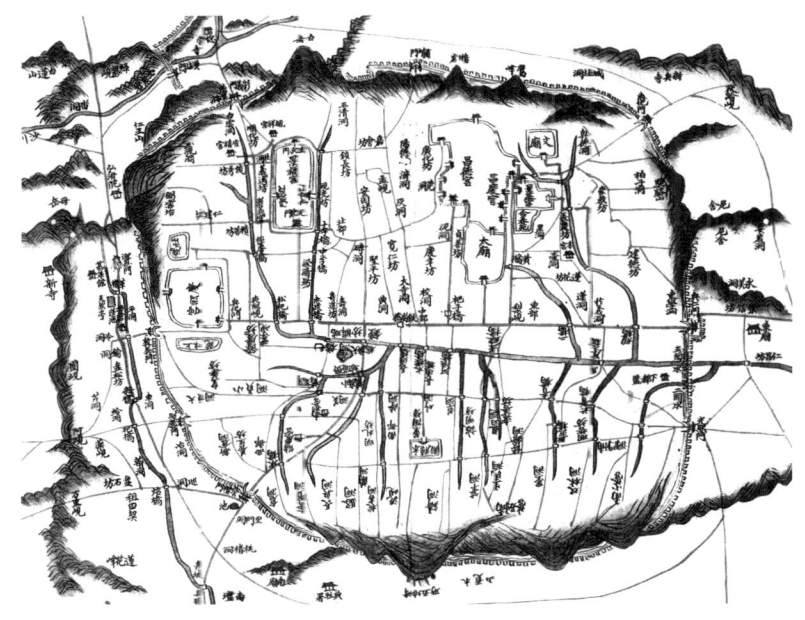

〈그림 4-1〉 한성부 지도(김정호, 〈도성도〉, 1860년대)

터였다. 또한 이곳은 민영 수공업이 발달하여 서민의 생활용품을 제조하여 판매하는 곳이 닿았다. 관철동을 중심으로 서린동瑞麟洞에는 망건상투를 튼 사람이 머리카락이 흘러내리지 않도록 머리에 두르는 물건의 당줄을 꿰는 관자를 만드는 사람이 많아 이 지역을 관자골이라 했으며, 철물교鐵物橋 주변에는 칼, 솥, 문고리 등 철물을 다루는 곳이 많았다. 이와 함께 육조를 비롯한 한성부, 전의감, 우포도청, 기로소耆老所, 전옥서 등 관아가 모여 있어 경아전京衙前 중앙 관아에 딸려 있던 모든 구실아치이 집단 거주하였다. 이렇듯 북부와 중부 지역에 밀집되었던 인구는 양반 관료, 경아전, 군병 등 궁궐이나 관아에 소속된 사람들, 시전에서 상행위를 하거나 수공업장에서 물건을 제작하는 사람들 등으로 일정한 직업을

제4장 도시 폭력의 만개 161

가지고 있는 정업자定業者 계층이 많았다.

　이러한 서부와 북부·중부의 지역적 차이는 곧 신분별 범죄 구성 내용에 그대로 반영되었다. 북부와 중부의 경우 다른 지역과 달리 별감, 포졸, 원례院隷승정원에 속한 하인 등의 관속이나 양반가의 사노, 시정인市井人이 범죄인의 다수를 차지하였다. 서부와는 다른 지역적 특성을 가지고 있는 북부와 중부에서 높은 범죄율이 나타난 이유는 두 가지 측면에서 설명할 수 있다. 먼저, 궁궐이 위치한 지역에 대한 국가의 치안 강화의 한 결과라고 말할 수 있다. 범죄율은 흔히 범죄 발생률이라고 이해되지만, 엄격한 의미에서 실제 발생한 모든 범죄를 포괄하지 않기 때문에 범인 검거율이라고도 할 수 있다. 그러므로 범죄율의 증가나 감소는 사회적 혼란을 반영하는 결과이기도 하지만, 다른 한편으로는 국가의 범죄 통제 능력과도 깊은 관계가 있다.

　19세기에 이르면 민의 절도는 정조 대보다 극심해졌다. 연간 절도 건수는 정조 대 0.5건에서 헌종 대 0.9건, 철종 대 1.1건으로 증가하였다. 도적질을 하는 자들은 대개 걸인들이었으나 19세기에 이르면 이들뿐 아니라 양민까지도 남녀 구별 없이 여염집에 돌입하여 재물을 탈취하였다. 이들에 의해 한성부에서 발생하는 도적 행위는 "하루에 한두 번으로 그치지 않았다."고 말할 정도로 심각했다(『비변사등록』 201책, 순조 11년 5월 6일).

　따라서 국가에서는 집도책戢盜策을 실시하는 등 한성부 절도 현상에 대한 대책에 고심하였다. 19세기로 올수록 범죄에 대한 국가의 사회통제는 강화되었는데, 지역적으로 도성 안의 치안이 도성 밖보다 더욱 철저했다. 조선 전기부터 한성부의 치안은 도성 안을 중심으로 이루어졌다. 이는 인구가 성 밖보다는 성안에 밀집되었기 때문이다.

성 밖 지역은 서부의 반석방과 반송방에만 인구가 집중되었다. 조선 후기에 이르러 국가는 한강변 치안의 일환으로 선박 관리의 일원화, 진鎭의 설치, 한강변 순라의 강화 등의 대책을 세웠다(김웅호, 2005). 하지만 여전히 도성 안의 치안이 도성 밖보다 강했다. 이것은 순라 체제에서 패장 1명당 인솔하는 군사의 수가 지역별로 다르다는 데서 알 수 있다. 도성 안과 도성 밖의 인솔 군사는 패장 1명당 3~4명의 차이를 보였다. 훈련도감의 경우 도성 안은 장수 1명이 12명의 포졸을 인솔하고 순찰하는 데 반해, 도성 밖은 8명의 포졸을 인솔하였다. 어영청 또한 도성 안에서는 패장 1명이 군사 10명을 인솔하였으나, 도성 밖에서는 패장 1명이 군사 6명을 인솔하였다(『만기요람』 군정편1, 순라). 결국 북부·중부에서 높은 범죄율이 나타난 이유는 당시 국가가 범죄에 대한 사회통제적 측면을 강조하여 궁궐 주변의 치안을 강화했기 때문이라고 말할 수 있다.

다음으로 이들 지역에는 범죄를 유발하는 요소가 많았다. 북부와 중부는 조선 전기부터 한성부에서 가장 발달한 번화가였다. 이곳은 경복궁과 창덕궁을 중심으로 한 궁궐과 종묘 등이 위치하였으며, 각 관사와 창고, 시전도 배치되어 있어 절도범의 주요 관심처였다. 따라서 직역을 가진 군병이 자신이 근무하는 관사의 기물을 훔치거나 방화하는 일이 빈번하였다. 또한 주변으로 주점과 기생집 등 유흥가가 형성되어 음주로 인한 한성부민 간, 관속 간 폭행이 많았으며, 종로 시전을 중심으로 강도·절도가 발생하는 등 폭력 범죄와 절도가 극성을 부렸다.

이처럼 19세기에 이르면 한성부에서는 북부와 중부를 중심으로 한 도성 안에서 범죄가 빈번하게 발생했다. 19세기 도성 안의 높은 범죄율은 '사회통제적 측면'을 강조한 국가의 치안 강화와, 서울의 도시화 경향 속에서 드러난 한성부민 간 갈등 양상의 심화라는 이중적 현상에서 배태된 것이라고 할 수 있다.

2. 한성부 5부의 폭력 범죄 지형

그렇다면 이러한 시대 상황 속에서 한성부 폭력 범죄는 어떤 지역적 특징을 보였을까. 전체 폭력 범죄 263건 가운데 발생 지역을 확인할 수 있었던 것은 251건이었으며, 미상은 12건이었다(〈표 17〉 참조). 각 부별 범죄 건수를 살펴보면, 중부가 32건, 동부가 42건, 서부가 101건, 남부가 50건, 북부가 26건이다. 서부의 범죄 건수가 가장 많았으며, 북부가 가장 적었다. 범죄율은 중부가 16건, 동부가 14건, 서부가 14.4건, 남부가 10건, 북부가 13건으로, 중부의 폭력 범죄율이 가장 높았으며, 동부, 서부, 북부는 비슷했다.

각 유형별 범죄율을 보면, 살인·강도는 서부가 3.1건으로 가장 많았으며, 중부와 북부가 1.5건으로 가장 적었다. 서부의 살인·강도율은 중부와 북부보다 2배 이상 많았다. 1832년(순조 32) 서부에 사는 정쾌성은 지나가는 반노班奴를 구타하여 재물을 빼앗았으며, 승호군에서 쫓겨난 최몽현은 유충선을 죽이고 돈 13냥과 봇짐을 탈취하였다. 또한 소를 빼앗을 목적으로 땔나무 행상을 살해하거나, 부상富商의 집에 들어가 사람을 죽이고 물건을 훔쳐가기도 하는 등 주로 시전 및 경강 주변에서 범죄가 발생하였다.

폭행 치사율은 중부가 14.5건으로 가장 많았으며, 동부가 11.7건,

서부가 10.7건, 북부가 10.5건, 남부가 8.2건이었다. 중부의 폭행 치사율은 가장 낮은 비율을 보인 남부의 약 1.6배였다. 구체적인 사례를 보면, 1790년(정조 14) 한성부 중부에 사는 강태심은 강희신, 김상득 등과 함께 김중서를 구타하여 사망하게 하였다. 김중서는 돈을 추렴하기 위해 강태심의 집에 갔다가 안면이 없는 강희신과 김상득에게 구타를 당했으며, 오후에 다시 강태심이 와서 욕설을 해 그와 말싸움을 하다가 다시 구타를 당해 14일 만에 죽었다. 관속의 폭행으로 인한 치사 사건도 빈번하였다. 1842년(헌종 8) 중부의 포교 송천석은 걸아乞兒음식을 빌어먹는 아이인 장성손이 묻는 말에 대답을 잘하지 않자 포교의 위세를 이용하여 홍사紅絲오라로 난타하여 죽게 하였다. 같은 해 순라 포졸 김홍철 또한 야간 통행금지를 범한 이금쇠를 잡아가는 과정에서 술에 취한 이금쇠가 술주정을 하면서 행패를 부리자, 이를 제압하다가 살인을 저지르기도 하였다.

1) 남부·북부·중부의 지역적 특징과 범죄 양상

남부의 경우는 한성부 5부 가운데 범죄가 가장 적게 발생했지만, 범죄 유형과 범죄인의 관계에서 특징적인 양상이 보인다. 가족·친족 간 갈등이 12.0%로 중부(6.3%)의 2배, 북부(3.8%)의 3배였으며, 반상·상천 간 마찰도 20%로 동부나 서부의 2배였다. 가족 간에는 부부 간 불화나 간통이 갈등의 요인이었으며, 반상·상천 간에는 도욕적인 언사나 행동으로 인한 다툼이 많았다.

1784년(정조 8) 삼한은 자기 처 구월을 간통으로 의심하고 살해하였으며, 1791년(정조 15) 남부의 김득량은 생계유지 수단인 말을 팔아

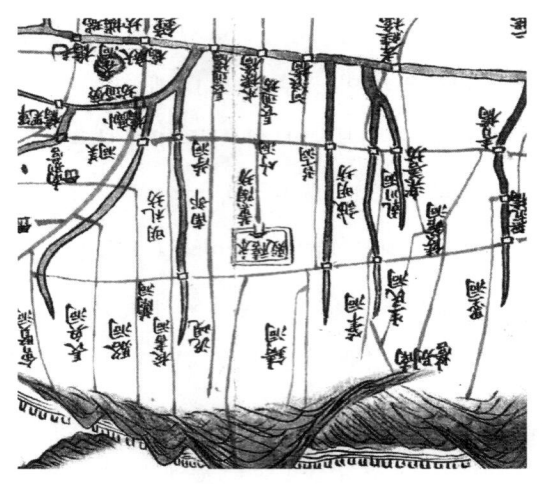

〈그림 4-2〉 한성부 남부 지역 지도(김정호, 〈도성도〉 부분, 1860년대)

버린 데 대한 처의 책망에 화가 나 취중에 부인을 죽였다. 부녀자가 두 명의 남자와 간통한 후 그중 한 사람을 살해하는 일도 벌어졌다. 1832년(순조 32) 강 소사는 김용길과 화간한 상태에서 배명철과 다시 몰래 정을 통했으며, 이를 김용길이 알자 목을 졸라 살해하였다. 1809년(순조 9)에는 처의 실행에 분을 품은 노비 순봉이 양인 김천성을 간부奸夫로 인식하고 칼로 찔러 죽였으며, 1823년(순조 23) 김 소사는 강계득이 자신을 강간하려 하자 강에 투신하여 자살하였다. 이 밖에 간통한 남녀를 응징하려고 남편이 간부를 구타해 죽이거나, 부녀자가 자신의 실절을 막기 위해 자살하는 경우도 있었다.

반상 간 명분이나 장유長幼의 구분에 어긋나는 행위에 대해 질책하는 과정에서 치사 사건이 일어나기도 하였다. 1786년(정조 10) 양반 윤흔은 양인인 이호득이 욕설을 하면서 손찌검을 하자 화가 나 발로 차서 죽게 하였으며, 1809년(순조 9) 김덕순은 자신보다 나이가 어린 이선철이 계속해서 욕설을 하자, 이에 화가 나 그를 결박한 채로 구타하여 죽게 하였다. 어머니나 숙모를 죽이는 강상 죄인도 나타났다. 1834년(헌종 즉위) 장흥동長興洞에 사는 인우가 어머니를 죽였으며, 1833년(순조 33) 초동草洞에 사는 김은대는 외숙모를 살해하였다. 김은대의 경우 외증조모의 집에 거주하였는데, 함께 살고 있는 외숙모가 의복과 돈을 주지 않자, 이에 원망을 품고 그녀를 목 졸라 죽인 후 집안의 재물을 훔쳤다.

이와 같이 남부민은 가족과 신분 관계에 의한 갈등을 겪고 있었다. 가족 간에는 배우자의 乙통이 가장 큰 문제였으며, 반상·상천 간에는 성리학적 윤리의식에 도전하는 행위에 대한 질책과 전통적 신분질서에 대한 양반의 우월의식이 부민部民 간 대립 관계에 큰 영향을 미쳤다.

북부·중부는 한성부의 중심 지역으로, 정치, 경제, 문화의 핵심지라고 할 수 있다. 〈그림 4-3〉에서도 알 수 있듯이 이 지역은 경복궁과 창덕궁을 끼고 있어 중앙 관직에 참여한 양반 관료가 거주하기에 유리한 지역적 조건을 갖추고 있었다. 북부의 경우 5부 가운데 중부 다음으로 인구가 적은 지역으로『한성부북부장호적漢城府北部帳戶籍』을 통해 주민 구성을 살펴보면, 양반이 164호로 24%를 차지했으며, 중인은 4호로 0.6%, 양인이 22.5%, 노비가 52.9%를 차지했다(조성윤, 1992). 1794년(정조 18) 인재를 선발하는 과거에 대한 왕의 전교에서 "과거 출신자는 한강 안쪽과 도성 밖 사이에 거주하는 사람은 없고 모두 남산과 북악 사이에 사는 집안뿐이다."(『정조실록』권16, 7년 7월 계사)라고 한 것을 보면 남산과 북악을 축으로 하는 지역, 즉 도성

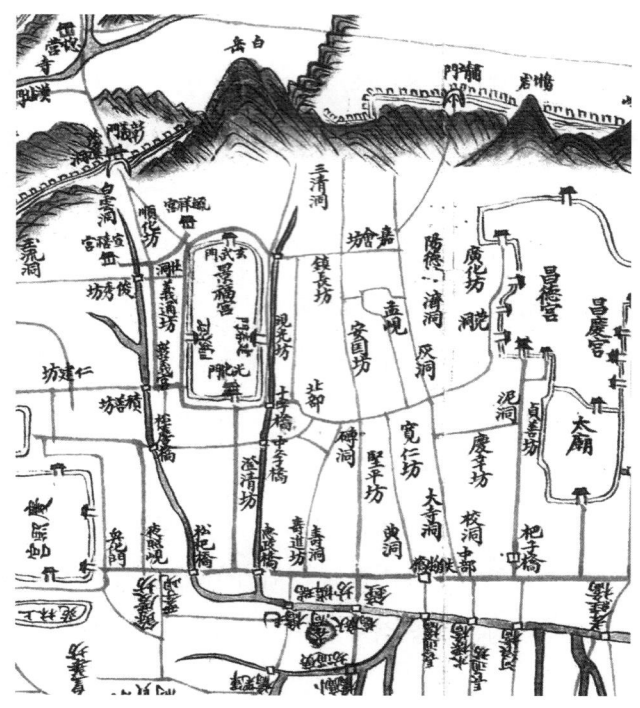

〈그림 4-3〉 한성부 북부·중부 지역 지도(김정호, 〈도성도〉 부분, 1860년대)

안에서 과거 출신자가 많이 배출되었음을 확인할 수 있다. 이는 북악 주변인 북부에 과거에 전념하는 선비가 많이 거주하였음을 말해주는 것이다. 또한 이 지역은 군병의 집중 거주지였다.『한성부북부장호적』의 전체 호수 681호, 인구 2,302명 중 군병이 차지하는 호수는 63호로 전체 호수의 9.3%이며, 이는 평민호의 41%에 해당하였다.

경복궁 서쪽 지역에는 안동 김씨와 같은 양반 세족이 거주하기도 했으나 주민의 주축은 대부분 경아전이었다. 경복궁의 남서쪽으로는 서리가, 서북쪽으로는 내시가 많이 거주하였다. 또한 경복궁 서편인

누하동樓下洞 근처에는 대전별감이 거주했으며, 창덕궁 동편인 원남동苑南洞, 연지동蓮池洞 근처에는 무예별감이 살았다(강명관, 1996).

5부의 중앙에 위치한 중부는 청계천 주변으로 시전이 늘어서 있었기 때문에 주로 상인이 거주하였다. 청계천 광통고에서 장통교에 이르는 구간은 종로 운종가의 배후지로서 시전의 부유한 상인이 많이 살았다.

이처럼 북부·중부는 궁궐과 관사, 시전이 어우러져 있는 지역적 특성상 주가酒家가 번성하였으며, 이를 둘러싸고 음주로 인한 단순 폭력과 관속 간 집단 폭력 등이 발생하였다. 별감이 술에 취해 북부민의 내실에 돌입하여 부녀를 구타하거나, 문을 부수고 집기를 부숴 임신한 부녀자가 놀라 유산하기도 하였다. 원례와 포교 간의 집단 싸움이 포도청에서 일어나기도 하였다. 액례, 원례, 포교 등 관속 간 집단 폭행은 이들 관직의 활동 영역이 주로 북부와 중부였기 때문에 그 사이에 위치한 종로를 중심으로 자주 발생하였다.

북부와 중부의 지역적 특성은 범죄인의 양상에도 영향을 미쳤다. 특히 북부는 관민·관속 간 대립으로 인한 갈등이 26.9%로 다른 지역에 비해 2배 이상 높았다. 궁궐이 위치하였기 때문에 포교나 군영의 군인에 의한 순라 활동이 다른 지역보다 엄격했고, 이 과정에서 한성부민과의 갈등이 빈번하게 나타났다. 더욱이 정치·행정, 상업적인 면이 복합적으로 작용하고 있어 두 지역으로 몰려드는 유동 인구가 5부 가운데 가장 많았다. 그렇기 때문에 이들을 기찰하는 과정에서 관민 간 대립이 발생하지 않을 수 없었다. 기찰포교가 절도범을 잡는 과정에서 법외의 형벌을 마음대로 행하여 절도범을 죽게 하기도 하였으며, 야간 통행금지를 어긴 범야자犯夜者의 체포 과정에서 범야자와 순라군, 포교와의 폭행이 발생하기도 하였다.

2) 동부와 서부의 지역적 특징과 범죄 양상

이에 반해 동부와 서부는 이웃·지인 간의 갈등이 북부나 중부에 비해 많았다. 특히 서부에서는 타인과의 폭행도 빈번하게 발생했다. 앞에서 살펴보았듯이 서부에는 한성부의 3대 시장 중 하나인 칠패가 위치하였으며, 용산, 서강, 마포 등지에도 미전, 어물전, 염전 등 시전이 개설되어 이곳을 중심으로 도고 상업이 전개되었다. 용산방을 비롯한 경강 주변의 사람들은 대체로 상인으로, 그들의 습성을 "모리牟利를 업으로 하고, 사람을 속이는 것을 일로 삼는다[牟利爲業 欺人爲事]."고 말할 정도로 재물을 탐하는 부류였다. 이에 서부민 간에는 재물 문제로 인한 마찰이 빈번하였는데, 특히 쌀로 인한 부민 간 대립이 많았다.

서부 지역 가운데 용산·마포 등 경강 주변은 조선 전기부터 국가의 세곡을 하역하던 조운 기지였다. 따라서 이곳에는 세곡 운송에 종사하던 선인船人의 거점이 마련되었으며, 경강 주변으로 세곡이 운반되었기 때문에 미곡 상인이 많았다. 그러므로 서부민 사이에는 쌀이나 세곡 문제로 인한 살인, 절도가 성행하였다.

1794년(정조 18) 뱃사람 이광인은 나주의 조운선이 침몰했다고 속이고 쌀 100석을 도적질하였으며, 1840년(헌종 6) 광흥창의 서원인 최석린은 곡식 500여 석을 포흠한 후 보충할 길이 없자 창주인倉主人인 박일서와 함께 태창의 곡식을 절도하였다.

이 밖에도 이웃 간에 재물 문제로 인한 불신이 높아지는 양상을 살

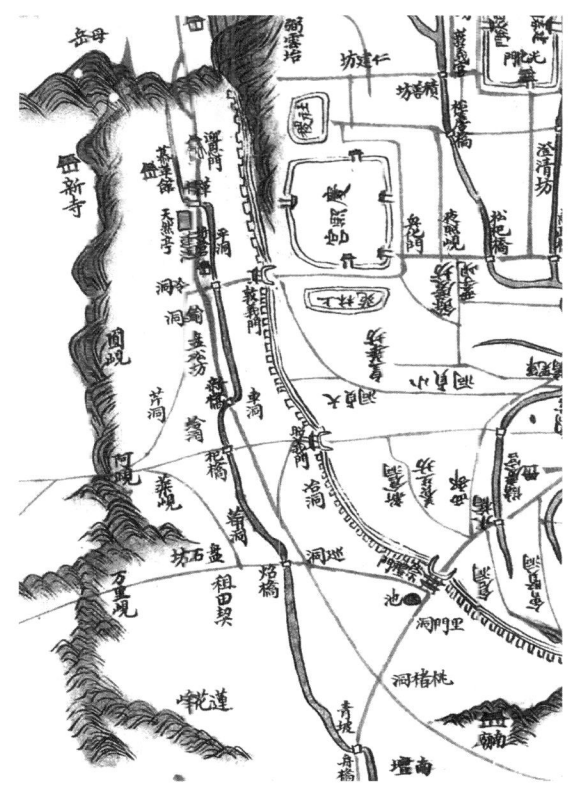

〈그림 4-4〉 한성부 서부 지역 지도(김정호, 〈도성도〉 부분, 1860년대)

펴볼 수 있으며, 상거래나 고가雇價의 지급 문제, 채무 불이행 등으로 폭행이 발생하였다. 1782년(정조 6) 서부의 김수해는 장복대가 누룩값을 갚지 않자 화가 나 구타하였으며, 1784년(정조 8) 이복운은 사촌 처남인 조윤징이 돈을 갚지 않는다고 함께 잠을 자다가 목을 졸라 죽게 하였다. 1789년(정조 13) 김창흥은 김흥복이 대피를 잃어버리고는 자신을 의심하자 발로 차서 구타하였으며, 1838년(헌종 4) 이성돌은

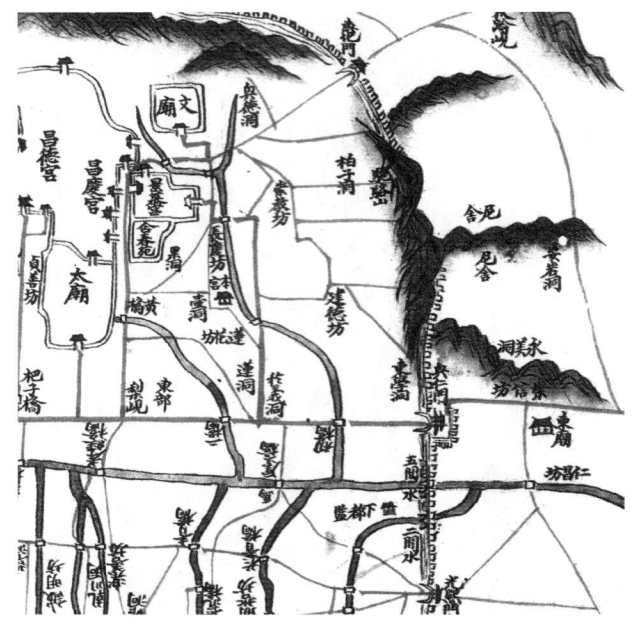

〈그림 4-5〉 한성부 동부 지역 지도(김정호, 〈도성도〉 부분, 1860년대)

이웃 박가의 집에서 우물을 파준 후 품삯을 요구했는데 박가의 조카가 이의 지급을 거절하며 이성돌을 구타하였다. 주로 경제적인 문제로 인한 마찰이 서부민 사이에서 표출되었다.

동부의 경우 훈련도감의 군인과 반인泮人이 민과 대립하는 모습을 볼 수 있다. 특히 동부 지역은 반촌泮村이 있었기 때문에 우육牛肉 문제로 인한 거주민 상호 간 구타가 발생하여 소송이 제기되는 경우가 많았으며, 이 과정에서 동부민이 형조 하례에게 구타당해 사망하는 사례도 있었다. 앞에서 말했듯이 1793년(정조 17) 우이리에 사는 거모장 주성철은 자신이 도살한 소의 가죽에 고기가 많이 남아 있는 것을 본 역군 고소득이 자신을 도둑이라고 부르자, 서로 언쟁하며 몸싸움을 하다가 고소득을 칼로 찔러 죽게 하였다(1장의 〈자료 5〉 참조). 1796년(정조 20)에는 동부민 강위득이 동리에 사는 김일상과 우육 때문에 싸움을 해 소송을 당한 상태였다. 이때 형조 하례인 이춘홍이 강위득에게 정채情債지방 관권이 서울에 있는 중앙 관아의 서리에게 아쉬운 청을 하고 정례로 주던 돈의 지급을 요구했으나 이를 거절당하자 화가 나 그를 구타하여 죽게 하였다.

훈련원의 군인과 동부민 간의 우발적인 폭행도 발생했다. 1795년(정조 19) 승호포수인 정두갑은 식주인食主人 집 아이 박강아지를 구타하여 죽게 하였다. 이 사건은 정무갑이 박강아지의 밥상을 부순 것이 발단이었다. 정무갑이 술에 취해 원동苑洞을 지나가다가 박강아지의 밥상을 팔꿈치로 쳐서 부서뜨리자 박강아지가 욕설을 하며 밥상값을 독촉하였고, 그 과정에서 화가 난 정무갑이 술기운을 이기지 못하고 박강아지를 구타하여 죽게 한 것이다. 1819년(순조 19) 훈련도감 군인 양우평은 훈련도감 동별영 연못에서 빨래를 하고 있는 부녀자를 쫓아내는 과정에서 여자가 욕설을 하자 화가 나 뺨을 때리고 발로 차 죽게 하였다.

이러한 양상은 동부의 지역적 특성과 관련이 깊다. 동부는 성균관 주변으로 반촌이 자리 잡고 있었으며, 그곳에서 반인은 소의 도살과 우육의 판매를 생업으로 삼고 있었다. 동대문 주변으로는 병사의 무재武才 시험, 무예 연습, 병서兵書의 강습 등을 맡아보던 관청인 훈련원과 훈련도감의 분영分營인 하도감下都監이 있어 군오軍伍들이 거주하는 병촌兵村이 형성되어 있었다.

특히 동부민들의 생활상은 다른 지역과 달랐다. 동부 지역은 땅이 낮고 습한 데 비해 넓었기 때문에 거주민들은 채마밭을 가꾸며, 수예手藝로 생계를 유지하였다. 이가환은 동부민이 다른 지역 사람들과 달리 "시골 사람과 같다."고 표현했는데, 도성민에게는 농사가 금지되었던 데 반해 동부 지역에는 왕십리, 훈련원 주변으로 배추, 무, 미나리 등 채소 농사를 짓는 자가 많았기 때문이다. "동부의 채소, 칠패의 어물[東部菜七牌魚]"이라는 말에서 알 수 있듯이 동대문 밖에서 미나리, 무, 배추 등 채소를 가꾸어 이현梨峴 시장에서 판매하는 것은 동부민들의 흔한 모습이었다.

　북부민이나 중부민의 대부분은 각 관사에 소속된 경아전으로 관료적 성격을 띠는 데 반해, 동부민은 채소 재배와 수공업을 하는 농민적 성격과 병촌적 성격을 가지고 있었다. 따라서 주민들은 채소 재배와 수공업을 생업으로 하며, 군인, 반인 등과 사소한 갈등을 드러내고 있었다.

　이처럼 지역의 환경은 그곳에 살고 있는 거주민의 생활에 큰 영향을 미쳤다. 한성부의 5부는 지역적 특성과 거주민의 양상이 복합적으로 작용하여 고유성을 띠고 있었다. 이러한 현상이 나타날 수 있었던 것은 한성부가 계획도시라는 데서 기인하였다. 한성부는 도시 계획에 따라 관청과 주거지, 상업 구역, 주민의 이주 등이 결정되었고, 관사의 위치와 거주자의 직역을 중심으로 공간적 분리가 이루어지고 있었다. 더욱이 조선 후기에 이르면 도시 과밀화 현상에 의해 많은 무주택자가 발생했는데 국가가 이들의 주거 안정을 위해 주도적으로 나서서 택지를 분급해주려고 노력하였다. 그 결과 무주택자 관료군들은 국가 소유의 집터를 빌렸고, 동일한 직역의 사람들이 한 지역에 집단적으로 거주하게 되었다. 이러한 현상은 한성부의 5부가 각기 지역적 고유성을 가지게 되는 원인이 되었고, 이러한 지역적 고유성은 사회 갈등과 범죄인의 양상에도 큰 영향을 미쳤다.

3. 폭력을 통해 본 사회적 특징과 갈등

1) 도시의 유흥과 강력 범죄

폭력 범죄는 18~19세기에 가장 빈번하게 발생한 범죄 형태이다. 앞서 한성부의 범죄 유형에서 파악했듯이 전체 사형 범죄 415건 가운데 63.4%인 263건이 폭력 범죄일 정도로 한성부민 간의 대립은 주로 폭행으로 표출되었다. 한성부의 폭력 범죄는 전체 범죄 건수와 연간 범죄 건수의 통계 분석 결과 정조 대에 가장 심각했으며, 범죄 유형별로는 폭행 치사가 78.7%, 살인·강도가 18.6%였다(〈표 16〉 참조). 한성부의 폭행 치사 비중은 전국의 폭행 치사 비중(폭력 범죄 가운데 88%)보다 상대적으로 낮았으나, 살인·강도 비중은 전국의 살인·강도 비중(10.2%)보다 높았다.

많은 건수를 보인 살인·강도와 폭행 치사를 중심으로 살펴보면, 살인·강도는 총 49건으로, 정조 대 18건, 순조 대 23건, 헌종 대 3건, 철종 대 5건이다. 살인·강도의 비중은 정조 대 18.6%였다가 순조 대에는 24%로 증가했으며, 헌종 대 6.5%로 급격히 감소하다가 철종 대 다시 20.8%로 증가하였다. 폭행 치사는 정조 대가 76건으로 가장 많았으며, 순조 대 69건, 헌종 대 43건, 철종 대 19건이었다. 폭행 치사의 비중은 정조 대 78.4%에 비해 순조 대 71.9%로 조금 감소하다가 헌종 대 93.5%, 철종 대 79.2%로 증가하는 추세를 보였다. 통계상으로 살인·강도와 폭행 치사 등 강력 범죄가 19세기에 들어 증가하는 경향을 살펴볼 수 있다.[1]

이처럼 19세기에 이르러 한성부에서 살인·강도와 폭행 치사 등 강력 범죄가 증가한 이유는 무엇일까. 이 시기 한성부에는 활발한 상업 활동으로 여가를 소비할 수 있는 공간인 주사酒肆큰 술집와 기방, 색주가 등이 번성하여 유흥을 즐기는 풍토가 조성되었고, 이러한 도시 분위기는 자연 한성부민의 음주 문화를 조장하였다.

전만호前萬戶 이태배李泰培가 상소하여 아뢰기를 " …… 수십 년 전만 하더라도 도성 내외에 주호酒戶는 겨우 100여 곳 정도여서

---

[1] 이 외에도 한성부에서는 많은 경범죄가 발생하였다. 경범죄에 대한 자세한 내용은 사료에 나타나지 않지만 경범 죄인을 석방하는 과정을 살펴보면 대략적인 범죄행위를 파악할 수 있다. 〈표 23〉은 『일성록』에 나타난 경범 죄인의 석방 상황을 표로 나타낸 것이다. 이는 전국적인 경범 죄인의 석방이라기보다는 한성부 지역에 한한 것으로 생각된다. 범죄의 형량이 대체로 장형 이하에 해당되는데, 이러한 형량의 경우 지방에서는 관찰사들이 직접 처단할 수 있기 때문이며, 전국 경범죄의 현황으로 보기에는 경범 죄인의 수가 적기 때문이다. 석방된 경범 죄인의 양상을 보면 대체로 범죄 유형은 채무 과정에서 남의 돈을 빌려 쓰고 갚지 않은 경우나 사람을 속이고 재물을 취득한 경우, 도박, 술을 먹고 주정한 경우, 잠도潛屠(몰래 소를 도살하는 행위), 관령 거역, 단순 구타 등이다. 그 가운데 술을 먹고 소란을 피우는 경우는 『대전통편』에 관련 조항이 새로이 실릴 정도로 18세기 이후 큰 문제로 대두되었다. 국가에서조차 폭력 범죄의 근본적인 원인을 음주로 언급한 것을 보면 이 시기 음주로 인한 폐해는 심각했다. 각 경범죄의 유형에 따른 범죄인의 개별적인 양상은 파악할 수는 없지만 시기적 양상은 파악할 수는 있었다. 19세기 방송된 경범 죄인의 현황을 보면 순조 대 1,516명, 헌종 대 631명, 철종 대 1,318명으로 순조 대와 철종 대 많은 경범 죄인이 석방되었다. 이는 다시 말하면 순조 대와 철종 대 많은 경범죄가 발생했다는 것이기도 하다. 특히 철종 대의 경우는 1년당 94.1명이 석방되고 있는데, 이는 순조 대 44.6건의 2배가량이어서 이 시기 경범죄가 많이 발생했음을 알 수 있다. 따라서 한성부민의 일탈적인 범죄행위가 빈번하게 나타나 사회적인 혼란이 심화되었다고 볼 수 있다.

좋은 술을 구하려는 자는 반드시 멀리 있는 다른 지역의 마을에서 구하였고, 교외에는 또한 큰 가게도 없었습니다. 근년에 이르러 도성민은 술을 즐기는 습속과 이익을 좇는 풍습이 날마다 변하고 달마다 달라 5부 40여 방 방방곡곡에 모두 술집 깃발을 꽂고 있습니다. 10실室의 마을에 5호가 주호로 도성 내에서 하루에 술을 빚는 [쌀의] 양이 거의 밥으로 먹을 쌀에 대적할 만하니 1년에 소비되는 바가 몇 만 석이 되는지 알 수 없습니다." 하였다 (『승정원일기』 601책, 영조 원년 9월 무오).

이 사료는 1725년(영조 1) 이태배가 양조로 인한 곡식의 소비를 지적한 상소이다. 이를 통해 한성부의 양주釀酒 실태를 파악할 수 있다. 한성부의 경우 과거에는 술을 얻으려면 다른 지역에서 구해야 할 정도로 술을 빚는 양호釀戶가 별로 없었다. 그러나 음주의 습속이 날로 증가할 뿐 아니라 술로 인한 경제적 이득이 많아짐에 따라 한성부의 양호는 급격히 늘어났다. 양호의 증가는 양주를 통해 식리를 취하는 자가 많았다는 것을 의미한다. 도성 내에서 양주로 소비되는 곡식과 밥으로 먹는 곡식의 비율이 비슷할 정도였다는 것은 이러한 백성의 실태를 여실히 보여주고 있다. "술을 파는 사람의 소리가 도성 안 가로를 메웠으며, 걸인일지라도 술을 얻지 못하는 자가 없다."고 할 정도로 한성부에서 음주는 일상화된 사회적 현상이었다.

이러한 한성부의 음주 양상은 1790년(정조 14) 대사간 홍병성의 상소를 통해서 다시 확인할 수 있다.

대사간 홍병성이 상소하기를 "…… 국가를 다스리는 계책은 재정을 넉넉히 하는 것보다 앞설 것이 없는데, 식량을 낭비하는 것으로 술보다 더한 것은 없습니다. 근래 도성 안에 큰 술집이 거리에 차고 작은 술집이 처마를 잇대어 온 나라가 미친 듯이 오로지 술 마시는 것만 일삼고 있습니다. 이는 풍교만 손상시키는 것이 아니라 실로 하늘이 만들어준 물건을 그대로 삼켜버리는 구멍이 되고 있습니다. ……" 하였다(『정조실록』 권30, 14년 4월 병자).

그는 곡식이 낭비되는 가장 큰 원인을 술로 보았다. 아울러 '온 나라가 미친 듯이 술 마시는 것만 일삼는다.'는 지적과 함께 도성 내 술집이 가득한 모습과 음주 실태의 심각성을 언급하였다. 만연한 음주는 곡물의 과소비를 촉진시켰을 뿐 아니라 부모의 봉양을 폐하고 남녀의 분별을 어지럽게 하여 강상이 문란해지고 풍속이 무너지는 현상을 초래하였다. 또한 유흥 문화가 만연하여 여항여염에서는 놀고 연회하는 데 절도가 없었으며, 풍악을 울리며 술을 마시는 것이 다반사였다. 술주정으로 인해 언행이나 성질이 도리에 어그러지거나 사나운 경우가 많아졌으며, 술집에서는 내기술[賭飮]을 마시기도 하는 등 음주로 인한 부정적인 현상이 나타나기도 했다. 이에 사헌부에서는 대양大釀, 소양小釀을 막론하고 일체 술 양조를 엄금해야 한다고 주장하였다(『비변사등록』 201책, 순조 11년 4월 18일).

음주는 폭행이나 살인을 유발하기도 했다. 1807년(순조 7) 서부에 사는 전광진의 경우 친구인 조봉재를 칼로 찔러 5일 만에 죽게 하였는데, 싸움의 원인은 술이었다. 전광진은 술자리에서 조봉재가 자신에게 술을 주지 않은 데에 화가 났으며, 술에 취하자 이를 참지 못하고 조붕재를 손에 있는 흩로 찔러 죽게 하였다. 1809년(순조 9) 노비인 흥이와 홍철 또한 술을 마시고 시장판에서 만나 상호 욕설을 하며 술주정을 하다 홍철이 흥이에게 구타를 당해 죽었다. 1857년(철종 8) 김윤득은 수표교 근처에서 홍성복을 만나 술을 마시고 놀다가 더 마실 것을 거절당하자 이에 호가 나 홍성복을 구타하여 죽게 하였다.

민간에서 만연된 도박 행위 또한 한성부 폭력의 원인이었다. 숙종대부터 이미 한성부를 중심으로 전문 도박장이 번성하였으며, 도박장의 제공뿐 아니라 돈을 대주고 이자를 거두는 것을 생업으로 삼는 사람까지 존재하였다. 이 시기 빌린 도박 돈의 이자는 2배에서 시작하여 수십 배에 이를 정도로 고리대였다. 도박으로 하루 사이에 1인이 지는 빚은 수백 냥으로 집이 파산하는 경우가 허다하였으며, 심지어 이를 갚지 못할 때 부모와 처자까지 강요받을 정도로 폐해가 심각하였다(『승정원일기』 463책, 숙종 37년 11월 7일).

19세기에 이르면 도박은 더욱 성행하여 광통교 주변의 닭을 파는 계전에서는 투계鬪鷄가 성행하였고, 도시의 불량배들은 투전, 골패骨牌 나뭇조각 32개에 각각 흰 뼈를 붙이고, 여러 수의 구멍을 판 기구로 하는 노름, 쌍륙雙陸 주사위를 던지고 말을 써서 말이 먼저 궁에 들어가기를 다투는 놀이 등을 일삼았다. 정약용은 여러 도박 중에서 마음을 망가뜨리고 재산을 탕진하게 하여 부모와 종족의 걱정거리가 되는 것으로 마조馬弔 일명 마작를 첫째로 삼았으며, 쌍륙, 강패골패를 그다음으로 언급할 정도였다(『목민심서』 형전 6조 금포). 경강 주변에서는 무인들을 중심으로 활쏘기 도박이 행하지기도 하였다. 마포 흑석리黑石里에서는 무인들이 무뢰배와 양반의 자제를 꾀어 100전을 걸고 가운데를 맞힌 자에게 건 돈의 3배를 주는 등 활쏘기를 이용한 도박을 하였다(『우포도청등록』 10책, 을묘 5월).

이러한 도박과 유흥 문화의 성행은 또한 이에 기생하는 악소와 무뢰배를 자생하게 하였다. 이들은 자체적인 생산 활동을 하기보다는 주로 약탈을 일삼거나 유흥 문화에 기생하여 자신의 식리를 취하는 존재였다. 거사패남자들 중심의 유랑 예능 집단나 사당패의 한성부 왕래 또한 범죄 증가의 원인이 되었다. 이들의 한성부 왕래는 법으로 엄격히 금지된 사항이었다. 그러나 19세기에 이르면 법망이 해이해져 사당패가 한성부 내에서 유희遊戲하는 데 어려움이 없었다. 따라서 국가에서는 민간의 폭력과 절도가 끊이지 않는 이유를 거사패나 사당패의 활동 때문이라고 생각하고 이들의 한성부 출입을 엄격히 금지할 것을 지시하였다(『우포도청등록』 10책, 계축 9월 15일).

19세기 세도정치기에 들어서면서 한성부에서는 사치를 추구하는 계층과 빈민의 격차가 더욱 노골적으로 벌어지게 되었으며, 유흥, 음주, 도박과 무뢰배의 횡행으로 한성부민은 잦은 폭력에 노출되었다. 도성 안의 무뢰배는 사람을 겁탈하고 재물을 탈취하였으며, 민습 또한 패악해져 한성부민은 도살, 도박, 술주정 같은 금령을 쉽게 위반하였다. 당시의 "민이 법을 두려워하지 않는다[民不畏法]." "민이 법을 알지 못한다[民不知法]." "민의 습성이 옛날과 같지 않다[民習不古]." "국법을 두려워하지 않는다[國法不畏]."라는 말은 모두 이러한 현상을 지적하는 것이었다. 사회변동으로 인한 한성부의 급격한 성장은 당시 사회적, 도덕적 질서를 위협하고 있었다.

2) 악소·검계의 횡행

한성부 폭력 범죄에서 나타난 특징적인 현상은 다른 지역과 달리 살인·강도가 성행했다는 것이다. 범죄율은 2.45건으로 8도 가운데 가장 높은 범죄율을 보인 황해도(0.55건)의 5배였으며, 가장 낮은 경상도(0.2건)의 12배였다. 살인·강도와 같은 강력 범죄의 증가는 다른 어떤 범죄보다도 사회적으로 미치는 영향이 컸다. 거주민이 심리적으로 강한 불안감을 느껴 일상생활의 평온이 깨질 수 있었으며, 안정된 환경에서 생업에 종사할 수 없었기 때문이다.

형조에서 계하여 아뢰기를 "11월 22일 우포청의 이문에 '서강 수철리에 사는 김종득이 이번 달 18일에 땔나무를 사러 마포에 갔다가 땔나무 상인인 10여 세 아이를 단나 값을 정하고 자기 집으로 데리고 가서 땔나무를 뜰 안에 풀었는데, 그 아이의 소를 탈취하고 싶어 몰래 살해할 계략을 내었습니다. 그리하여 땔나무 값을 준다고 칭하고 안현의 산 밑 어둡고 후미진 곳으로 끌고 가서 처음에는 돌덩이로 구타하다가 나중에는 칼로 목을 찌르고 배를 찔러 그 자리에서 죽였습니다.' …… 시친 오성유의 초사에 이르기를 '저는 부돌에 사는데, 저의 동생 성록이 이번 달 18일에 땔나무를 팔러 경강으로 향할 때 15세인 저의 아들 오봉루 또한 땔나무를 팔려고 마포로 따라갔습니다. 응리에 거주한다고 하는 어떤 사람이 땔나무 짐을 사고자 하여 제 동생이 그것을 팔고 이어 제 아들로 하여금 원매인願買人이 있는 곳을 가리키며 갔다 오게 했습니다. ……' 간련인干連人 김오복의 초사에 이르기를 '19일 밤 종득의 어머니가 말하기를 종득이 몰래 도살한 죄로 잡혀가서 지금 구타당하고 있다고 하였습니다. ……' 하였다(『일성록』 정조 21년 12월 2일).

앞에서도 살펴보았지만 이 사료는 1797년(정조 21) 서부에서 발생한 오봉루 살인 사건에 대한 우변포도청의 조사와 시친, 간련인의 진술을 기록한 것이다. 살인범 김종득은 땔나무를 사려고 마포 장시에 나갔다가 어린 땔나무 상인의 소를 탈취하기 위해 땔나무 값을 준다는 핑계로 그를 안현의 후미진 곳으로 끌고 가서 살해하였다.

이와 유사한 예는 『조선왕조실록』에서도 찾아볼 수 있다.

> 고양 사람 김명길이 개초蓋草이엉를 소에 싣고 새벽에 서소문 밖에 이르렀는데, 어떤 한 놈이 요로에서 소를 사기를 원하자 다른 한 놈이 곁에서 재촉하며 먼저 그 소를 끌고 가고, 한 놈이 소 주인을 납치해 술집으로 들어가서 엿을 먹였는데, 그 엿을 먹고는 마침내 죽어버렸으니, 엿 속에 독을 넣었기 때문이다. 해당 부와 한성부에서 검험을 하여 독을 먹은 것으로 사망 원인을 밝혀, 김진성을 취초, 결안하고, 곁에서 재촉했던 사람 김윤길에게는 차율次律 귀양의 죄을 시행할 것을 명하였다(『헌종실록』 권6, 5년 10월 10일 임신).

이 사료는 1839년(헌종 5) 고양에 거주하는 김명길이 서울에서 개초를 팔기 위해 이를 소에 싣고 서소문 밖에 이르렀다가 무뢰배 김진성과 김윤길에 의해 납치되어 독이 든 엿을 먹고 살해되었다는 것이다.

이 두 건의 살인 사건에서 파악할 수 있는 사실은 첫째, 범죄 발생 지역이 모두 서부라는 것이다. 둘째, 살인을 통해 탈취한 대상물이 소였으며, 셋째, 피살자가 부평과 고양에 거주하는 사람으로, 모두 땔나무나 이엉을 팔기 위해 상경한 외지인이었다는 것이다.

이 세 가지 점은 한성부의 사회적 성격과 관련해 중요한 시사점을 제공해주고 있다. 이미 설명했듯이 한성부 서부의 살인·강도 범죄율은 중부와 북부보다 2배 이상 높았다. 살인·강도가 발생한 지역은 주로 서강, 청파, 마포 등 경강 주변으로 상거래가 활발히 이루어지는 곳이었다. 조선 전기에 한성부의 상업 체계는 주로 국가에 물자를 대어주거나 물품을 바치는 것이 중심이었지만, 18세기 초에 이르면 이보다는 오히려 민간에서 상품을 판매하는 것이 중심이 되었다. 게다가 한성부에는 정조의 신해통공 정책에 따라 비시전계 상인의 점포가 대거 신설되었으며, 경강 지역도 상업 중심지로 변하여 다양한 시전이 설치되었다.

이처럼 18세기에 신설 시전이 나타나게 된 것은 외부에서 상경 이농인이 유입되어 한성부의 실제 거주 인구가 증가함에 따라 한성부민의 소비량이 늘어났기 때문이다. 개설된 시전의 대부분은 미전이나 시목전으로, 쌀과 땔나무는 한성부민의 대표적인 소비 품목이었다. 따라서 인근의 지방민도 물건을 팔러 한성부로 대거 몰려들어 인구 이동을 증가시켰으며, 이들은 김종득 옥사에서 알 수 있듯이 주요 소비품인 땔나무를 주로 판매하였다.

특히 살인 사건의 사례에서 알 수 있듯이 한성부의 경우 높은 인구 이동성이 범죄를 용이하게 하는 원인으로 작용하였다. 타지의 시목 행상은 시목전이 많이 개설된 서부 지역으로 땔나무를 팔기 위해 몰려들었으며, 도성의 두뢰배들이 한성부의 실정을 잘 모르는 이들을 유인하여 강도짓을 하는 경우가 많았다. 앞의 개별 사례 두 건 모두 외지인을 살해한 경우라는 점에서 이러한 양상을 단적으로 말해준다.

그렇다면 한성부에서 발생한 살인·강도의 목적 가운데 소의 탈취가 많았던 것은 왜일까. 이와 관련해서는 18세기 장시의 발달과 함께 도사屠肆현방. 왕실이나 관아 등에 고기를 대주던 푸줏간나 개인 푸줏간이 증가했다는 점에 주목할 필요가 있다. 조선 시대에 금주, 금송과 함께 금우가 시행되었다는 것은 주지의 사실이다. 국가에서는 농사에 필요한 농우 확보를 위해 불법적이고 사사로운 소의 도살을 규제하였다. 그러나 조선 후기에 이르면 이를 억제해야 할 금례가 재물을 얻기 위해 자의적으로 우금령을 집행하여 사적으로 소를 도살하는 사도자私屠者에게 속전을 마음대로 징수하였다. 심지어는 금례가 무뢰배와 결탁하여 직접 사도에 참여하여 식리를 도모하기도 하였다.

이처럼 금우의 해이로 인한 도사나 푸줏간의 증가는 한성부 내에서 소도둑이 성행하는 원인이 되었다. 소도둑의 등장은 자연히 불법적인 우마 도살을 부추겨 한성부에서의 잠도潛屠 증가를 초래하였다. 또 한성부의 경우 인구의 증가와 함께 상업 발달로 상인의 활동이 활발하게 전개되면서 일반민뿐 아니라 양반에 이르기까지 광범위하게 술 양조와 판매를 통해 식리를 취하였다. 양조의 증가로 주막과 술집, 기방 등이 성행하게 되었고, 이곳에서 소비되는 술안주로 상당량의 쇠고기가 사용되었다. 자연히 쇠고기의 수요가 늘어났으며, 국가의 금우 정책에도 불구하고 한성부민의 불법 도살과 매매는 확산되어 소 값이 급등하게 되었다(金大吉, 1996).

이러한 사회적 배경으로 인해 한성부의 무뢰배 가운데는 소를 탈취하여 이득을 취하려고 하는 자가 많았다. 앞의 김종득과 김진성의 경우도 소를 탈취한 후 몰래 도살하여 그 고기를 시장에 판매함으로써 경제적 이득을 취하려고 했던 것이다. 당시 한성부의 금우 정책의 해이와 금전에 대한 한성부민의 욕구가 살인을 유발시키는 한 원인이 되었다.

한편 18~19세기 한성부에서 나타난 도박과 유흥의 성행은 이에 기생하는 악소와 무뢰배를 다수 자생시켜 사회적 분위기를 불안하게 하였다. 이들은 정해진 생활 기반이 없는 존재였기 때문에 주로 사람을 겁탈하거나 재물을 탈취하는 등 일탈 행위를 일삼고 있었다. 국가의 처벌을 두려워하지 않는 것은 물론 도당徒黨을 만들어 한성부민에게서 돈이나 물건 따위를 억지로 뺏는 폐해가 많았다. 특히 재력이 있는 경강의 미곡 상인에게 구전口錢흥정을 붙여주고 그 보수로 받는 돈을 요구하는 것이 심하여 이들이 왕에게 상언할 정도였다.

무뢰배의 경우 사적으로 계도 조직하였는데, 그 가운데 하나가 검계劍契였다.[2]

> 서명균徐命均이 말하기를 "포청의 초기에 검계라고 이르는 것이 매우 해괴합니다." 하니, 임금이 이르기를 "이른바 이십팔숙二十八宿, 죽림칠현竹林七賢이라는 것이 극히 이상하다." 하였다. 이에 조상경趙尚絅이 "갑자년간[1684] 도성의 악소배에게 소위 검계가 있었는데 그때 모두 잡아서 죽여 이 후에는 듣지 못했

---

2 정석종(1983)은 검계 조직을 반봉건성과 혁명성이 뚜렷한 존재로 파악하고 있으나 이들은 뚜렷한 이념 없이 약탈과 겁탈 등을 일삼았다는 점에서 단순한 폭력 조직이라고 할 수 있다. 강명관(1992)과 고석구(1999)는 검계를 '왈짜[曰宇]'와 연결시키고 있으며, 이중 한 부류로 관속을 언급하고 있다. 이들은 검계와 왈짜의 공통점으로 유흥적, 폭력적 특성을 들고 있다.

는데, 지금 다시 나타나고 있습니다." 하였다. 임금이 묻기를 "검계라는 것은 검을 만드는 것을 일컬음이냐. 어떤 종류의 사람이 들어간다고 하더냐." 하니 서명균이 말하기를 "이른바 검계라는 것은 도당을 결성하여 검으로 사람을 찌르는 것을 이르는 것으로 이 모두는 인가의 한노悍奴포악한 노비, 겸인배傔人輩청지기이며, 동산별감東山別監 창덕궁 안에 있던 건양현을 맡아보던 벼슬아치, 사직서 수복守僕 묘廟·사社·능陵·원園·서원書院 등의 청소하는 일을 맡아보던 구실아치도 들어간다고 합니다. 금년 4월부터 계를 만들었습니다." 하였다(『승정원일기』 801책, 영조 11년 5월 갑자).

이 사료에서 좌의정 서명균이 언급한 검계는 "도당을 결성하여 검으로 사람을 찌르는" 조직으로 폭력적 성향이 짙었다. 영조 대 '이십팔숙', '죽림칠현'이라는 검계의 조직이 활동하였으며, 주요 구성원은 도성 내 악소배, 한노, 겸인배, 향도군이었다. 당시 사대부나 궁가宮家를 포함해 도성민들은 장례를 치를 때 상여를 멜 사람을 확보하기 위해 향도계를 조직하였다. 그러나 향도를 구성하는 무리를 모집할 때 인성의 선악에 관계없이 모두 받아들였기 때문에 도성의 무뢰배나 지방의 유리민, 심지어는 죄를 짓고 도망하는 자까지 계원이 되었다(『숙종실록』 권15, 10년 2월 신유). 이들은 생계의 수단으로 혹은 자위적으로 향도계를 만들어 잡역을 담당하였으며, 생계의 열악함 때문에 도적이 되거나 검계와 같은 유형의 집단을 형성하였다. 한성부에서 발생한 도적 가운데 악소배가 결탁하여 만든 '도자적刀子賊'이 횡행했던 상황 또한 이러한 맥락에서 설명할 수 있다(『승정원일기』 777책, 영조 10년 4월 2일).

국가는 검계의 색출 작업을 1684년(숙종 10)부터 시행하였지만, 검계는 영조, 순조 대에도 계속적으로 활동하였다.

> 사간 이동식李東埴이 상소하였는데, 대략 이르기를 "······ 도성의 백성들이 점차 물들어 서로 이끌고 저들 편에 들어가고 있는 것은 또한 술의 소치가 아님이 없습니다. 아! 도하의 쌀은 모두 양호로 들어가고, 저자의 성선과 고기는 죄다 술집에 들어가니, 근래에 물가가 오르고 백성의 생활이 고생스러운 것은 주로 이런 때문입니다. 진실로 금주령이 또한 백성을 소요케 하는 단서에 관계됨을 알고 있으니, 비록 전연 금단할 수는 없다 하나, 거리에서 풍성한 안주에 큰 술판을 벌이는 데 이르러서는 어떻게 낭비하는 데에 맡겨두어 무궁한 폐해를 끼칠 수 있겠습니까? 삼가 원하건대, 형조와 한성부·포도청에 신칙申飭단단히 타일러서 경계함해서 무릇 간귀한 이름이 검계에 들어간 자는 모두 기찰하여 잡아서 기필코 초절할 것이며, 도하의 큰 양호도 또한 엄금함으로써 그 근원을 막게 할 것입니다."(『순조실록』 권5, 3년 8월 신미).

기방이나 술집이 있는 곳이면 악소배와 무뢰배가 몰려들었는데, 검계도 예외는 아니었다. 당시 도성에서는 곳곳마다 등을 매달고 영업을 할 정도로 술집이 번성하였다. 경강변의 촌락에서는 조운선이 올라올 때마다 부민富民이 대규모로 술을 빚어 술과 창기를 끼고 마중 나가 뱃사람들을 불러 모았다(『승정원일기』 955책, 영조 19년 3월 26일 경진). 수백 석의 곡식과 물산은 모두 양호와 술집으로 들어갈 정도로, 술을 중심으로 한 유흥의 규모가 컸다. 순조 대 국가가 검계에 들어간 자에 대한 색출 작업을 지시하는 과정에서 도성의 양호를 엄금한 이유는 바로 이곳이 검계의 근원지였기 때문이다. 여기서 술과 폭력 조직의 관계를 유추해볼 수 있다.

이러한 무뢰배의 활동은 또한 물화가 집중된 시전이나 경강 주변에서 활발하였다. 무뢰배들은 주로 타인의 재물을 약탈하기 위해서 사람을 살해하는 강도 행각을 벌였다. 한성부 중부의 최용린은 종로 동상전東床廛 전방에 재물이 많은 것을 알고 절도하려고 들어갔다가 방주인房主人인 문 소사에게 들키자 그녀를 장도리로 구타한 후 칼로 목을 찔러 살해하였다. 동부에서는 양순일, 김약대, 양약대, 양상오 등이 같은 마을에 사는 미곡 상인 이의손의 집에 많은 돈이 들어온다는 소문을 듣고 밤을 틈타 들어가 이의손을 칼로 찌르고 철편으로 난타하여 재물을 약탈하였다.

이처럼 살인·강도의 대부분은 도시인 한성부에서 빈번하게 발생하였다. 도성 내 시전과 경강 지역은 물자가 집중되었기 때문에 주요 범행 지역이 되었다. 여기에 18세기 한성부 내 개인 도살장의 증가는 소도둑을 성행하게 하는 원인이 되어 커다란 사회문제가 되었다. 한성부 내 유흥의 발달은 쇠고기의 수요를 증가시켜 소도둑이 증가하는 원인이 되었으며, 악소와 무뢰배가 기생하는 바탕이 되었다. 즉 한성부의 상업적·도시적 특성은 사람을 해치고 재물을 약탈하는 살인·강도가 성행하는 원인이 되었던 것이다. 여기에 높은 인구 이동성과 지방에서 유입된 이농인에 의한 한성부민의 익명성 증가는 한성부 내에서 범죄를 쉽게 저지를 수 있는 기회를 제공하였다.

3) 채무와 미곡 문제로 인한 폭력

　재물로 인한 민간의 대립은 18~19세기의 일반적인 현상이었다. 이 시기 소송의 원인은 대부분이 전답, 채전債錢, 우마 등 재물 관련 문제로, 이는 민간에서 가장 민감한 부분이었다. 복잡한 경제 상황에서 도시 생활을 유지해야 했던 한성부민도 재물의 손실이나 채구의 불이행 등을 이유로 많은 다찰을 빚고 있었다. 그중에서도 채전 때문에 일어난 갈등이 상당수였다. 도성의 양반 가운데에는 무뢰배와 결탁하여 위조 채권 문기를 만들어 부민을 협박하고 거액의 재물을 징수한 자도 있었는데, 이들은 부민이 이를 부정할 때에는 법외의 혹형을 마음대로 행사하였다. 종친 또한 마찬가지로 사채를 받기 위해 궁노宮奴를 풀어 채무자를 자기의 집으로 끌고 와 멋대로 형장을 가하기도 하였다(『수교집록』 호전 징채조).

　한성부의 사채업자는 서울뿐 아니라 인근 경기 지역민에게도 돈을 빌려주고 고리의 이자를 받았다.[3] 1786년(정조 10) 압구정에 사는 이인대는 과천민 양복돌에게 40냥의 돈을 빌려주고 3배 이상인 140냥을 받았으면서도 이를 본전으로 여기고 이자를 독촉하며 채무자와 가족들에게 사적인 형벌을 가하였다. 그는 과천민 안삼국에게도

---

[3] 채무 징수 규정을 보면 『대명률』 호률에는 재물을 전당 잡고 돈을 빌릴 경우 그 이자는 월 3분을 초과할 수 없으며, 오래된 이자도 원금과 단리單利를 초과하지 못하도록 규정되어 있다. 채무 기간이 아무리 길어도 그 이자가 원본을 초과할 수 없었다. 이를 위반한 경우에는 태 40대에 처했으며, 그 정상이 무거운 경우에는 장 100대까지 처벌하였다. 사채에 의한 고리대의 폐해가 많아지자 국가에서는 『대명률』의 형을 보다 강화하여 공사채를 막론하고 이자를 월 2할 이상 받는 자는 장 80대에 2년간 도형에 처하였다(『대전통편』 호전 징처조).

20냥을 빌려주었으나 받질 못하자, 안삼국이 훔친 호패의 원래 주인인 강태산을 묶어 난타하여 그에게서 37냥을 대신 받기도 하였다. 심지어는 채무자를 자기 집 노비의 양처 소생良妻所生이라고 속이며 강제로 노비로 만들기도 했다. 1786년(정조 10) 남부의 양녀 서 소사의 경우 할아버지가 와서瓦署에 사는 이씨 성을 가진 양반에게 10냥을 빌렸으나 갚질 못하고 죽자, 양반의 손자가 빚을 갚지 못했다는 것을 빌미로 그녀를 강제로 자기 집의 종으로 삼으려고 하였다.

고리대에 의한 사채뿐 아니라 이웃 간 채무로 인한 갈등도 극심하였다. 1851년(철종 2) 중부의 허남은 변응두를 발로 차서 4일 만에 죽게 했는데, 이 또한 채무 때문이었다. 허남은 변응두가 채무를 갚을 기한이 지났는데도 갚지 않을 뿐 아니라 도망가 피하자, 화가 나 심야에 구타하여 죽게 하였다.

채무 관계 외에 시장에서의 거래 문제로 부민 간 폭행이 이루어진 경우도 있다. 1845년(헌종 11) 서부의 백용득은 유중엽을 구타해 6일 만에 죽게 하였는데, 판매할 물건의 가격을 흥정하는 과정에서 폭행이 발생하였다. 백용득은 좌판 행상하는 유중엽에게 5푼을 주고 말고기를 사려고 했으나, 그가 판매를 거절하자 그냥 고기를 가져가려고 하였다. 이를 본 유중엽이 남의 물건을 강제로 빼앗았다고 말하자, 백용득이 좌판 위로 고기를 던졌으며, 그 과정에서 유중엽이 백용득에게 맞아 사망하였다. 1814년(순조 14) 서부의 박재수는 신경이 담배를 주지 않은 것에 분이 나 그를 칼로 찔러 살해하기도 하였다.

특히 재물로 인한 갈등 가운데 한성부의 경우 쌀 문제로 인한 싸움이 빈번하였다. 대표적인 예가 서부에 사는 임지욱의 사례이다.

하교하기를 "…… 살옥 죄인 임지욱 옥사는 인정으로 참작하고 시장屍帳시체 검안 증명서을 살펴보건대, 흉악한 짓을 한 정상은 불을 보듯 뻔하다. 대개 박순돌의 처가 임지욱이 잠들어 아직 일어나지 않았을 때를 엿보아 물을 긷는다는 핑계로 사립문을 두드린 것은 이미 의심을 살 만한 행적에 속하는데, 담 너머에 쌓아놓은 쌀 포대를 과연 도둑맞은 일이 있었다면 임지욱이 그녀에게 따져 물은 것은 원래 이상한 일이 아니다. 더구나 박순돌 부부는 기한을 정히 갖추어 내라는 말에 여전히 그대로 핑계를 대면서 연기하기에 이르렀으니 이에 임지욱의 분통이 더했을 것은 형세상 당연하다. 이에 마침내 맹렬한 수서로 그 부부를 모두 구타하여 박순돌이 사망함에 이르렀으니 박순돌을 죽인 자가 임지욱이 아니고 누구겠는가. …… 임지욱을 전과 같이 형신하고 고문하여 기필코 자백을 받아내라."(『일성록』 정조 8년 윤3월 25일 경진)

임지욱은 박순돌을 구타하여 다음 날 죽게 했는데, 구타의 원인은 쌀을 잃어버렸기 때문이었다. 그는 자기 집 담에 쌓아놓은 쌀 포대를 도둑맞았는데, 도둑으로 이날 잠들었을 때 물을 긷는다는 핑계로 집에 들어온 박순돌의 처를 의심하였다. 그리하여 임지욱은 박순돌 부부를 쌀을 훔친 도둑으로 여기고 구타하였으며, 그 과정에서 박순돌이 죽었다. 중부의 노비 복돌 또한 정노미의 아들과 쌀값 때문에 싸우다가 이를 말리는 정노미를 구타해 죽게 하였다.

쌀 때문에 동료 간에 폭행이 일어나기도 하였다. 1824년(순조 24) 김호랑과 김춘석은 이웃 지간으로 선혜청에서 같은 역을 담당하고 있었다. 선혜청으로 세곡이 봉상될 때 김호랑은 신병 때문에 집에 누워 있었고, 다음 날에도 늦게 선혜청으로 들어와 사역하지 않았다. 그리하여 김춘석은 혼자 봉상한 세곡의 분량을 살핀 후 땅에 떨어진 곡식을 수습하여 자루에 넣었는데, 이를 본 김호랑이 자신에게 쌀을 나누어주지 않는다며 자루를 빼앗아 마당으로 던져버린 후 김춘석을 구타하였다. 그러자 화가 난 김춘석이 다시 김호랑을 구타하여 4일 만에 죽게 하였다.

임지욱이나 김춘석의 사례에서 볼 수 있듯이 한성부민은 쌀에 민감하였다. 그 이유는 미가米價가 물가에 많은 영향을 주었기 때문이다. 한성부 내에서는 미곡을 생산할 수 없었기 때문에 한성부민이 소비하는 곡식은 주로 호남, 호서, 경기 지역에서 공급되었다. 그러므로 이들 지역에 기근이 들면 한성부민이 살기 어려울 정도로 미곡의 유통은 한성부민의 경제생활에 많은 영향을 미쳤다.

한성부민은 대개 임노동자, 군병, 관속, 상인 등이었고 소비적인 경향이 많았기 때문에 한성부에서는 쌀, 땔나무 등의 물건이 상품화될 수 있는 계기가 마련되었다. 여기에 사상私商의 성장과 함께 상품을 매점하거나 독점하는 형태의 도고 상업이 심화되면서 한성부에서는 쌀을 둘러싸고 곡물가를 조종하여 폭리를 취하는 일이 빈번해졌다. 따라서 곡물이 수송되는 한강, 용산강, 서강 주변 등 경강변 부상富商에 의한 미곡 집적이 일상화되었으며, 모리배의 농간으로 인한 미곡 유출, 관사와 권세가 하속의 수탈 등이 많았다.

이처럼 한성부의 곡물 사정은 세미곡稅米穀이나 경강 상인의 임운곡에 전적으로 의존하였기 때문에 흉년이 들거나 대상인이 농간을 부릴 경우 미곡의 수급 상황은 대단히 불안정하였다. 불안정한 미곡 수급은 곡물 가격의 급등을 유발하여 한성부민에게 큰 타격을 주었다. 미곡 상인들은 한성부의 쌀값이 다른 곳에 비해 쌀 경우 흉년이 들어 비싸게 오른 지역으로 쌀을 공급해 한성부의 쌀값을 올렸다. 여기에 각 군문, 아문, 궁방에서 거두어들이는 세곡의 경우 모두 쌀 대신 돈으로 받았으므로 한성부민이 쌀을 살 수 없는 상황이 자주 발생하였다. 게다가 시전의 상인은 전국 각지의 물가를 잘 알고 있었기 때문에 여럿이 합자하여 생산지에 가서 다소 값을 비싸게 주고서라도 상품을 모조리 매점하여 창고에 보관해두었다가 물건이 귀해진 때를 기다려 비싼 값에 처분하여 폭리를 남겼다. 한성 내외 및 오강五江의 부상들이 미곡을 많이 쌓아두고 있음에도 숨겨놓고 내놓지 않다가 아주 귀해진 뒤에 팔아 10배의 이득을 챙기는 것이 그러한 예였다(『비변사등록』160책, 정즈 3년 정월 10일). 자연적으로 한성부의 쌀값은 급등하게 되었고, 한성부민은 비싼 가격으로 쌀을 구입할 수밖에 없었기 때문에 생활의 궁핍이 점점 심해졌다.

땔나무도 마찬가지였다. 한성부의 땔나무 값이 급등하는 경우가 자주 발생했는데, 그 이유는 시상 가운데 간민배가 이득을 얻을 계획으로 상류에 땔나무를 쌓아놓고 1, 2척만 경강으로 수송하여 비싼 가격으로 팔았기 대문이다. 한성부의 경우 사산四山인 북악, 목멱, 인왕, 낙산에서의 소나무 작벌이 금지되었기 때문에 한성부민은 땔나무를 모두 구입해서 사용하였다. 따라서 각지의 소나무가 뚝섬이나 두도포 등지로 집중되었는데, 모리배가 수익을 높이기 위해 경강으로 땔나무를 조금만 수송하여 값을 올리기도 하였다(『우포도청등록』10책, 을묘 3월).

이렇듯 쌀이나 땔나무 등 주요 수요품의 수급 문제는 지속적으로 일어났다. 모리배의 농간으로 미곡과 땔나무의 가격 변동이 심했으며, 이로 인해 한성부의 물가는 항상 불안정하였다. "도성민의 휴척休戚편안함과근심이 전적으로 미가米價의 귀천貴賤에 달려 있다."고 말할 정도로, 미가의 급등은 한성부민에게 있어서 고질적인 폐단이었다(『비변사등록』159책, 정조 2년 12월 28일).

이러한 쌀을 둘러싼 시전인과 한성부민 간의 갈등은 1833년(순조 33)에 민중 소요로 폭발되었다. 당시 많은 미곡이 강상으로 반입되어 한성부의 미가는 다른 해와 달리 안정된 상태였다. 그러자 경강 상인은 자신의 이익을 꾀하기 위해 여각旅閣각 연안의 포구에 자리 잡고, 지방에서 오는 객상들을 위해 화물의 도매·운송 등과 금융업·여관업을 겸하던 상업 시설을 지휘하여 곡식을 숨겼으며, 여기에 시전인이 호응하여 미가의 상승을 유도하였다. 상인의 계책으로 미곡은 도성 안으로 유입되지 못하였을 뿐 아니라 10명 가운데 1인만 미곡을 판매하고 나머지는 모두 가게를 닫아버리기까지 하였다(『순조실록』권33, 33년 3월 계미). 이와 같은 행동이 수차례 반복되자 한성부의 미가는 급등하였고, 이후 미곡 상인은 한 곳도 남김없이 도성 안의 미전을 닫아버렸다. 따라서 한성부민은 돈을 가지고도 쌀을 사지 못하였으며, 쌀이 없어 끼니를 먹지 못한 민은 미전과 잡곡전뿐 아니라 강상의 곡물을 쌓아둔 집에까지 불을 지르는 지경에 이르렀다(『순조실록』권33, 33년 3월 임오). 이 사건은 경제적 이득 관계를 둘러싼 상인과 도시 소비자층인 한성부민 간의 갈등을 여실히 보여준다.

4) 관민 간 대립과 반상·상천 간 폭력

18~19세기 한성부민의 대립, 반목이 주로 어떠한 사회적 관계 속

에서 나타나는지는 폭행 사건의 피해자와 가해자의 관계를 통해 발견할 수 있다(〈표 18〉 참조). 한성부에서 발생한 263건의 폭력 범죄에서 가장 많이 나타나는 갈등 관계는 이웃·지인 간의 갈등으로 전체 범죄의 44.1%를 차지하였다. 8도의 경우 51.9%를 보이는 데에 비해 한성부는 그 수치가 낮았다.

가족·친족 간의 불화로 인한 폭행은 8.7%로 8도의 13.0%보다 낮았다. 1787년(정조 11) 동부에 사는 정반봉은 6촌 매부인 황흥곤이 자신의 처를 욕보이자, 그를 구타하여 14일 단에 죽게 하였으며, 중부에 사는 여종 복매는 남자 종 완손과 간통하고 나서 남편인 춘봉을 칼로 찔러 죽인 후, 우물에 던져 살해한 흔적을 감추려고 하였다. 1790년(정조 14) 이경태는 동생 이기득이 절도의 습성이 있는 데다가 도적의 무리에 들어가 포도청에서 곤장을 맞자 분하고 수치스러워 동생의 목을 졸라 살해하였다. 가족, 부부간 불화나 간음으로 인한 폭행이 다수 발생하였으며, 친족 간에는 재물 문제가 폭행의 주요 원인이 되었다. 하지만 전국보다 비율이 낮아 한성부에서는 가족 공동체 내부의 갈등이 전국보다 심하지 않음을 알 수 있다.

무엇보다도 폭력 범죄의 범죄인과 피해자 간의 사회적 관계에서 파악할 수 있는 가장 큰 특징은 한성부민과 관속 간의 대립이 뚜렷하며, 반상·상천의 신분 간 갈등이 전국보다 두드러졌다는 것이다. 관민 간의 갈등은 전국보다 심하였다. 전체 범죄에서 한성부의 경우 양인층의 범죄율은 지방보다 낮은 반면, 관속의 범죄는 전국 143건 가운데 69건으로 전체의 48.3%를 차지하였다. 특히 관속층의 범죄율은 한성부가 3.45건으로 8도 가운데 가장 높은 황해도(0.26건)의 14배, 강원도, 함경도의 58배일 정도로 매우 높았다.

이는 폭력 범죄의 범죄인과 피해자 간의 관계에서도 그대로 드러난다. 8도의 관민·관속 간 폭력 범죄는 94건으로 전체 범죄의 4.1%를 차지한 데 반해, 서울은 38건으로 14.4%를 보였다. 따라서 이웃·지인과의 마찰을 제외하면 관민·관속을 중심으로 한 갈등이 한성부 내에서 극심했음을 알 수 있다.

> 명령하기를 "8도의 민생 중에 어느 곳인들 시달리지 않을까마는, 도성민은 8도의 근본이 되니 어찌 먼저 규휼하지 않을 수 있겠는가? 근래에 듣자니, 법사의 관리들이 사랑으로 돌보는 정치를 다하지 않고 또한 간혹 법을 잘못 적용하는 일까지 있어, 어디에도 고할 곳이 없는 백성이 그 고통을 이길 수 없고, 또 게다가 법을 두려워하지 않는 호강한 양반들이 멋대로 침학하는 사례들이 이르지 않는 곳이 없으며, 토색질하는 폐단이 역시 없는 곳이 없어서, 성안과 강상에 사는 사람들은 조석朝夕도 부지할 수 없는 염려 때문에 방황하는 자가 비일비재하다고 한다. ……"
> (『순조실록』 권30, 28년 정월 갑자).

이 사료에서 알 수 있듯이 한성부민은 경제적 불안정 상태에서 하급 관리의 침학과 양반층의 횡포로 표현되는 봉건 권력과 갈등을 겪고 있었다. 이러한 양상은 조선 후기 한성부민이 당면하고 있던 사회적 모순으로 범죄인과 피해자 간의 관계에서도 뚜렷하게 나타났다. 관속은 한성부 인구의 다수를 차지하면서 행정 운영상 중요한 역할을 수행하였다. 이들은 관사에 소속되어 있는 아전이나 하례로, 신분적으로는 양인 이하의 계층이지만 관권을 휘두를 수 있는 존재였다.

관권은 민에게 있어서는 두려운 존재로 이를 이용한 관속의 작폐는 시간이 갈수록 심화되었다.

앞에서도 언급했듯이 관민 간에 일어나는 사죄는 음주 상태에서 발생하기도 했지만 대부분 공무 수행 과정에서 발생하였다. 대체로 포교와의 갈등이 두드러지는데, 포교들이 기찰을 핑계로 양인을 때려서 죽게 하거나, 절도범을 잡는 과정에서 도둑으로 오인하여 법외의 형벌을 자행해 사망하게 한 경우도 있다. 1796년(정조 20) 서부 장동壯洞에 사는 최복인은 도성 역사의 모군募軍을 독촉하는 과정에서 포교에게 구타당해 죽음에 이르렀으며, 형조의 하례인 이춘흥은 강위득을 잡으러 가서 뇌돈을 뜯어내려다가 얻지 못하자 그를 발로 차 3일 만에 죽게 하였다. 이처럼 관속이 관직의 위서를 이용하여 양인을 침학하는 경우가 많았는데, 그들 가운데 도성민과 가장 접촉이 빈번한 계층은 포교였다. 이들은 집도戢盜와 순라 등을 목적으로 도성을 순찰하는 과정에서 부민과의 갈등을 드러냈다.

또한 신분 간 대립을 보여주는 반상·상천 간 마찰이 한성부에서 두드러지게 나타났다. 8도의 반상·상천 간 마찰이 전체 범죄의 7.1%의 비율을 보인 반면, 한성부는 13.3%를 차지하고 있어 신분제적 질서가 동요되는 모습을 한성부 폭력 범죄를 통해서 적지 않게 살펴볼 수 있다. 반상 간 대립 양상은 1786년(정조 10)에 발생한 남부 이상준 옥사에서 잘 드러난다. 이 옥사는 양인 이상준이 양반 김신묵의 딸인 김응덕을 발로 차서 11일 만에 죽게 한 사건이다. 이상준은 양반 김신묵이 동벌洞罰동네에서 규정한 벌로 속전을 물린 데에 화가 나 있었으며, 여기에 김신묵은 다시 사실을 날조하여 그를 포도청에 고발하였다. 이에 포도청에서 이상준의 집을 수색하는 도중 처가 조산早産하여 죽자, 이상준은 이를 김신묵의 탓이라고 생각하였다. 그리하여 그는 한밤중에 칼을 가지고 김신묵의 방에 들어가 누워 있는 사람을 발로 찼는데 김신묵의 아내와 어린 딸이었다. 김신묵과 이상준이 어떠한 이유로 대립 관계를 형성했는지는 알 수 없지만, 김신묵이 이상준의 집에 사사로이 가시울타리를 쳐놓는 벌을 행하고 순경巡更하는 군사를 억지로 세워둔 것을 보아 둘 간의 갈등이 심화된 상태였다. 1798년(정조 22)에는 서부의 양반 이윤정이 상인 최욱을 발로 차서 죽였는데, 자신에게 무례했다는 것이 폭행의 원인이었다. 양반 이윤정은 널빤지를 사기 위해 상인인 최욱과 가격을 흥정하였는데, 이 과정에서 최욱이 반말을 하자 화가 나 폭력을 휘둘러 최욱을 죽게 하였다.

비부의 술주정에 화가 난 고주가 비부를 구타해 죽게 하기도 하였다. 1793년(정조 17) 서부의 방춘대가 고주인 박소완에게 구타당하였는데, 그는 박소완이 데리고 있는 고비雇婢의 남편이었다. 방춘대가 술에 취해 내정에 곧바로 들어와 욕설을 하면서 술주정을 하자 박소완이 이를 꾸짖으며 내쫓는 과정에서 폭력을 휘둘러 방춘대가 다음 날 죽었다. 이 사례에서 술로 인해 노주奴主 간 명분이 무너지는 모습을 볼 수 있다.

당시 노주 간의 명분이 많이 문란해져 노비가 주인을 폭행하거나 관에 고발하는 경우가 빈번하였다. 또한 비부가 노주를 구타하는 일도 발생하여 정조는 비부에 대해서도 처상전이 자신의 노비처럼 처리할 권한이 있다는 것을 명확히 하였다. 상천에 대한 양반의 침학과 함께 경제 발달에 따른 생활 향상, 복잡한 도시화가 진행되는 과정에서 전통적인 사회 관념이 동요되고 있는 양상을 엿볼 수 있다.

폭력 범죄는 한성부에 국한된 것이 아닌 전국적인 범죄 형태였다. 한성부의 경우 폭력 범죄의 비율은 전체 범죄의 63.4%로 전국의 89%보다 적은 수치를 보였다. 지역적으로는 북부를 중심으로 한 도성 내로 범죄가 집중되었다. 정조 대 도성 밖에서 성행하던 범죄는 19세기에 이르면 도성 안인 북부와 중부에서 더욱 많이 발생했다. 또한 5부의 지역적 특성에 따라 주민의 신분이나 직역이 상이하고, 다양한 직역군의 사람이 존재했기 때문에 이들 간의 사회, 경제적 대립도 다양한 모습을 보였다. 서부에서는 경강 주변으로 상거래가 활발히 이루어지고 있었기 때문에 금전, 상거래 등 경제적인 문제로 인한 민의 마찰이 많았으며, 동부에서는 우육으로 인한 반민泮民과 민의 대립 관계가 많았다. 남부는 가족 간, 신분 간 마찰이, 북부와 중부는 관민 간 갈등이 두드러졌다.

특히 한성부의 도시적 특성으로 많은 물자가 집중되었으며, 한성부민 간 인구 이동뿐 아니라 외부에서 유입된 이농인의 증가로 주민 간의 익명성이 점차 심화되었다. 이는 한성부에서 범죄가 용이하게 발생할 수 있는 기회를 제공하여, 사람을 해치고 재물을 약탈하는 살인·강도가 성행하는 원인이 되었다. 여기에 더해 왕도로서 한성부의 정치적, 상업적 성격은 한성부민의 갈등 관계를 형성하는 큰 요인이 되었다. 한성부에는 궁궐과 관사가 있었기 때문에 포교나 군영의 군인의 순라 활동이 다른 지역보다 엄격하였으며, 각 관사에 근무하는 양반 관료층 등이 많았다. 그러므로 공무 수행 과정에서 8도보다 관민 간 마찰이 두드러졌으며, 반상으로 표현되는 신분 간 갈등도 빈번하게 일어났다(관속의 범죄는 다음 장에서 더 자세히 살펴보겠다). 또한 한성부가 상업 도시로 성장해감에 따라 금전 문제로 인한 인명 사건,

음주로 인한 갈등이 많이 일어났다. 한성부 내 유흥의 만연으로 음주로 인한 폭행이 윤상 문제와 더불어 발생하였으며, 채무 관계, 거래 관계, 고용 관계에서 많은 마찰이 발생했다.

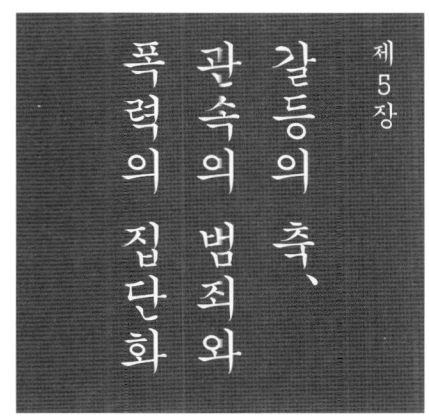

1. 술주정하고, 난동 부리고, 길에서 포학을 부리는 관속

1) 폭력의 주범, 왕의 남자 액례

　전국 범죄 현황에서 살펴본 한성부의 특징은 계층 간 갈등이 복잡하고 다양하게 전개되었다는 사실이다. 이는 18~19세기 한성부에서 나타난 사회경제적 변화로 인해 더욱 두드러졌다. 범죄인의 직역별 분포를 보면, 양인의 범죄가 8도의 경우 85.1%를 차지하는 데 반해, 한성부는 67.5%의 비율을 보였다. 나머지 32.5%는 관속, 노비, 양반, 고공 등의 범죄로 전국보다 다양한 범죄인층이 나타났다.
　한성부의 경우 가장 많은 비중을 차지한 양인의 범죄행위에서 상호 간 마찰의 원인이 재물, 모욕, 간음 등 전국과 동일하게 나타나나 한성부만의 뚜렷한 특징을 살필 수 없었다. 그러나 상호 간 마찰의 원인에서는 뚜렷한 특징을 살필 수 없었지만 범죄인과 피해자 간의 갈등 관계에 있어서는 다른 지역과 달리 한성부민과 관속의 대립이 두드러졌다. 특히 관속의 범죄율은 앞에서도 살펴보았듯이 전국에서 가장 높았다(〈표 9〉 참조).

이러한 양상은 한성부에서 발생한 폭력 사건을 살인, 폭행 치사에서 단순 구타까지 모두 살펴보면 더욱 뚜렷해진다. 양인 범죄의 경우 인명 사건을 제외하고는 단순 구타와 관련된 범죄는 『일성록』에 기재되지 않았다. 하지만 국가는 하급 관리의 기강을 바로잡는 측면에서 관속의 범죄행위에 대해서는 철저하게 기록하였다.

『일성록』에 나타난 관속의 범죄를 살펴보면, 범죄인으로 액례, 원례, 포교, 나장羅將, 사령使令, 하례, 서리 등이 확인된다. 액례의 범죄가 58.3%(154건)로 가장 많은 비율을 차지하였으며, 원례(40건) → 금례·하례(25건) → 포교(23건) → 나장(12건) → 서리(7건)의 순이었다(〈표 20〉 참조). 시기적으로는 액례의 범죄가 정조 대 62.5%에서 헌종 대 46.7%로 급감하였고, 원례의 범죄는 정조 대 13.8%에서 헌종 대 22.2%, 철종 대 17.1%로 19세기에 이르러 증가하는 모습을 보였다. 포교, 나장, 금례 등의 범죄도 19세기에 증가하는 모습을 보였다. 포교는 순조 대 7.7%로 감소하다가 헌종 대 8.9%로 증가하였으며, 나장은 정조 대 2.5%, 헌종 대 8.9%, 철종 대 5.7%의 비율을 보였다. 금례를 비롯한 각사 하례의 범죄 또한 정조 대 6.3%였던 수치가 철종 대에는 약 3배인 17.1%로 급증하였다.

관속별 특징을 살펴보면 서반西班(무반)의 경아전인 나장은 의금부, 형조, 사헌부, 사간원, 전옥서 등 중앙의 사정査正과 형사 업무를 관장하는 아문에 소속되어 경찰, 순라 등의 사령 잡역에 종사하였다. 입역 조건은 3교대로 나누어 1개월씩 복두하는 것이었기 때문에 조선 전기에는 한성부를 비롯하여 경기, 황해, 강원, 충청도의 양인들이 나장의 일을 맡았으나 조선 후기에 이르면 병조에서 나장에게 고가를 지급하는 형식으로 바뀌었다(『대전회통』 병전 경아전).

포교는 포도청에 소속된 관직으로 포도부장과 포도군관 등을 지칭한다. 이들은 포졸과 함께 포도, 금도, 순라의 일을 담당했을 뿐 아니라 위조, 사학邪學, 사도私屠, 금화禁火화재를 방지하기 위해 불을 사용하는 것을 제한함, 풍속사범의 단속까지 담당하였다. 이렇듯 포교는 형정의 최일선에서 실무를 담당했기 때문에 일반민과 상당히 빈번하게 접촉했다. 금례는 시중을 순찰하면서 시민의 불법, 풍속, 금주, 금우 등을 단속하는 사헌부, 형조, 한성부의 하급 관리였다.

이처럼 포교, 나장, 금례 등은 액례, 원례와 달리 한성부민과 직접적인 접촉이 가장 많았던 관속이었다. 이들은 다른 관속과 달리 폭행 치사와 살인 등 강력 범죄를 많이 범하였다(〈표 21〉 참조). 포교의 경우 폭행과 살인을 합친 횟수가 12건이며, 금례는 8건이었다. 이들은 뇌물을 요구하거나 기찰을 핑계 삼아 양인에게 폭력을 휘둘러 상해를 입혔으며, 절도범을 잡는 과정에서 도둑으로 오인하여 형벌을 시행하는 등 대체로 공무 수행 과정에서 한성부민에게 폭력을 행사하였다.

18~19세기 '민이 법을 두려워하지 않는다.'라는 국가의 인식에서도 알 수 있듯이 한성부민은 경제적 이득을 얻기 위해 국가에서 금지한 법령을 쉽게 어기는 경우가 많았다. 그 가운데 금주, 금우, 금송의 삼금三禁에 대한 한성부민의 위법행위가 가장 심하였다. 당시 술로

인한 경제적 이득이 상당히 컸기 때문에 왕실과 사대부를 막론하고 지배층에서는 양조 사업에 많은 노력을 기울였다. 또한 한성부민은 목재나 땔감 확보를 위해 금산禁山의 소나무를 편법과 불법으로 벌채하였으며, 경복궁, 경희궁을 비롯한 궁궐과 왕릉의 나무까지도 몰래 베어 땔나무로 사용하였다.[1] 베어낸 소나무는 개인적으로 집안의 땔감으로 사용되었지만, 판매의 목적으로 이용되는 경우도 많았다. 따라서 국가는 빈 궁궐의 소나무를 몰래 벌채하는 자는 나이에 관계없이 정배형에 처했으며, 경성 10리 이내의 송목을 베는 자도 장 100대에 도형 3년에 처하는 등 처벌을 강화하였다(『속대전』형전, 금제). 쇠고기의 소비 증가와 우육 판매로 인한 이익의 증대는 사도를 성행하게 하였다. 무뢰배가 형조의 금리禁吏의금부와 사헌부에 속하여 도성 안의 범법 행위를 단속하던 하급 벼슬아치와 결탁하여 직접 소의 도살에 참여하는가 하면 양반가에 의탁하여 포주庖廚푸줏간를 사사로이 설치하기도 하였다. 이처럼 술, 농우, 송목에서 얻어낼 수 있는 경제적 이득이 경작을 통해 얻는 것보다 훨씬 컸기 때문에 국가의 금지 조치에도 불구하고 이를 어기는 한성부민이 계속 증가하였다.

이처럼 19세기에 이르면 국가의 금제에 대한 민의 위법행위가 더욱 심해져 사회 기강이 해이해지는 경향을 볼 수 있다. 따라서 국가에서는 삼금 정책을 강화하여 민의 범법행위를 지속적으로 단속하려 했으며, 이 과정에서 한성부민과 포교, 금례의 마찰이 빈번하였다. 관속 가운데 포교, 금례의 범죄가 19세기 이후 증가한다는 것은 사회

---

[1] 1825년(순조 25) 김갑득, 배창식 등 경복궁 밑에 거주하는 부민들이 경복궁 수문으로 들어와 송목을 베었으며, 1834년(순조 34)에는 경희궁 기병과 궁 밑에 거주하는 민이 송목 6주를 몰래 베는 등 금송을 범하는 부민들이 시간이 갈수록 점점 증가하고 있었다.

통제 과정에서 딘과의 대립이 많았음을 암시해준다.

한편 가장 높은 범죄율을 보인 액례나 원례는 작나·구타 등의 폭력 범죄를 주도적으로 저질렀다. 작나, 구타 등의 폭력 행위는 주로 술주정이나 말싸움 때문에 발생하였다. 음주로 인한 폭행의 경우 액례가 정릉 근처에서 유녀를 끼고 술을 먹고 노래를 부르다가 이를 제재하는 능례를 구타한 일도 있었으며, 원례나 액례가 술에 취해 야금夜禁을 단속하는 포도청의 포졸을 구타하기도 했다. 액례가 술에 취해 한성부민과 사대부 집에 돌입하여 양반이나 부민을 능멸하는 경우도 발생하였다. 1804년(순조 4) 별감 정희복은 술을 마시고 사대부 집에 돌입하여 칼을 빼서 소란을 피웠으며, 1820년(순조 20) 액례 연홍관은 북부민의 내실에 돌입하여 부녀를 구타하였다. 1822년(순조 22) 원두별감 노윤영과 동생 또한 만취한 상태에서 북부민 김천손의 집에 들어가 문과 집기를 부수었다. 이러한 음주로 인한 액례의 폭력 범죄는 국가의 제재 대상이 되었다. 정조가 액례의 지나친 술잔치와 길거리에서의 술주정을 금지하는 하교를 내릴 정도였다.

말싸움이나 욕설로 인해 시작된 관속의 단순 폭행은 이후 관속 간 집단 폭행으로 확대되었다. 관속 간의 폭행은 피해자인 관속이 가해자에게 원한을 품고 다시 가해자를 폭행함으로써 발생하였다. 폭력 행위가 또 다른 폭력을 부른 것으로, 이 경우에는 피해 동료의 집단 보복 행위가 함께 수반되었다. 순조 대 별감이 원례에게 욕설을 하자 이에 화가 난 원례가 별감을 구타한 일이 있었으며, 원례가 포교와 말싸움을 하다가 구타를 당하자 화가 난 동료들이 명패를 가지고 포도청 내로 난입하여 포교들을 집단 폭행하기도 했다. 기방에서 싸움이 일어나기도 했다. 1847년(헌종 13) 별감 이한민, 이순룡 등이 기생집에서 술주정하는 원례를 책망하자, 이에 화가 난 동료 원례들이 돈화문 근처에서 액례를 집단 폭행하였다. 1849년(헌종 15)에는 나장 3명이 기방에서 별감 윤동인을 만났는데 윤동인의 언사가 불손하자 이에 화가 난 나장들이 윤동인을 집단으로 구타했다. 이 밖에 1853년(철종 4) 별감 한재명이 무뢰배를 거느리고 순라군과 서로 말다툼을 하다가 구타하는 등 관속 간의 사소한 말다툼이 폭행으로 이어지는 경우가 다수였다.

특히 이러한 관속 범죄 양상에서 두드러지는 특징은 왕의 관리하에 있는 액례의 폭력 행위가 많다는 것이다. 액례는 액정서 소속의 하례로, 주로 왕명의 전달과 알현, 왕이 사용하는 붓과 벼루의 공급, 궐문 열쇠 관리 등의 임무를 맡았다. 이들은 모두 대전과 왕비전, 세자궁, 세손궁에 소속되어, 왕의 관리와 통제를 받는 하급 관속이었다. 따라서 액례는 '왕인王人'으로 인식되어 왕의 비호를 받았다. 액례와 관계된 일은 반드시 사소한 일이라도 왕에게 아뢰고 나서 승정원에 올리는 것이 항식이었으며, 이를 어긴 관리는 오히려 처벌을 받았다(『정조실록』 권10, 4년 11월 무자). 1825년(순조 25) 금례가 술주정하는 액례를 붙잡는 과정에서 발생한 구타 사건에서 형조는 액례를 법에 의해 엄중히 처벌하도록 요청하였다. 하지만 순조는 "액례로서 죄를 범한 자가 있으면 초기하여 윤허를 받은 후에 비로소 처벌하는 것이 항식인데, 형조의 하례가 마음대로 구타했다." 하여 오히려 해당 하례를 징계하도록 하였다. 아울러 액례와 금례의 구타 사건을 형조가 아닌 훈련도감으로 하여금 조사하게 하였다. 대신들은 죄인의 심리는 형조의 일임을 강조하면서, 법을 관장하지 않는 곳에서 죄수의 일을 행하게 하는 것은 상례 밖의 일이라고 주장하였다(『순조실록』 권27,

25년). 이와 같은 상황은 법사인 형조가 액례의 죄에 대해서 임의로 처리할 수 없었고, 액례에 대한 제재의 우선권이 형조가 아니라 왕에게 있었기 때문에 나온 현상이었다. 관속 간 범죄의 경우 그 처리 과정에서 양자가 속한 관사의 위계가 처벌에 중요한 영향을 미쳤음을 알 수 있다.

관속 간 대립에 있어서도 '액례는 자별하다.' '왕의 사람[王人]이다.' '왕과 가장 가까운 신하[至近之臣]이다.'라며 액례와 다른 관속의 구별이 강조되었다. 이는 왕의 명령을 전달하는 직역상 특징으로 인해 여러 대신도 액례가 '왕의 사람'이라는 인식을 가지고 있었기 때문이다. 액례 또한 이러한 점을 이용하여 민간에서 작폐를 행하였던 것이다. 이처럼 '왕인'이라는 인식은 액례로 하여금 '아무도 우리에게 어찌할 수 없다.'는 우월성을 부각시키게 하기에 충분했다. 반면 금제를 단속하는 금례나 관리는 '왕인인 액례를 누구도 어찌할 수 없다.'고 생각하게 되었다.

그러므로 액례의 '제멋대로 행동하는 습성'은 시간이 갈수록 심해졌으며, 이들은 자신의 직역적 특성을 권력화하여 '법을 두려워하지 않는 존재'로 사람들에게 인식되었다. 이와 같은 비합리적인 처리 방식은 액례나 원례가 함부로 불법을 자행할 수 있는 구조를 재생산하였다. 관속 가운데 액례와 원례의 범죄가 많을 수밖에 없는 이유는 이러한 측면에서 살펴볼 수 있다.

2) 관속에 대한 국가의 대책

18세기 이후 계속된 관속 간, 관민 간 갈등은 사회질서를 어지럽히는 요인으로 작용하여, 국가는 이들의 처리에 고심하였다. 특히 액례, 포교, 금례와 한성부민과의 갈등은 근습近習임금을 가까이에서 모시던 신하의 억제와 내치內治 강화를 이유로 대소 신료의 논의 대상이 되었다. 관속의 폭력 범죄가 근절되지 않는 이유 중의 하나는 이들의 속성에서 찾을 수 있다. 국가에서는 관속을 '술주정하고, 난동을 부리고, 길거리에서 포학을 부리는' 존재로 파악하였다. 이들 중에는 '제멋대로 행동하는 습성'이 강하여 조금이라도 제 뜻대로 되지 않으면 구타와 욕설을 일삼는 폭력적인 사람이 많았다.

따라서 국가는 19세기 이후 급증하는 관속 범죄의 요인을 관속의 포악한 습성으로 파악하고 이들의 선발에 신중할 것을 요구하였다. 조신하고 법을 두려워하는 자를 우선 선발했으며, 이미 관사에 편입된 관속일지라도 평소 행실이 나쁜 자와 신분이 분명하지 않은 자를 모두 퇴출시켰다. 또한 급료가 없는 가출자加出者정원 외로 채용한 서리나 원역를 금례로 내보내지 말 것을 지시하였다. 이들을 금례로 내보내게 될 경우 먹을 것을 토색질하는 것으로 의지해 살아가기 때문에 반드시 급료가 있는 이례에게 임무를 부여하여 이에 대한 폐단을 막게 하였다. 사헌부 관직에 있는 사람이 금리를 내보내게 될 때에는 반드시 동료 대관과 의논하여 가부를 결정한 다음에야 비로소 금란패를 주어 도성 안의 범법행위를 단속하도록 하였다.

이와 함께 관속 범죄의 심각성을 인지할 수 있도록 범죄자에 대한 형벌을 강화하였다. 이 시기 국가의 형정 운영은 『형전사목刑典事目』을 통해서도 살펴볼 수 있는데, 정조와 순조 대 관속의 폭행, 술주정, 난입, 근무 태만에 대한 수교가 많았다. 국가가 관속 범죄의 처리에 고심했음을 알 수 있다.

『형전사목』에는 관속 간 갈등을 가장 많이 일으키고 있던 액례에 대한 국가의 규제가 상당수 나타나 있다. 국가는 근습을 억제하는 의미에서 액례의 폭력 행위와 토색질에 대한 처벌을 강화하였다. 액례가 약원藥院에 폐를 끼치며 약물을 요구하다가 서원과 서로 다투며 갈등을 일으킨 경우 해당 별감을 정배형에 처하였으며, 각 처의 감역관을 침욕한 경우에는 장 90대에 도형 2년 반의 형벌을 부과하였다.

관속이 포교를 구타했을 경우에는 충군充軍죄를 범한 자를 군역에 복무하게 하던 제도이나 정배형에 처했다. 원례나 나장이 포교를 구타한 경우에는 엄형을 가하고 먼 곳으로 충군했다. 각 관사의 하례가 야간통금을 어겨 포교에게 붙잡힌 후 집단으로 동료와 포교를 구타한 경우에는 엄형을 2차례 가한 뒤 멀리 떨어진 섬에 충군하였으며, 작당을 주모한 자 또한 엄형을 2차례 가한 뒤 먼 지방으로 정배하였다. 대체로 액례, 원례, 포교, 나장 등이나 무뢰한들이 작당하여 폭력을 행사할 경우 곤장 30대를 친 후에 연한의 제한 없이 절도絶島로 충군하였다.

폭력 범죄의 경우 『대명률』 투구조를 보면, 폭행으로 인한 상처의 정도와 흉기 유무, 폭행 대상에 따라 형벌 규정이 다양하게 나타나고 있다. 직계존속을 구타한 경우나 노비가 가장을 구타한 경우, 양천이 사족을 구타한 경우 등을 제외하면 단순 폭력일 경우 장형 이하의 형벌이 부과되었다. 하지만 국가는 관속의 폭력 행위에 대해서는 일반 양인보다 처벌의 등급을 높여 엄형을 가한 뒤 정배의 형벌을 부과하였다. 야간 통행금지를 위반한 범야의 경우에도 모든 범야자에게는 법률상 곤장형을 부과했던 것에 비해 관속은 엄형을 가한 뒤 충군하거나 정배형을 부과하여 이들의 범법 행위에 대한 처벌을 강화

하였다.[2]

　이와 함께 죄를 범한 관속뿐 아니라 해당 관사의 장관도 엄히 처벌하였다. 상급자로서 하급자를 제어하지 못한 것에 대한 처벌이었다. 관속이 전교에 의해 형벌을 받은 뒤 분풀이를 하기 위해 도당을 만들어 순청巡廳 야간 순찰을 맡아보던 관아의 관속을 난타한 경우에는 해당 도사를 연한 없이 먼 지방으로 정배하였으며, 상급자의 경우에는 엄형을 가한 뒤 정배하였다. 관속이 야금을 범했을 경우에도 해당 관사의 상급자를 정배형에 처했다.

　관민 갈등의 원인이 되었던 백성의 침학에 대해서도 국가는 처벌을 강화하였다. 별감이 각 군에 재물 또는 주식을 강요하면서 색리를 구타하고 관정에서 협박한 경우에는 그 죄를 범한 지방에 정배하였다. 이는 포교도 마찬가지였다. 포도청의 포졸이 공사장에서 일하는 장수匠手를 죄인으로 붙잡아 잡아가는 과정에서 그에게 공갈을 하며 재물을 요구한 경우에 해당 포교는 정배에 처했으며, 포졸은 엄형을 가하여 노비로 삼게 하였다. 작당하여 시전 상인에게 폐를 끼치는 관속 또한 여러 도에 분산하여 정배하도록 하였다. 사헌부의 아전과 하례가 금령을 내릴 때에 소란을 일으키고 백성들에게 포학하게 행동하며 민간에 폐를 줄 경우 그들을 타인의 재물을 훔친 절도죄로 처리했으며, 액례의 경우는 엄형을 가하여 먼 지방으로 정배하였다(『형전사목』 수교사목).

　이처럼 국가에서는 관속으로 하여금 법을 두렵게 여기도록 해야만

---

[2] 국가에서는 포교뿐 아니라 액례들도 여염에서 멋대로 사람을 나포하거나 살상하면, 조정에서 처리하되 일반 양민들보다 높은 처벌 등급을 적용했다(『심리록』 권16, 경 남부 노奴 득복옥, 서부 김치눌옥).

정사가 이루어질 수 있다고 생각하여 이들의 인선에서부터 위법행위에 이르기까지 강력하게 단속하였다. 위법행위에 대한 처벌을 강화하는 한편, 관속이 해서는 안 될 규제 항목을 모두 기록하여 승정원, 액정서, 한성부의 오부, 삼법사, 삼군문, 포도청 관사의 벽 위에 걸어두고 항상 보게 하였다. 그러나 국가의 노력에도 불구하고 이들의 위법행위와 백성에 대한 횡포가 감소되지 않아 한성부에서 관민 간 갈등도 끊이지 않았다.

2. 관속 간 패거리의 형성과 집단 폭력: 관-관 갈등

1) 관속 간 폭력과 도시 유흥

관속의 폭력 범죄가 빈번하게 벌어졌던 상황은 앞에서 살펴보았다. 관속의 폭행 대상에는 시전 상인, 반민泮民, 장인, 반노班奴, 양인 등도 있었지만, 많은 경우 다른 관사의 관속이 폭행 대상이었다.

특히 액례와 원례, 액례와 포교, 포교와 원례, 액례와 나장 간의 폭력이 많았음을 알 수 있다(〈표 22〉 참조). 폭행의 가해자로는 액례가 48건(42.9%)으로 가장 많았으며, 원례가 31건(27.7%) → 금례·하례가 13건(11.6%) → 포교·나장 각 8건(7%)의 순이었다. 피해자로는 액례가 58건으로 51.8%였으며, 포교가 26건으로 23.2%, 금례·하례가 11건으로 9.8%였다. 특히 액례는 가해자인 경우가 48건, 피해자인 경우가 58건으로, 관속 가운데 폭행 사건에 제일 많이 연루되었다. 반면 원례는 피해자인 경우가 6건, 가해자인 경우가 31건으로 폭력을 주도하는 관속이었다.

　관속의 폭력 범죄에서 주목되는 것은 집단 폭행이다. 총 112건의 관속 간 폭력 범죄 가운데 34.8%인 39건이 집단 폭행이었다. 집단 폭행에 가장 많이 연루된 관속은 액례, 원례, 나장, 포교였다. 액례와 원례 간의 집단 폭행은 26건의 폭력 행위 가운데 18건으로 69.2%를 차지하였다. 액례와 포교 사이의 집단 폭행은 7건, 원례와 포교 간은 5건, 액례와 나장 간은 4건, 금례와 액례, 포교와 나장 간은 각각 2건, 나장과 금례 간은 1건이었다.

　특히 액례와 원례 간의 집단 폭행은 순조 대에 국가의 주요 논의 대상이 될 만큼 사회문제였다. 1819년(순조 19) 액례 65명과 원례 20여 명이 집단으로 폭행에 가담하여 가사家舍가 파괴되고 사람이 살해되는 사건이 발생하였다. 이 사건은 대신들 사이에서 '과거에는 있지 않은 큰 변괴'로 인식되었는데, 원례와 액례가 예빈동 술집에서 만나 사소한 일로 싸움을 한 것이 발단이었다. 이 일로 액례들은 원례에게 원한을 품었으며, 그러던 중 원례 정태인을 노상에서 만나자 무단으로 구타하여 사망하게 하였다. 이에 원례들이 작당하여 액례에게 보복할 계획을 세우고 있던 차에, 액례가 먼저 거짓으로 자신들이 원례에게서 구타당한 것처럼 형상을 꾸며 왕에게 보고하였다.

　이 사건에서는 액례를 제어해야 할 사알액정서에 속하여 임금의 명령을 전달하는 일을 맡아보던 잡직까지 주도적으로 폭행에 가담하여 이들 조직의 집단성이 여실히 드러났다. 더욱이 액례가 자신들의 죄를 모면하기 위해서 원례에게 당한 것처럼 꾸민 것은 이들 집단이 국법을 전혀 두려워하지 않았음을 보여주는 대표적인 사례이다. 따라서 조정의 대신들은 포악한 행위를 도와주고 이를 거짓으로 아뢴 해당 사알의 처단과 함께, 액례로서 고함을 지르며 스스로 거리를 풀어 흩뜨리고 몸에 피를 묻혀 두들겨 맞고 드망쳐 온 것처럼 꾸민 자와 합문閤門 밖에서 통곡한 자를 일일이 색출하여 군문軍門에 내어 효수할 것을 주장하였다(『순조실록』 권22, 19년 8월 무술).

이와 같은 액례와 원리 간의 집단행동은 주로 기방을 중심으로 일어났다. 앞의 사건도 술집에서 일어난 것으로, 부응교 이로의 "액례가 의녀와 침비針婢의녀비醫女婢를 첩으로 삼지 못하는 것은 법으로 금지되었는데, 근래에 해이해져 쟁투의 단서가 실로 여기에 뿌리를 두었다."(『일성록』 순조 19년 8월 10일)는 지적에서 이들의 싸움이 기녀 때문에 일어났음을 유추할 수 있다.

1814년(순조 14)에는 액례 5인이 나장 5인과 집단 패싸움을 벌였는데, 액례가 나장이 운영하는 술집에 갔다가 사소한 일로 그들과 말싸움을 한 것이 발단이었다. 1833년(순조 33)에는 포교가 운영하는 기생집에 별감 김덕윤과 박재영이 가서 포교가 데리고 있는 기녀를 술자리에 불러들인 일로 포교와 서로 싸우기도 하였다.

이렇듯 관속의 폭행은 18~19세기 전개되었던 유흥 문화의 발달과 밀접하게 관련되어 있음을 알 수 있다. 당시 한성부에는 여가를 소비할 수 있는 공간인 주사와 기방, 색주가 등이 번성하여 유흥을 즐기는 풍토가 조성되었다. 특히 한성부의 상업과 교역으로 생긴 잉여 인력과 재화가 유흥가로 들어가 유흥 문화의 번성을 가져왔다. 거사패, 사당패, 각설이패 등 여러 형태의 전문 연희 집단의 공연이 등장했으며, 유랑 연예인들은 노래를 부르거나 간단한 악기를 연주함으로써 돈이나 쌀을 구걸하였다. 유흥 문화의 실체를 구성하는 예술 영역이 상업적 이윤의 대상이 되면서 급격히 상업 문화의 성격을 띠게 되었다.

경제적 변화로 인한 도성민의 생활 향상은 다양한 여가 활동이 자리 잡을 수 있는 계기를 형성하였고, 여가는 주로 유흥을 통해서 표출되었다. 당시 유흥 문화의 중심은 기악妓樂이었다. 원래 기악은 관기가 궁궐과 양반 관료의 연회에 불려가서 노래와 가무를 제공한 것으로, 왕과 사대부 등 특정 계층에 국한되었던 것이다. 그러나 18세기에 이르면 기악의 수요층과 향유 방식에 상당한 변화가 일어났다. 향유층이 사대부에 국한되지 않고 상인과 관속, 일반민에 이르기까지 각 계층으로 광범위하게 확산되었다. 유흥에 소비할 정도의 경제력을 가진 계층이 다양하게 나타났는데 기생적 속성을 가진 관속이 주도적이었다.

당시에는 각 관속마다 다양한 놀이가 형성되었는데, 놀음의 종류는 『한양가漢陽歌』에 자세히 서술되어 있다.[3] 『한양가』를 보면 공물방貢物房 지방 백성을 대신해 나라에 공물을 바치고 나중에 그 비용과 이자를 합하여 값을 받던 곳의 선유船遊 놀음, 각 집 겸종傔從 청지기의 화류花柳 놀음, 장안長安의 편사便射 편을 나누어 활쏘기를 겨루기 놀음, 호걸豪傑 놀음, 재상의 분부盼咐 놀음, 백성의 중포中脯 얇게 저며 양념하여 말린 고기 놀음 등 재상에서부터 일반 백성까지 다양한 형태의 놀음을 즐겼다는 것을 알 수 있다. 그 가운데

---

3 『한양가』는 19세기 중반 서울의 문물제도와 풍속을 읊은 것으로 내용은 크게 13부분으로 나누어볼 수 있다. (1) 한양의 지세와 도읍으로서의 형국 (2) 한양의 궁전과 전각 (3) 궁궐의 내시와 무예별감 등이 왕을 시위하는 모습 (4) 승정원과 의정부의 모습 (5) 육조 관아의 모습 (6) 조마거동調馬擧動과 여러 관서의 모습 (7) 선혜청과 여러 관서의 모습 (8) 한양 도성의 각 성문과 시장의 모습 (9) 각종 놀이와 명승지 (10) 각종 복식과 기생 점고 (11) 왕의 수원 능행 광경 (12) 문무과 시험 광경 (13) 한양 예찬 등이다. 따라서 『한양가』는 이 시기 서울을 연구하는 데 많이 활용되는 자료이다.

관속의 놀이로는 별감의 승전承傳 임금의 뜻을 전함 놀음, 포교의 세찬歲饌 설에 차리는 음식 놀음, 각사 서리의 수유受由 말미, 휴가 놀음이 있었다. 궁녀 또한 기녀를 끼고 풍악을 벌였으며, 액례와 궁노를 거느리고 꽃놀이와 뱃놀이를 즐겼다. 심지어 이들은 재상의 강가 정자나 교외 별장에까지 들어가 놀음을 즐기기도 하였다.

이러한 관속의 유흥 규모는 다음의 사료를 통해 파악할 수 있다.

> 정언 송전宋銓이 역적들을 토죄저지른 죄목을 들어 엄하게 꾸짖음하는 상소를 하였다. 그 끝에 말하기를 "바야흐로 지금 공사公私의 것이 고갈되어가는 때이니 마땅히 바로 재물을 절약하고 비용을 아끼어 민생들이 근검하도록 지도해야 할 것인데, 근래에 도성에 놀이가 매우 지나쳐 각 관사의 하속들과 시전의 한량배가 종일 풍악을 울리며 서로 과시하기를 힘쓰느라 한 장소의 비용이 더러는 3, 4만 전의 거액에 이릅니다. …… 다만 열 집의 재물이 하루의 오락 노름이 되고, 한 백성의 게으름이 열 명의 굶주림을 가져오게 되는 것이기에, 당나라 백성들이 너무 편하게 지냄을 경계한 것에 비하면 이게 지나치게 태평에 빠지게 되는 것이 아니겠습니까? 신은 생각에, 유사에게 분부를 내리시어, 너무 외람된 짓을 금단하고 방탕에 빠지는 짓을 자제하도록 하여 재물을 소모하고 생업에 게을리 하는 폐단이 없게 해야 한다고 여깁니다."
> (『정조실록』 권5, 2년 윤5월 신유)

조선 후기 놀음의 형태가 다양해지자, 이를 향유하는 집단들은 자신들의 놀음을 서로 과시하기 시작하였다. 자연 놀이의 규모가 커져,

각 관사의 원역이나 시전의 한량배가 풍악에 사용하는 비용은 3, 4만 냥의 거액에 이르렀다. 1778년(정조 2) 유흥의 행태를 지적한 대간의 상소가 있은 후에도 관속은 공조와 혜민서, 상의원 소속의 기녀를 끼고 술을 마시며 풍악에 맞추어 노래를 부를 정도로 유흥에 주도적이었다.

특히 관속 중에는 기녀를 첩으로 삼는 주요 인물일 뿐 아니라 기방을 운영하기도 했던 기부妓夫가 많았다. 기부는 기녀가 지방에서 선상選上되어 한성부에 거주하게 될 경우, 이들의 숙식 문제를 해결해 주고 기방의 영업권을 가졌다. 대체로 별감, 포도군관, 승정원 사령, 의금부 나장 등이 기부였다. 기녀의 역할도 했던 내의원과 침방 소속 의녀는 모두 별감의 관리하에 있었다. 별감이 도망간 내의원 의녀를 숨겨주거나, 무뢰배를 이끌고 의녀를 잡아가서 구타하거나, 한량배가 기녀의 집을 부수자 분을 참지 못하고 이들과 싸우는 것은 기부로서의 모습을 보여주는 것이다. 따라서 가무를 관장하던 기관인 교방敎坊에 새로 온 기녀들은 자신의 존재를 알리기 위해 별감을 초청하여 잔치를 베풀기도 하였으며, 별감과 포도부장은 그들의 기부가 되려고 싸우기도 하였다.

이러한 사회적 상황으로 관속은 기방 출입이 잦았으며, 기방을 출입하는 다른 사람과 사소한 말다툼을 벌여 폭행 사건을 일으키기도 하였다. 기방에서의 액례와 원례, 액례와 포교의 대립은 기부 간의 싸움이기도 했다. 특히 다른 기부의 기녀를 빼앗아 오는 과정에서 나타난 폭력은 기방 운영의 주도권을 장악하려는 행태로 파악된다.

2) 관속 간의 기 싸움: 공무로 인한 관속 간 폭력

한편 공무로 인한 관속 간 대립이 폭력으로 표출되는 일도 많았다. 주로 야금을 어긴 자나 길가에서 술주정하는 자를 잡아 오는 과정에서 포교와 다른 관속 간에 폭력이 발생하였다. 조선 후기에는 12시 이후 야간 통행이 금지되었는데, 이를 어기는 자 가운데에는 액례인 별감이 가장 많았다. 범야인들은 대부분 음주로 인해 통행금지 시간을 위반하였다. 구체적인 사례를 보면 1725년(영조 원년) 무예별감 이상기, 주영준, 호위청 군관 김태서는 야금을 범했을 뿐 아니라 술에 취해 길거리에서 싸움을 벌여 포졸들에게 모두 잡혔으며, 대전별감 김영원 또한 술에 취해 야금을 어겼고 자신을 잡으려는 순라 군관의 머리를 돌로 난타하였다. 1783년(정조 7) 무예별감 윤장수는 백의를 입고 술에 취해 노상에 누워 있다가 야금을 규제하는 포교들에게 체포되었다.

이처럼 포교나 순라군들은 범야인을 붙잡는 과정에서 폭행을 당하기도 하였다. 1751년(영조 27) 별군관이 야금을 범한 한잡인과 겸종을 체포하려 하자 이들이 무뢰배와 함께 칼을 빼어 별군관을 구타하여 중상을 입혔으며, 1824년(순조 24) 금군 성익원은 야금을 범하여 어영청 순라에 잡히자 무뢰배와 작당하고 나졸을 구타하였다. 심지어 범야인 동료들이 군관들에게 폭력을 휘두르고 범야인을 탈취하기도 하였다. 1741년(영조 17) 별감과 세악수細樂手서악 군악병가 야금을 위반하여 패장에게 잡혔으나 별감은 공무로 인해 야금을 범했다는 구실로 풀려나고 세악수만 구류되었다. 그러자 별감 무리들이 좌경인坐更人밤에 궁중의 보루각에서 징과 북을 쳐서 시각을 알리던 사람을 구타하고 세악수를 빼앗아

갔다. 1798년(정조 22)에는 금군 하한도가 야금을 범하여 붙잡히자, 금군청 서원 박창엽이 순라포교를 구타하고 그를 빼앗아 가는 일이 발생하였다.

이와 같이 조선 후기에 이르면 야금을 범하고서 체포에 저항하거나 포교나 순라군관을 구타하는 경우가 빈번하였다. 특히 액례, 원례, 겸종 등을 범야인으로 잡았을 경우 더욱 심하였다.

> 병조판서 홍치중이 액정서의 하례로 야금을 범하여 구속된 자를 징계하여 다스릴 것을 아뢰어 청하니, 임금이 품고하지 않고 먼저 구속하였다는 것으로써 크게 비난과 책망을 가하고 훈련도감에 명하여 패장을 곤장으로 다스리게 하였다. 홍치중이 상소하였는데, 대략 이르기를 "야금의 설치는 구법舊法이므로 액정서의 소속이라고 금하지 말라는 영이 없었고 패장이 붙잡은 것은 자신의 직무이기 때문입니다. 그런데 야금을 무시한 액정서의 하례는 마침내 무사하게 되었고 법을 받든 패장은 엄중한 곤장을 면치 못하였으니, 실로 궁중宮中과 부중府中이 일체一體라는 뜻에 결점이 있습니다. 비록 근래의 일로서 말하더라도 여러 군문에서 야금을 범한 액례에게 법을 지키는 것은 분명히 상고할 수가 있는데 유독 오늘에 있어 처분이 치우치게 엄중하시니, 뒷날의 폐단을 이루 말할 수가 없을 것입니다." 하니, 비답하기를 "임금이 타는 말에 경례를 하는 것은 공경을 넓히는 바이다. 그들이 비록 미천할지라도 이미 액정서의 하례인데, 경솔하게 먼저 구류시킨 것은 자못 매우 놀랄 일이다. 이는 법을 굽히는 것이 아니라 곧 사체事體사리와 체면를 중시하는 뜻이다." 하였다(『영조실록』

권7, 원년 7월 정미).

　범야인이 액정서의 별감일 경우 순라를 맡았던 패장이 이들을 체포한 경위를 병조에 보고하면 병조는 왕에게 계품하여 이에 따라 처리하는 것이 전례였다. 그러나 이 사료에서 문제가 되었던 것은 야금을 범한 액례를 먼저 왕에게 계품하지 않고 범야인으로 구류하였다는 사실이다. 액례는 왕의 비호를 받는 하급 관리였기 때문에 액례와 관계된 일은 반드시 사소한 일이라도 왕에게 아뢰고 나서 승정원에 올리는 것이 항식이었으며, 이를 어긴 관리는 오히려 처벌을 받았다.
　앞의 사례에서 야금을 담당한 패장은 별감 3인이 의관을 벗은 채 야금을 범하며 서로 희학하고 제멋대로 돌아다녀 그들이 액례인지 판별할 수 없어 모두 체포했던 것이다. 그러나 영조는 액례이므로 계품한 다음에 처리해야 할 것을 패장이 먼저 구류한 것은 왕에 대한 공경을 무시하는 처사라 생각하고 액례를 구류한 패장을 중곤重棍죄인의 볼기를 치는 데 쓰던 가장 큰 곤장. 주로 근무 사범軍務事犯에 관한 죽을죄를 지은 죄인에게 쓰였다에 처하였다. 이후에도 야금을 범한 액례가 자신을 붙잡은 포졸을 구타하여 곤장과 족장을 시행했지만, 왕에게 계문하지 않고 액례를 구속했다 하여 포도대장과 부장이 처벌받기도 하였다. 원례 또한 마찬가지였다. 순라군이 원례를 범야인으로 체포하자 이에 화가 난 승정원에서 순청의 서원과 군사를 붙잡아다가 태를 치기도 하였다.
　야금 외에도 사소한 일 때문에 원례나 액례의 집단 폭행이 일어나기도 하였다. 헌종 대 원례가 포교와 말싸움을 하다가 구타를 당하자 화가 난 원례들이 명패를 가지고 집단으로 좌포도청 내로 난입하여 구타한 군관을 끌고 나가 몽둥이로 난타하여 군관이 상처를 입고 도주하였다. 원례들은 여기서 그치지 않고 다시 우포도청 군관의 집에 가서 그를 벌거벗긴 채로 결박하여 구타하였다.

이들 집단의 특성을 보면, 액례와 원례는 왕실과 승정원 등 영향력이 높은 관사의 소속이었다. 따라서 관속 가운데 세력이 가장 강했다. 나장 또한 의금부, 사헌부, 사간원 등에 배정되어 경찰, 순라 등의 잡역에 종사한 계층으로 업무상 포도청의 포교, 포졸 등과의 접촉이 빈번하였다. 특히 의금부 나장은 왕명을 받들어 죄인을 신문하고 국왕 행차에 호위를 담당하였기 때문에 이들 조직의 세가 강했다. 1816년(순조 16) 나장과 비변사 하례 간의 싸움이 대표적인 예이다. 나장이 비변사의 하례인 비례備隸를 구타하자 이에 비변사에서 두목 나장을 잡아 오려 하였다. 그러나 오히려 의금부의 나졸이 집단으로 몰려 나와 비례를 구타하고 협박하였다(『순조실록』 권19, 16년 12월 무인).

이렇듯 관속 간 공무로 인한 폭력 사건에 집단행동이 많은 이유는 조직의 세를 과시하여 집단 간 우위를 차지하려는 측면이 강하였기 때문이라고 할 수 있다. 관속의 조직성을 바탕으로 한 집단 폭력은 다음의 사료에서 잘 나타나고 있다.

> 유명균은 "저의 방房의 규칙은 동료가 만약 욕보이는 일을 당하면 밑에 있는 제원諸員이 편안하게 앉아 있을 수가 없어 반드시 같은 일을 주선하였습니다. 그러므로 어제 저의 방의 삼권두三權頭권두는 조선 시대에 고위 왕족과 공신 및 대신들의 경호를 맡아보던 벼슬이다 별감 강주운이 연유도 알지 못한 채 장동壯洞에 있는 양반가에서 구타를 당했다고 하여 편안히 있을 수가 없어 무리들을 이끌고 나가 반

가에서 소란을 일으킨 낭속廊屬을 잡아들여서 분한 마음을 풀고자 했습니다. ……"(『우포도청등록』 26책, 갑술 4월 28일)

이 사료는 1874년(고종 12) 별감의 무리가 양반가에서 난동을 부린 사건에 대한 죄인의 공초이다. 사건의 내용은 삼권두 별감 강주운이 양반가의 낭속에게 구타를 당한 일로 인해 동료들이 낭속을 잡으려고 집단적으로 반가에 돌입한 것으로, 여기서 별감의 조직성을 엿볼 수 있다. 이들은 집단 폭력을 하게 된 이유로 동료 의식을 들고 있다. 유명균의 공초에서 알 수 있듯이 별감이 남에게 모욕을 당하면 동료가 똑같은 행동으로 가해자에게 보복을 했다. 그 이유는 '편안하게 앉아 있을 수가 없다.'는 것이다.

또한 조직 내의 방규房規는 그들이 자의건 타의건 집단행동을 하게 되는 계기였다. 1879년(고종 17) 사알 박호식의 수본에 나오는 문장, "별감 이봉주가 풍습을 알지 못하여 방령房令을 따르지 않고 윗자리에 있는 이를 능멸한 상황은 너무도 놀라운 일입니다."(『승정원일기』 고종 17년 7월 27일)에서 방령을 따르지 않은 액례가 처벌되는 상황을 살필 수 있다. 액례에게 방규나 방령이 상당히 중요했음을 여기서 알 수 있다. 액례의 방규에 어떠한 조목이 있었는지 자세히 알 수 없지만 상사를 능멸할 수 없다는 것은 구성원 간의 원칙이고 이를 어길 시 처벌받았음을 알 수 있다.[4]

별감의 진술 안에서도 반복적으로 방규나 방속에 대한 인식을 확

---

[4] 별감 박명득이 좌상별감을 구타한 일(『일성록』 순조 9년 4월 20일), 별감 박성기가 좌상별감을 능멸하고 도주한 일(『일성록』 순조 11년 3월 3일) 등이 상사를 능멸한 사례들이다.

인할 수 있다.

> 같은 날 죄인 유명균의 재초再招 …… "나는 오직 방속房俗의 중함만을 알고 다만 무리를 이끌고 나갔을 뿐입니다. 각 번 별감이 거의 5, 60명에 가깝게 일시에 나가서 일시에 소란을 피웠기 때문에 수범과 종범이 누구인지 확실하게 가리켜서 아뢸 수 없습니다. ……" 박준표 "나는 이반李班의 노비 이름을 알아볼 목적으로 나가니 강주운이 '이 일은 죽든 살든 내가 담당할 것이니 사권두 이하는 모두 나오라.'고 말하였으므로 방속이 있어 나가지 않을 수 없었으며, 이웃 사람과 별감이 일시에 들어가 작경하여 수종이 누구인지 확실히 알 수 없었습니다. ……"(『우포도청등록』 26책, 갑술 4월 28일)

이 사료에서 보면 좌번별감 유명균은 '방속의 중요함만을 알고 동료를 이끌고 출거했다.'고 출거한 이유를 말하고 있다. 비단 유명균만 이러한 방속에 대한 인식을 가진 것은 아니었기 때문에 각 번 별감이 5, 60명의 무리를 이끌고 일시에 출거하여 소란을 일으켰던 것이다. 박준표가 출거한 이유도 삼권두 별감이 구타를 당하여 방속에 따라 그 아래 권두인 사권두 이하가 모두 집단행동에 동원되었기 때문이다. 이로써 별감의 경우 위 권두의 폭행 사건이 있을 경우 아래 권두 이하는 모두 출거하는 규정이 있었던 것으로 추측된다.

1811년(순조 11) 별감과 포교 간의 집단 폭행에서도 이와 같은 방속이 확인된다. 주동자인 별감은 일전에 술을 먹고 포교에게 붙잡힌 일로 무고를 당했다고 하며 관련 별감 이하의 무리를 이끌고 포교의 집에 가서 소란을 일으켰다. 이 경우도 사건에 관련된 별감보다 아래 부하들이 폭력에 동원되었다.

　이상에서 살펴본 바와 같이 관속은 일상생활 속에서 한성부민과 마찰을 빚기도 했지만 집단행동을 감행하여 다른 관속과 상호 갈등이나 반목을 일으키기도 했다. 관속 간에 집단 폭력이 가능할 수 있었던 것은 각 집단 내의 연대 의식과 방규로 불리는 일정한 행동 규율이 마련되어 있었기 때문이다. 그들은 즉로 그들이 관리하고 있던 기방 운영의 주도권을 장악하고 집단 간 우위를 차지하기 위해 집단적인 폭력 행위를 했다. 관속은 방규, 방령을 통해 구성원 간에 각각 지켜야 할 역할을 규정하였으며, 그들의 조직성을 더욱 강화하였다. 이는 계층 내 연대 의식으로 이어져 폭력 범죄의 집단화 경향을 유발시켰다.

3. 관속의 횡포와 한성부민의 집단 대응: 관-민 갈등

1) 한성부민에 대한 관속의 침학

　한성부는 왕도였기 때문에 양반 관료 외에 각 궁궐에서 일할 궁속, 각 관사에서 하급 행정을 수행할 원례 각례, 비례, 이례, 나장 등의 관속, 도성의 수비를 위한 군병 등이 필요하였다. 따라서 다른 지역과 달리 한성부민의 상당수는 각 관사의 하례나 군병, 고직 등으로 일하면서 일정한 급료를 지급받았다. 국가의 하급 관속이나 군병 등으로 일했던 한성부민의 수를 정확하게 알 수는 없지만, 도감군만

5,000~6,000명 정도인 것을 감안하면 그 수는 꽤 많았을 것이다.

이처럼 관속은 한성부 인구의 다수를 차지하면서 행정 운영상 중요한 역할을 수행하였다. 이들은 관에 소속되어 있는 아전이나 하례로, '액례', '원례', '금례', '이례' 등에서 알 수 있듯이 주로 '례隸'라는 호칭을 사용하였다. 모두 양인 이하의 계층으로 신분적으로 미천한 존재였다. 그렇지만 직역상 중앙 관서나 주요 관인의 수종인이었기 때문에 관권을 휘두를 수 있는 존재였다. 관속은 승정원, 형조, 포도청 등 중앙 관청의 권위를 배경으로 도성민에게 작폐를 하거나 토색, 침학하는 행위를 저지르고 있었다. 즉 이들은 관사에 소속되어 있다는 사실 자체만으로 관권의 영향력을 휘두를 수 있는 존재였고 관속의 작폐는 시간이 갈수록 심화되었다.

특히 한성부민에게 가장 두려운 존재는 형조, 한성부, 사헌부의 금례나 포도청의 포교였다. 형조와 한성부는 관사의 중요성과 임무의 번잡성 때문에 정해진 인원수 외에 추가적으로 소속 하례를 충원하기도 했는데, 대부분이 서울에서 떠돌아다니는 무뢰배들이었다(『비변사등록』 220책, 순조 32년 6월 20일).

> [형조판서 유상량이] 아뢰기를 " …… 근래 법사 하례들이 금란禁亂을 빙자하여 무리를 이루어 작폐하여 비로소 엄히 기찰하는 뜻으로 여러 법사에 문서를 보내 별도로 신칙하였습니다. 그런데 듣건대 이 무리들이 또 밤을 틈타 돌아다니면서 열 집의 담장을 넘어 멋대로 빼앗고 소란을 일으켜 도적이 행적을 숨기고 포착을 피하는 것보다 심하니 도성 내의 평민이 지탱할 수 없다고 합니다."(『비변사등록』 214책, 순조 26년 8월 20일)

이 사료에서 보듯이 금례의 가장 큰 무기는 도성 안의 금제禁制를 단속하는 금란이었다. 형조, 한성부, 사헌부는 출금出禁 아문으로, 여기에 소속된 금례의 주 임무는 국가에서 시행하는 금제를 단속하는 것이었다. 주로 금주, 금우, 금송, 난전, 무녀적간巫女摘奸 무녀들의 난잡한 죄상을 살펴 조사하는 것 등을 단속하였다. 이미 조선 초기부터 삼금이 실시되었지만, 조선 후기 민의 법의식 해이가 심해지자 국가에서는 이에 대한 규제를 강화하였다. 따라서 삼사의 금례는 자연히 한성부권과 빈번하게 접촉할 수밖에 없었다.

금례의 작폐는 금우와 금주를 단속하는 과정에서 더욱 심하였다. 금우 문제에 있어서 법사 하례의 현방 침학이 심각했던 것이다. 현방은 소의 도살과 우육의 독점 판매를 업으로 하는 시전의 하나였다. 국가에서는 한성부 내 쇠고기의 수요를 충족하기 위해 이의 공급을 현방에 독점시킴으로써 소의 도살을 통제하였다. 그런데 조선 후기에 이르러 현방의 독점권은 사도私屠와 난전의 성행으로 약화되었으며, 금례와 궁노에 의한 폐단은 이를 더욱 부추겼다(최은정, 1997).

궁노는 공영公營을 빙자하거나 궁에서 무역을 한다는 핑계를 대고 현방의 고기를 강제로 싼 값에 사서 몰래 판매하였으며, 금례는 정해진 수 외에 지나치게 도살하는 첩도疊屠를 문제 삼아 현방에 속전을 징수하였다. 더욱이 궁속은 고기를 염가로 사면서 이 돈도 지급하지 않는 등 현방을 침어하는 폐가 날로 심해지고 있었다. 이들은 관권의 위세를 빙자하거나 거짓 핑계를 대어 현방에서 횡포를 부렸는데 그 피해 정도가 커 이를 운영하는 전복典僕각사各司와 시촌, 성균관·사학·향교 등에 딸려 음식을 만들거나 건물이나 물건을 지키는 등의 잡역을 하던 노복이 감당할 수 없었다.

현방에서의 도살은 합법적인 것으로 금례의 단속 대상은 아니었다. 그러나 앞에서 보았듯이 금례는 '첩도'를 문제 삼아 반민을 침탈하였다. 1802년(순조 2) 형조 금례 정귀득은 하랑교 현방에 들어가 첩도를 꼬투리로 삼아 전냥을 토색하였으며, 사헌부 소유 홍상기는 광통교 현방 근처에 거주하며 매일 염가로 고기를 취하다가 반민과 갈등이 심해져 파직되기도 하였다.

금주령을 내릴 때에도 금례의 작폐는 심각했다. 이들은 금주령을 곧 재물을 획득할 수 있는 기회로 여겨 부민들을 침어하였는데, 출금패를 가지고 자의적으로 금법을 적용하는 등 폐단이 적지 않았다. 금례는 출금하는 시간이 정해져 있는데도 불구하고 이를 지키지 않았으며, 불법 도살을 단속하는 사도패私屠牌를 가지고 산천이나 내력이 이상한 귀신에게 제사를 올리는 사람을 체포하고 술을 금지하는 주금패를 가지고 말 타는 사람을 체포하는 등 민을 혼란스럽고 어지럽게 하였다.[5]

> 영의정 김수항이 계하기를 "삼법사의 금란은 도성민이 지탱하기 가장 어려운 폐단이 되고 있어 이전부터 변통하고자 하였는데 오히려 하지 못했습니다. 지금에 이르러 금리의 작폐로 도민이 원망하여 한탄함은 더욱 심해져 변통하는 방법을 그만둘 수 없습니다. 이 일이 변통하기에 어려운 것은 다른 단서가 있어

---

[5] 이와 같은 금례들의 행태는 조선 후기 한문 소설 「남산」에서도 그대로 나타나고 있다. 이 소설은 약국의 여러 친구가 남산에 함께 소풍을 갔다가 금송군에게 약점을 잡혀 전냥을 토색당하였고, 이후에도 금송군이 그 약점을 이용하여 계속해서 집으로 찾아와 전냥을 토색하는 내용을 담고 있다. 여기서 당시 민들이 금례를 상당히 꺼려했음을 알 수 있다(이우성·임형택 편, 1982).

서가 아닙니다. 삼사는 금란속목禁亂贖木을 하례의 삭료朔料와 공가公家조정이나 왕실에서 사용하는 밑천으로 쓴 지가 이미 오래되었습니다. 그러므로 그 용도를 잇지 못할까 염려해서 삼사의 1년간 지출을 조사해보니 당시 도사속목屠肆贖木의 수가 매우 많았고 …… 조가朝家조정가 금제를 설치함은 본래 풍속을 바로잡기 위함인데 삼사가 모두 금란으로 속목을 받아 용도를 충당하고 있어 그 사이에 남용하는 폐 또한 끝이 없습니다. 이름하여 금란한다고 하면서 미리 속목을 거두어 충당해 쓰려는 뜻을 두니 어찌 풍속을 바르게 하는 이치가 있겠습니까."(『비변사등록』 40책, 숙종 12년 6월 15일)

법사의 금례가 작폐하는 이유 중의 하나는 이 사료에서와 같이 뇌물뿐 아니라 속목을 마구 징수할 수 있었기 때문이었다. 속목은 벌금으로 내는 면포를 말하는 것으로, 이는 관아의 비용뿐 아니라 하례의 급료에 충당되었다. 형조와 한성부의 하례는 힘든 일을 하면서도 급료는 적게 받았기 때문에 이를 충당하기 위해 금제 단속을 빙자하여 사적으로 속목을 징수하였다. 금우와 금주 단속에서 거두어지는 속목의 양이 많았으므로 술집이라는 이름만 붙어 있으면 형조와 한성부의 하례가 별도로 금탄방을 설치하여 속목을 멋대로 징수하였다(『영조실록』 권78, 28년 12월 병오).

금례는 관령을 거짓으로 칭탁사정이 어떠하다고 핑계를 댐하기도 했으며, 강촌에 드나들면서 법례를 혼칭하여 사람들에게 횡포를 부리기도 하였다. 이들은 양반들이 법금을 위반했을 때는 그들의 세력이 두려워 일부러 풀어주며 생색을 내는 대신, 부유한 양인을 협박하여 위협과

징채에 따르지 않으면 사적인 형벌로 위엄을 보이기도 하였다. 원칙적으로 삼법사 하례의 출금은 한 달에 6차례를 넘지 않는 것이 항식이었으며, 규정상 집에 있을 때나 어두운 밤에는 출금할 수 없었다. 그런데 삼사의 하례는 이러한 법의를 준행하지 않은 채 수시로 출금하였으며, 이에 원패原牌둥근 나무패가 모자라 지패紙牌를 쓰는 경우가 많았다(『일성록』 정조 2년 9월 30일). 이처럼 일정한 법규 없이 출금을 시행했기 때문에 이로 인한 폐단은 한성부민이 견딜 수 없을 정도였다.

한편 관속의 작폐는 인정채人情債에서도 나타났다. 원래 정채는 지방 관원이 서울에 있는 중앙 관아(경사京司)의 서리에게 아쉬운 청을 하고 정례情禮로 주던 돈이었다. 그러나 점차 경사의 하속이 이를 강제로 징수하려는 폐단이 발생하였고 그 과정에서 사람이 죽기도 하였다.

> 형조에서 또 아뢰기를 "서부 용산에 사는 이필문이 안갑보를 발로 차 안갑보가 굴러서 물에 빠져 바로 죽어 이필문을 기유년(헌종 15) 5월 초 10일에 가두었습니다. 이 옥사는 정채가 성에 차지 않은 데다가 싸움이 강기슭에서 더욱 격해져 손찌검과 말이 갈수록 더욱 거칠고 사나워졌으며, 팔꿈치를 동여매고 다리를 묶은 일로, 관대히 처리할 수 없습니다. 강기슭 위에서 발에 차여 거의 구르는 알의 형세와 같이 물속으로 날아 떨어져 갑자기 모래를 품은 혼이 되니 정으로도 용서할 수 없고, 법으로도 용서할 수 없습니다."(『일성록』 철종 4년 8월 29일)

이 사료는 한성부의 사령이 부민의 소송 때문에 출패하는 과정에서 폭행이 오가 살인에 이른 경우이다. 세곡선 사공인 안갑보는 한성부 사령인 이필문 등 2인이 동생 안우문을 소송 문제로 잡아가려고 하자 이를 저지하는 과정에서 이필문에게 폭행을 당하였다. 여기에 더해 이필문 등 한성부 사령은 안갑보를 폭행하는 데 멈추지 않고 그를 구타한 후 물에 빠뜨려 익사시켰다. 이들이 안갑보를 구타한 직접적인 이유는 바로 정채에 불단이 있었기 때문이다.

이러한 정채의 독촉은 다음의 사료에서도 볼 수 있다.

> 형조에서 아뢰기를 "기유년 5월 초 10일 함열의 조졸 안종기의 발장에 '저는 성당창聖堂倉 조졸로 금번 상납할 때 저의 부자가 함께 상경하였습니다. 용산에 사는 이백실이 저의 아버지에게 돈을 꿔준 바가 있어 법사에 소송장을 내 어제 경사의 차사差使 3명이 나루 근처에 오니 이백실이 그들에게 저의 아버지를 가리키며 잡아가게 하였습니다. 차사배가 정채를 요구하였으나 저의 아버지가 듣지를 않자 저의 아버지를 장작목으로 수없이 난타한 후 결박하여 물속으로 던져 그 자리에서 돌아가셨습니다.'라고 합니다."(『일성록』 철종 원년 2월 23일)

이 사료에서 경사의 하속은 소송에 관련된 자에게 정채를 요구하였으며, 이를 거절당하자 그를 결박하여 구타한 후 수중으로 던져버리는 악행을 저질렀다. 정채로 인한 관속의 침학이 심했음을 잘 보여주는 사례다. 원래 경사에서 정채를 거두어들이는 정식이 정해져 있었는데, 일을 수행하는 서리나 하례 등 관속이 이를 무시하고 멋대로 정채를 거두어들이고 있었다는 것을 알 수 있다. 정채를 요구하는 관속의 폐가 한성부민을 죽음에 이르게 할 정도로 문제가 되었으며, 민 또한 이에 격렬하게 저항했던 것이다.

한편 지방에서 상납할 때에는 경사에서 인정채를 배로 더 요구하였는데, 이로 인해 지방민에 대한 가렴주구가 많아져 잔호殘戶 대개 5결 이상 10결 미만의 땅을 가진 민호나 피폐한 백성의 집가 부담하는 1년의 비용이 10금을 초과하기도 하였다. 하지만 경사에 관계되는 일이었기 때문에 관찰사 또한 이러한 폐단을 막지 못하였다(『일성록』 정조 3년 11월 12일). 서울의 경주인京主人 중앙과 지방 관아의 연락 사무를 위해 지방 수령이 서울에 파견하던 아전 또는 향리과 공물주인貢物主人 공물방을 경영하던 사람도 아무리 사소한 진상이라도 뇌물이 없으면 받아주지 않을 정도였다. 특히 액례의 경우 많은 양의 뇌물을 거래했다. 따라서 "진상품은 한 꼬지인데, 인정물人情物은 한 바리"라고 하는 말이 나올 정도였다(『비변사등록』 47책, 숙종 19년 11월 2일). 시전 상인이 물품을 나라에 바치는 과정에서도 액례의 횡포는 심하였다. 특히 미투리를 파는 승혜전繩鞋廛의 경우, 각 전각의 별감이 진배를 이유로 상인을 구타하면서 물건을 탈취하였는데, 그 수량이 한정이 없어 시전인이 감당할 수 없을 정도였다.

또한 포도청의 포교나 포졸은 순라와 도적을 체포하는 일을 담당하였기 때문에 이 과정에서 빈번하게 한성부민을 침학하였다. 1779년(정조 3) 포교 최정철은 기찰을 핑계 삼아 한성부민에게 폭력을 휘둘렀으며, 1837년(헌종 3) 기찰포교 이광도 또한 군사 김순길과 함께 도적을 잡아 오는 과정에서 도적을 멋대로 묶어놓고 구타하여 죽음에 이르게 하였다.

개인적인 원한으로 인해 부민을 포도청에 잡아가 멋대로 형벌을 시행하기도 하였다. 1801년(순조 1) 병조 고직 채경신과 호조 서리 채

경민이 한성부에 올린 소장을 보면 포교의 사적 형벌이 문제가 되었음을 알 수 있다. 채경신의 동생 채태이가 좌변 포교 이성춘의 처남 지태성과 서로 달싸움을 했는데 이성춘이 포교의 세를 믿고 우변 포교 김종태, 이명수 등과 서로 한통속이 되어 채태이를 멋대로 포청에 잡아간 것이 소장을 내게 된 이유였다. 이들은 법외로 혹형을 시행하는 것이 금지되어 있음에도 불구하고 포교라는 권력을 이용하여 가두었다가 몇 달 후에 풀어주는 등 사적인 혐의로 무고한 백성을 침학하였다.

또한 포교들은 정탐과 포획을 위해서 지방으로 내려갈 경우 각 지역에서 민을 결박하거나 구타하기도 했으며, 술과 음식을 강제로 요구하며 백성을 침학하였다. 이는 의금부의 나장도 마찬가지였다. 의금부에서 죄인을 잡기 위해 나장들을 지방으로 내려보내면 이들의 주폐가 심하여 주막에서는 난리를 만난 것과 같다고 생각할 정도였다.

이처럼 관권을 가진 관속은 한성부민에게 하나의 권력체이며 수탈적 존재로 비춰졌다. 그렇기 때문에 무뢰배 중에서 관속의 권력적 특성을 이용하여 관속을 사칭하는 경우가 자주 발생하였다. 3, 4명씩 무리를 지어 포도청의 기찰이라 사칭하고 신분에 관계없이 부잣집에 난입하여 뇌물을 받거나 가재를 턴 뒤 사람들을 풀어주는 사례가 나타났으며, 액례를 사칭하여 지방 고을에서 행패를 부리거나 원례를 사칭하여 문서를 위조, 대매하는 경우도 있었다. 또한 법례가 가지고 다니는 명찰을 위조하여 여리閭里여염에서 사칭하며 민을 침학하는 경우도 발생하여 형조에서는 비밀패를 만들어 성명을 쓰게 하는 등 무뢰배의 위조패 방지에 대응하기도 하였다(『우포도청등록』 4책, 을사 4월 25일).

2) 포교와 한성부민의 충돌

한성부민과 관속 간의 갈등은 철종 대 한성부민의 집단 대응으로 표출되었다. 특히 포도청의 포교와 민의 대립은 인명을 손상시키는 폭행으로 이어졌다. 1851년(철종 2) 뚝섬의 거주민과 포교가 충돌하는 과정에서 가설군관 유해룡이 죽고 많은 포교가 다친 사건이 발생하였다. 뚝섬민은 칼과 몽둥이를 들고 포교가 있는 유개막으로 쫓아와 막을 부수고 포교를 난타하였다. 또한 홍사로 포교를 포박하였고, 이들이 차고 있던 통부通符야간 통행증도 빼앗는 등 포교에 대한 불만을 드러냈다. 이처럼 뚝섬 주민이 포교를 집단 폭행한 이유는 도둑의 혐의를 받고 잡혀 온 동민洞民 고덕철을 데려오기 위해서였다.

고덕철의 동생인 고완철은 처음에는 형이 도박 때문에 금례에게 붙잡힌 것으로 알았다가 형이 도적의 혐의를 받고 포교에게 잡혀간 것을 알고 마을의 존위에게 형을 구해줄 것을 간청하였다. 이에 뚝섬의 존위가 고덕철의 혐의가 분명하지 않은 것을 알고 중임中任 한종호와 동임洞任을 불러 동민에게 통지하고 일제히 등소等訴민원에 관련된 일을 풀기 위하여 민인들이 연명으로 소장을 작성하고 관청에 올려 하소연하는 일를 하려고 하였다(『우포도청등록』 6책, 신해 2월 9일). 동민이 억울하게 누명을 쓴 것을 풀기 위해 등소하려고 한 행위가 포교에 대한 분노로 폭발하였던 것이다.

다만 여기서 고려해야 할 점은 뚝섬민이 포교에게 집단행동을 한 이유이다.

죄인 이경철. "저는 독도纛섬에 살면서 형조의 금란사령을 수행하였습니다. 동네에 사는 고덕철이 애매하게 도둑놈으로 기찰포교에게 붙잡혀 본 동의 존위 홍낙철, 중임 이상길이 심부름꾼인 성을 잘 모르는 달금 등을 시켜 큰 소리로 동리 안에 있는 사람에게 말하기를 '모든 사람은 일제히 입성하여 기찰포교의 소재처를 찾아가서 함께 고덕철을 빼앗아 오되, 비록 한 사람이라도 혹 누락하여 불참한 자가 있으면 즉시 나쁜 행동을 한 사람으로 동네에서 내쫓을 것[損徒出洞]이다.'라고 했습니다. ……"(『우포도청등록』 6책, 신해 2월 9일)

죄인 이경철의 공초에서 알 수 있듯이 존위와 동임이 마을 주민을 동원하는 데 있어 가장 큰 역할을 한 것은 '손도출동損徒出洞' 명령이었다. '출동하지 않은 사람은 동민으로 취급하지 않고 뚝섬에서 내쫓는다.'는 존위의 말에 주민들이 결속력을 가지고 집단행동을 한 것이다. 이를 통해 한성부민의 집단 결속에 면리 조직이 이용되었음을 알 수 있다.

하지만 면임의 '손도출동' 명령만으로 뚝섬민이 일제히 집단행동을 했다고는 생각되지 않는다. 동민 고완철의 말에 마을의 존위와 등임 등이 쉽게 동조하고 집단 대응을 할 수 있었던 것은 그만큼 포교에 대한 한성부민의 불신이 컸기 때문이라고 할 수 있다. 18~19세기 도성 내 절도가 빈번하게 발생하였는데도 포도청은 제 기능을 다하지 못하였다. 도적을 맞은 집이 포도청에 고하면 포교는 체포하는 척 하다가 결국에는 하나도 체포하지 못하고 바로 거두는 일이 빈번하였다. 사대부나 여항의 민가에서 도적으로 인한 절도의 피해가 속출하고 있음에도 불구하고 포도청이 도둑을 잡고 물건을 도로 찾아준

일이 없었다.⁶

따라서 도적에 대한 포도청의 기포譏捕강도나 절도를 탐색하여 체포하던 일 활동이 원활하지 않자, 유의유식하는 무뢰배가 이를 기회로 도성 안을 횡행하였으며, 국가에서는 포도청의 존재감에 의문을 품었다. 범인을 잡지 못해 포도대장을 엄중 추고하거나 파직하는 일이 빈번하였으며, 집도책과 담당자 처벌을 요구하는 목소리가 끊이지 않았다.

포교에 대한 한성부민의 불신의 이유 중 하나가 포교가 권한을 이용하여 도성민을 침학한 것도 있지만 포교의 해이한 임무 수행도 한몫을 하였다. 포교는 공무 수행 과정에서 무고한 일반 양민을 죄인으로 잘못 인식하고 잡아가 애매한 형벌을 부과하였는데, 그 이유는 국가에서 집도책의 하나로 범죄인을 체포한 포교에 대해 포상을 했기 때문이다. 따라서 포교는 도적이 발생하면 범행이 확실하지 않는데도 한성부민을 잡아가 자의로 도적의 형벌을 시행함으로써 한성부민의 포교 불신을 더욱 심화시켰다. 앞서 본 뚝섬민의 소요에서도 고덕철이 도적의 혐의로 잡혀가자 마을의 존위와 동임, 동민들이 그의 무고를 확인하고 소장을 올리려고 했던 것이다.

---

6 포도청의 운영이 원활하지 않았던 이유 가운데 하나는 예전에 비해 포교나 포졸의 자격이 많이 부족했기 때문이다. 포도대장이 된 자가 업무를 하찮게 여기는가 하면, 포교나 포졸들 중에도 무뢰한들이 많아 이들이 도적을 잡을 수 없었을 뿐 아니라 오히려 도적을 감싸주는 실정이었다. 1832년(순조 32) 영의정 남공철도 이러한 문제를 제기했다. 남공철은 포도청 운영의 목적인 치도가 제대로 이루어지지 않고 있는데, 이는 포도대장 중에 자신의 일을 천직으로 여기는 자가 없으며 교졸 중에도 일을 담당할 자들이 없기 때문에 나타난 현상이라고 지적하고 있다. 따라서 국가에서는 포교에 대한 포상 정책을 강화하는 방법으로 포도청의 기강을 진작하려고 하였다. 국가는 포도청의 교졸이 임무에 나태하고 해이해지게 된 이유가 격려와 권장이 없기 때문이라고 생각하고 기찰에 솜씨가 있어 실적이 두드러진 자에게 포상을 강화하였다(『순조실록』 권32, 32년 윤9월 무인).

이처럼 포교에 의해 드적으로 오인당하거나 능멸을 당하는 사람의 대부분은 남의 집 행랑에 거주하는 영세민이거나 짐꾼으로 생계를 유지하는 도시 하층민이었다. 『일성록』에서 민에 대한 포교의 행태를 살펴보면 포교가 자신의 관권을 이용하여 걸아와 걸인을 능욕하거나 살인을 저지르는 경우가 많았다. 앞서 제시한 헌종 대 포교의 위세를 빙자하여 평민을 멋대로 잡아 와 악형을 시행하여 죽음에 이르게 한 이광도 옥사와 걸인을 홍사로 난타하여 죽음에 이르게 한 송천석 옥사가 그러한 예이다. 당시 국가에서 "떠돌아다니는 거지를 촉학하는 것이 포졸의 악습"이라고 표현한 것에서 포졸의 이러한 행태가 일상에서 얼마나 흔히 일어났는지 쉽게 짐작할 수 있다.

 이러한 양상은 뚝섬민 소요에 가담한 자들을 통해서 더욱 확실히 알 수 있다. 소요의 주동자는 모두 뚝섬에 거주하는 사람으로, 직업은 대개 짐꾼 노동자, 마부, 땔나무 상인, 주상酒商이다. 조선 후기에 이르러 뚝섬은 용산, 마포, 서강 등지와 함께 도성 안과 지방 사이의 경제적, 사회적 활동을 매개시켜주는 위성도시로 성장해갔다. 이 지역은 두모포와 함께 강원도나 충청도 내륙 지방의 산물을 한강을 통해 운반하여 집하하는 관문이었기 때문에 조선 후기 한강을 중심으로 한 선상의 활동이 커지자 주목받게 되었다. 또한 뚝섬은 한강의 상류와 그에 이어지는 낙동강을 통해서 영남 지방의 풍부한 물화가 집중되는 곳이었다. 산선뿐 아니라 목재, 시탄柴炭 땔나무와 숯 등은 도가都家 시전의 사무 취의 및 공사 처리를 위한 사무소, 또는 전계廛契의 공동 창고에서 저장하는 주요 물품이었다. 강원도, 충청도 등 내륙 지방에서 뗏목으로 운반되어 온 목재는 거의 뚝섬이나 두모포에서 거래되었다. 따라서 뚝섬에 거주하는 사람들은 땔나무나 목재 판매상을 비롯하여 목재를

제5장 갈등의 축, 관속의 범죄와 폭력의 집단화 235

운송하는 짐꾼, 마부, 주막 경영자들이었다.

그 가운데 뚝섬민의 집단 소요에 적극 가담한 자들은 일용 노동자인 짐꾼, 마부 등의 영세민이었다. 정말금은 경기도 양근 청태탄에서 4년 전에 이주한 자였으며, 원치성은 황해도 평산에서 상경한 자였다. 뚝섬이 지방에서 서울로 공급되는 땔감과 숯이 하역되던 항구였기 때문에 지방에서 서울로 흘러 들어와 여기에 정착했던 유민이 많았다. 이들이 자신의 일이 아닌데도 사건에 적극 가담할 수 있었던 것은 포교배에 대한 불신과 저항 의식이 그만큼 컸기 때문일 것이다.

관권에 반감을 품고 있던 도시 하층민의 의식을 보여주는 사건은 이것만이 아니다. 1860년(철종 11)에는 이주례라는 여인이 포도청에 원한을 품고 전직 포도대장의 집에 칼을 빼들고 난입한 사건이 있었다. 이주례가 이와 같은 행동을 한 이유는 둘째 아들이 무슨 죄목인 줄도 모른 채 우포도청에 붙잡혀 심문을 받던 중 죽었기 때문이다(『우포도청등록』 10책, 경신 5월 10일). 부녀자의 몸으로 사형이라는 극형을 당할 것임에도 불구하고 이러한 행동을 한 것으로 보아 포도청에 대한 불만이 상당히 컸음을 알 수 있다.

같은 해 5월에는 목수가 집단적으로 포교를 구타한 사건이 있었다. 당시에 경희궁 공사장의 목물木物과 철물이 자주 유실되는 폐가 있어 포도청이 철물의 매매 실태를 조사하였다. 그 과정에서 경희궁에서 일하던 목수 백계창이 철물을 훔쳐서 판매한 죄로 체포되자 각 작업장의 목수들이 그를 구출한다는 명목으로 좌우포도청과 좌변 군관청에 난입하여 청사를 파괴하고 포교를 구타해 죽게 하였다. "아주 사소한 물건으로 도적의 누명을 받는다면 부역하는 목수 중 면하지 않는 자가 누가 있겠는가."라는 탁경신의 말에서 알 수 있듯이 당시 목수들이 공사장 철물을 잠매_{暗賣}하는 일이 공공연히 행해지고 있었다. 따라서 목수들은 투매_{偸賣훔친 물건을 팖}의 죄목으로 동료를 붙잡은 포교에 대해 불만을 드러내고 있었던 것이다. 그들은 "아주 사소한 철정_{鐵釘}을 헐값에 판매한 일로 포청에 붙잡혔으니 우리가 만약 구원하지 않으면 목당_{木房}의 수치는 어찌 면할 수 있겠는가."라고 하며 집단으로 포도청에 돌입하여 청사를 때려 부수고 입직 관원을 끌어내 몽둥이로 때렸으며, 쇠화로를 던지기도 하였다. 이 밖에도 입직 관원과 함께 있던 양반도 구타하였으며, 다시 좌포도청으로 돌입하여 홍사로 포교 6인을 결박, 난타하였다. 이 사건에 연루된 목수들은 대정동_{大貞洞}, 왕십리 묘동_{廟洞}, 유동_{鍮洞} 등 주로 한성부에 거주하였으며, 개성과 평양 출신의 목수가 소수 섞여 있었다(『일성록』철종 11년 5월 21일;『우포도청등록』14책, 경신 5월 17일).

이처럼 한성부에서 포교와 갈등 관계를 형성하며 집단 대응을 벌였던 계층은 주로 걸인, 짐꾼, 마부, 목수 등 도시 하층민이었다. 이들이 중심이 되어 포교에게 집단행동을 보인 것은 불안정한 도시 생활에서 자신의 경제권을 보호하기 위한 저항으로 여겨진다. 그렇기 때문에 도시 하층민 간의 상호 유대는 강하게 나타났으며, 특히 관권의 횡포에 대해서는 민감하게 반응하였다. 경제적 불안정에 더해 양반층의 횡포, 하급 관리의 침학으로 표현되는 봉건 권력과의 갈등은 18~19세기 한성부민이 당면하고 있던 모순이었다.

이러한 도시 하층민의 불만은 특히 1882년(고종 19) 양사동_{養士洞}민의 저항과 임오군란에서 도성민이 호응하는 바탕이 되었다. 1882년 동대문 부근에서 양사동민의 집단적 저항이 발생하였는데, 포교가 왕실 행사에 필요한 여령_{女伶궁중에서 베푸는 각종 잔치에서 춤을 추고 노래를 하던 더}

자을 한성부 민가에서 차출한 것이 원인이었다. 포교들이 동대문 내의 오원춘 집에 들어가 그의 시집간 딸을 여령으로 차출해 이를 본 마을 사람들이 포교를 쫓아가 집단 구타한 후 오원춘의 딸을 빼앗아 왔다. 이 과정에서 임신한 딸이 유산하여 죽자, 아버지 오원춘이 마을 사람들과 그 억울함을 하소연하기 위해 좌포도대장의 집에 몰려 갔다가 오원춘을 비롯하여 군인과 동리인 5인이 매를 맞고 죽음을 당하였다. 이러한 관속에 대한 한성부민의 집단 대응은 개항기 이후 봉건적 지배 체제에 대한 불신과 가치관의 동요 속에서 정치성을 띠는 저항운동으로 발전하였다. 임오군란과 같은 민중운동이 한성부 하층민의 공감을 얻어 대규모로 일어날 수 있었던 것도 이러한 배경을 바탕으로 한다.

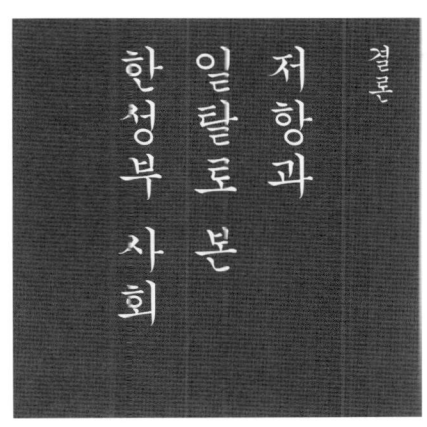

결론 | 저항과 일탈로 본 한성부 사회

    범죄는 어느 시대를 막론하고 중요한 사회문제로 여겨졌다. 따라서 이를 파악하는 것은 당시를 살아가는 민의 생활뿐 아니라 그 시대의 사회상을 이해하는 데 많은 도움을 주곤 한다. 이 책 역시 조선 후기 도시사회사 연구의 일환으로, 주로 정조 대에서 철종 대까지 한성부에서 발생한 사죄를 고찰하였다. 종래 『심리록』 중심의 범죄 연구 경향에서 탈피하여 『일성록』 형옥류를 바탕으로 18~19세기 한성부의 범죄를 이해하고자 하였다.

    한성부는 도시화가 진행됨에 따라 인구가 과잉 집중되고 백성의 생활 의식이나 행동이 다양해짐으로써 주민 구성의 이질성은 증대되었다. 이는 한성부민 간 사회적 마찰을 증가시켜 범죄가 성행하는 요인이 되었다. 상품화폐경제의 발달에 따른 과잉 인구화, 소비 시장의 팽창, 부민의 형성과 빈부의 격차, 유흥 문화의 발달 등 당시의 사회변동은 서로 다른 계층 간의 접촉을 증진시켜 한성부민 간 갈등을 유발하였던 것이다. 실제 18~19세기 범죄에서 나타난 민의 갈등 양상을 살펴보면, 관속 간이나 관민 간에 치열한 대립 관계가 나타났다. 이는 18~19세기 한성부에서 드러난 사회 갈등의 특징이라고 여겨진다.

이 책은 『일성록』 형옥류에 실려 있는 범죄 양상에 주목하였다. 형옥류에는 관원에 대한 가벼운 처벌에서부터 전국 사형 죄인에 대한 심리와 그에 대한 국왕의 판결뿐 아니라 각 도에서 올린 '방미방수계책자'나 형조의 '살옥안', 의금부와 포도청의 계사, 민인들의 상언· 격쟁 등에 이르기까지 다양한 범죄 관련 자료가 전재되어 있다. 한마디로 『일성록』은 범죄와 관련된 당대의 사회상을 가장 잘 알려주는 1차 자료라고 할 수 있다.

『일성록』에 기재된 사죄를 살펴보면 살옥류로는 살인·강도, 폭행치사, 과실치사, 위핍치사 등이, 비살옥류로는 모반, 불충, 전패작변, 패서 등의 정치 범죄나 사기·절도, 위조, 방화·실화, 굴총 등의 사회·경제 범죄가 있다. 물론 『일성록』에는 이와 같은 사형 범죄뿐만 아니라 일반민이나 관속에 의한 구타·작나, 과장 작나, 금주, 금송, 금도, 범야 등 비사형 범죄로 분류되는 범죄도 자세히 기재되어 있다.

범죄 연구에 있어서 『일성록』이 가지는 자료적 가치는 조선 후기 어느 사료보다도 형옥류를 가장 많이 수록하고 있을 뿐 아니라 전재된 내용 또한 다른 자료에 비해 충실하다는 점에서 찾을 수 있다. 특히 『일성록』 형옥류는 범죄인에 대한 원래 옥안의 내용을 충실히 기재하고 있어 『심리록』과 『추조결옥록』에서는 찾아볼 수 없는 시친인, 간련인, 정범 등 범죄 관련인의 진술[招辭]을 『일성록』에서 확인할 수 있다. 또한 피해자나 가해자 가족의 상언·격쟁 원정, 해당 군현에서 발생한 범죄에 대한 각 도 관찰사의 장계, 형조의 계사, 왕의 판결 등이 상세히 기록되어 있다. 이를 통해 범죄 발생 지역, 범인의 성명, 피해자의 상태, 사건의 원인, 피해자와 가해자의 관계 등 범죄 관련 제반 요소들을 용이하게 살펴볼 수 있을 뿐만 아니라 행형 처리의 전 과정을 자세히 확인할 수 있다. 즉 『일성록』의 기록 내용이 당시의 범죄 정황을 있는 그대로 보여줄 뿐만 아니라, 전국의 범죄 양상을 체계적으로 담고 있으며, 자료의 시기적 연속성을 구축하고 있다는 점 등에서 범죄 자료로서 『일성록』 형옥류가 가지는 장점은 적지 않다고 할 수 있다. 따라서 『일성록』은 18~19세기 범죄 연구에 있어서 반드시 살펴보아야 할 1차 사료이다.

『일성록』을 통해 집계한 2,853건의 전국 범죄 현황을 살펴보면, 왕도인 한성부의 범죄율이 가장 높았다. 한성부의 연간 범죄율은 전국에서 가장 많은 범죄 건수를 보인 경상도와 비교해볼 때, 헌종 대 12배, 철종 대 6배였을 정도로 높았다. 범죄 발생에 있어서 경향 간 차이를 뚜렷하게 확인할 수 있었는데, 범죄 유형에서도 동일한 현상을 엿볼 수 있었다. 전국적으로 발생한 범죄 가운데 폭력 범죄는 전체의 89%를, 경제 범죄는 5.9%를, 사회 풍속 범죄는 5.1%를 차지하고 있는 점으로 보아, 18~19세기 주된 범죄 형태는 폭력 범죄였음을 알 수 있다. 심지어 철종 대에는 전체 범죄의 91%가 폭행 관련 범죄였다. 이는 당시 민인들이 상호 간 대립 문제를 폭력으로 해결하려 했음을 보여주는 것이다. 그런데 지방의 경우 전국적 양상과 일치하여 폭력 범죄가 압도적으로 많이 발생했으나, 한성부에서는 폭력 범죄뿐 아니라 절도나 위조 등 경제 범죄도 비교적 골고루 발생하였다.

즉 한성부의 경우 전체 범죄 중 폭력 범죄는 63.4%였는 데 비해, 경제 범죄는 29.6%에 이르렀다. 물론 한성부 역시 폭력 범죄의 발생 빈도가 다른 범죄에 비해 높은 것은 사실이어서, 한성부의 살인·강도율은 지방의 10배 이상이었다. 하지만 경제 범죄에서 드러나는 경향의 차는 엄청난 수준으로, 전체 경제 범죄의 72.4%가 한성부에서 발생하였으며, 범죄율을 대비해보면 한성부는 6.15건으로 전국 0.24건보다 무려 26배나 높았다.

한편 한성부에서도 지역에 따라 범죄의 발생률은 다르게 나타났다. 도성의 안팎을 비교해보면, 5부 가운데서도 특히 도성 안에서 강력 범죄가 빈번하게 발생하였다. 정조 대만 하더라도 범죄가 도성 밖에서 주로 발생하였던 것에 비해, 19세기에 이르면 도성 안인 북부와 중부 지역에서 집중적으로 발생하였다. 19세기 도성 안의 이러한 높은 범죄율은 아마도 당시 국가가 범죄에 대한 '사회통제적 측면'을 강조하여 궁궐 주변의 치안을 강화하는 조치를 한 것과 함께, 서울의 도시화 경향 속에서 드러났던 갈등 양상의 심화라는 이중적 현상에서 배태된 것이라고 여겨진다.

이러한 범죄 분석을 통해 다음과 같은 한성부의 사회적 특성을 파악할 수 있었다.

첫째, 18~19세기 한성부에서는 부민 간 빈부 격차가 증대되는 현상이 현저히 드러났다. 지방 이농인이 한성부로 편입되어 새로운 사회계층을 형성하였으며, 이들이 도시 빈민층을 이룸으로써 한성부에서는 빈부 격차가 증대되고 있었다. 한성부민을 직역을 기준으로 나누어보면 양반 관료층, 이서층, 군오·졸오 등의 군인층, 상인·수공업자층, 고공인·고용 노동자층, 그리고 유민 등으로 세분할 수 있는

데, 그중 특히 주목되는 존재가 바로 유민층이다. 이들은 18~19세기에 이르러 대거 한성부민으로 새롭게 편입된 계층으로, 대개 지방에서 상경한 이농인이 그 중심이었다.

조선 후기에 나타난 경제 변화로 농민층의 분화가 촉진되어 일부 농민이 농촌에서 쫓겨나는 한편, 도시 지역에서의 경제적 성장은 농촌에서 분출된 인구를 값싼 노동력으로 수용하는 계기가 되었다. 한성부로 흡수된 이농인은 신흥 도시민을 형성하여 주로 상인, 관속, 군병, 승호포수, 고용 노동자 등 다양한 직종에 종사하며 생활하였다. 하지만 각종 고립화된 노동에 종사하는 노동자로 살며 어렵게 생계를 꾸려나가는 유민이 많았다. 남자는 날품팔이, 짐꾼, 막노동자로, 여자는 물 긷는 급수 등 고용 노동자로 살아야 했다. 다시 말해 이들은 기존 한성부의 하층민과 더불어 빈민층을 형성하여 도시 하층민을 확대하고 한성부 내 빈부의 격차를 크게 벌리는 역할을 했던 것이다.

상경 이농인의 빈한한 도시 생활은 각종 범죄로 이어지기 십상이었다. 한성부는 미곡가에 따른 불안정한 물가 변동의 영향을 가장 직접적으로 받는 곳이었고, 한성부민 중 곡가의 상승으로 가장 심한 타격을 입는 계층은 상경 이농인을 중심으로 이루어진 도시 빈민층이었다. 이들은 생계를 위해 각 궁의 수직 군사나 고직 등에 종사하기도 했지만, 고용의 불안정으로 위조나 절도 등의 범죄에 쉽게 노출되었다. 특히 아무 직역도 없는 이농인의 위법행위는 흔히 다른 계층이 저지른 것보다 그 강도가 셌다. 거주지도 마련하지 못하고 떠돌아다니는 유리민은 당시 살인도 서슴없이 저지르곤 하였다. 도로변이나 청계천 인근 교량에서는 강도나 살인 사건이 자주 일어났는데, 범죄인의 대부분은 상경 이농인이었다.

둘째, 18~19세기 상업 발달로 인해 한성부에서는 배금주의가 만연하게 되었다. 다른 지역보다 상업 종사 비율이 높았던 한성부민은 돈으로 모든 것을 구입하려는 소비성이 강했으며, 돈으로 표현되는 물질적 가치를 지방민보다 민감하게 느끼고 있었다. 이러한 지역적 특성으로 인해 한성부에서는 경제 범죄가 집중적으로 발생하였으며, 또한 경제적 원인에서 비롯된 폭력 사건이 빈번하게 발생하였다.

한성부에서 일어난 폭력 사건의 주요 경제적 원인으로는 고리대의 사채, 이웃 간의 채전, 미곡 문제 등이 있었다. 특히 미곡 문제는 한성부민에게 민감한 사항이었다. 왜냐하면 미곡은 생계의 주요 수단일 뿐 아니라 물가에 많은 영향을 끼치는 요인이었기 때문이다. 도성 내에서는 경작이 금지되어 있었기 때문에 한성부민의 미곡 소비는 대개 지방의 세미곡이나 경강 상인이 운반해 온 임운곡에 전적으로 의존하였다. 따라서 미곡 문제에 있어 흉년이나 대상인의 농간에 제대로 대응할 수 없는 것이 한성부민의 처지였다.

더구나 18~19세기 군병, 상공업 종사자 등과 함께 임노동자의 확대에 따른 소비 인구의 증가는 쌀의 상품화를 더욱 촉진시켰다. 여기에 사상인층의 성장과 함께 상품을 매점하거나 독점하는 형태의 도고 상업이 심화되면서 한성부에서는 쌀을 둘러싸고 곡물가를 조종하여 폭리를 취하는 일이 빈번하였다. 경강변에서는 부상의 미곡 집적, 모리배의 농간으로 인한 미곡 유출, 관사나 권세가 하속의 일상적인 수탈 등이 일반화되었고, 이는 한성부민의 생활에 직접적인 영향을 끼쳤다. 따라서 폭력 사건을 야기하는 경제적 원인 중 미곡 문제는 부민 간 마찰을 극대화하는 매개 장치였으며, 이 문제로 인해 한성부에서는 부민 간의 마찰이 다른 지방보다 심한 경향을 보였다.

한성부의 경제 범죄율은 전국에서 가장 높았고, 그중에서도 북부가 가장 높았다. 절도도 북부가 가장 높았다. 북부에서 이처럼 많은 절도가 행해졌던 이유는 궁궐이나 궁묘, 시전이 위치하고 있었기 때문이다. 절도의 장소는 대개 경희궁, 경모궁, 효창묘, 주전소, 선혜청 등 궁궐, 종묘, 관청이었다. 이곳은 일반 양인의 접근이 용이하지 않은 곳이었기 때문에 절도범은—폭력 범죄인의 대다수가 양인이었던 것과 달리—각 관사의 현직 하속인이거나 하속인으로 종사해본 적이 있는 부류였다. 한성부의 경우 왕도라는 지역적 특성상 이를 수호하고 유지하기 위한 한성부민의 노동력이 필요하였기 때문에 국가에서는 일정한 고가를 지불하면서 궁궐과 관사의 고직, 수직 군사의 역을 한성부민에게 부과하였다. 이때 고직이나 수직 군사로 고용된 사람은 대개 도시 하층민이었다.

절도가 북부에서 집중적으로 발생했던 것과 달리, 위조의 경우 서부에서 가장 높은 범죄율이 나타나긴 했지만, 전반적으로 한성부 전역에서 행해졌다고 여겨진다.

한편 위조 문건 역시 조선 전기와 후기에 걸쳐 상이한 양상을 보였다. 교지나 관교 등을 주로 위조의 대상으로 삼았던 조선 전기와 달리 18~19세기 한성부에서는 가자첩, 가선첩, 절충첩 등 납속첩과 홍패의 위조가 두드러졌다. 18세기에 이르러 신분은 고정적이며 불변하는 것이 아니라 변화할 수 있다는 관념이 두드러졌는데, 그것은 대개 납속이나 공명첩의 통행·실시라는 계기에서 비롯되었다. 경제력을 가진 양인이나 노비는 납속이나 공명첩을 통해 자신의 신분을 상승시키려 하였다. 따라서 신분 상승을 원하는 부유민의 가자첩, 가선첩, 홍패 등에 대한 수요가 증대하였고, 자연히 이와 관련된 한성부민의 범죄가 증가하였던 것이다. 즉 18~19세기 한성부에서 나타난 위조는 전통적인 신분 관념의 변화에서 비롯된 것이며, 아울러 전통적인 신분 관념의 이완에 기여하는 방향으로 작용하고 있었다.

이처럼 각종 경제적 원인에서 비롯된 폭력 사건과 경제 범죄가 한성부에서 빈번하게 된 이유는 한성부민의 상업성에서 찾을 수 있다. 당시 많은 한성부민이 상업에 종사하였기 때문에 이들에게 있어 돈은 중요한 생활의 척도였다. 이는 도시민의 의식을 결정하는 중요한 역할을 했으며, 한성부에서 배금주의가 만연하게 되는 원인이 되었다. "서울은 지방과 달리 돈이 있으면 일이 이루어지지 않는 것이 없다."는 당시 민의 인식이 이를 잘 대변해준다. 따라서 한성부민의 경우 위법적이며 불법적인 일이더라도 돈만 챙겨주면 해줄 수 있다는 인식이 위와 같은 관문서의 위조 형태로 나타나게 되었던 것이다. 여기서 우리는 법보다 돈을 더 중요시하는 한성부민의 실태를 엿볼 수 있다. 상품화폐경제가 확대되는 가운데 사회적 지위를 평가하는 척도로 가장 중요한 기능을 해왔던 종래의 '신분'보다 현실적인 경제적 관계나 재산 소유의 다소가 더 중요한 척도로 작용하는 사회로 한성부는 변화해가고 있었던 것이다.

셋째, 한성부민은 지방의 향촌민과 달리 국가의 직접적인 통제를 받았으며, 이 과정에서 관속과 한성부민의 마찰이 빈번하였다. 전국 범죄에서 나타나는 신분별 범죄인의 분포를 보면, 양인·농민이 85.1%, 노비가 3.8%, 관속·군인이 5%를 차지하였다. 당시 인구 가운데 양인의 비율이 가장 높은 점을 감안하면 이와 같은 범죄인의 분포는 당연히 인구 비율과 일정한 상관관계를 맺고 있었다고 할 수 있다. 그중 한성부에서는 관속 범죄가 전국에서 비교할 수 없을 정도로 가장 많이 발생했다.

 이러한 경향 간의 차이는 폭력 범죄의 범죄인과 피해자 간의 관계에서도 그대로 드러난다. 살인 사건의 경우, 피해자와 가해자의 관계는 대개 이웃이나 지인, 가족 내지 친족 사이로 드러나는데, 이는 경향 모두에서 강력 사건이 대부분 가족이나 사회 공동체 내부의 갈등·대립에서 비롯되었음을 보여준다.

 하지만 관민·관속 간에 발생하는 범죄의 비중 면에서는 경향의 차이가 있었다. 8도의 경우 관민·관속 간의 강력 사건은 겨우 4.1%를 차지하고 있는 데 반해, 서울은 3배 높은 14.4%를 보였다. 이처럼 지방과 달리 한성부에서 관속의 범죄율이나 관민·관속 간의 강력 범죄율이 높은 것을 볼 때, 18~19세기 한성부에서 민과 관속 간의 마찰이 다른 지방에 비해 극심했음을 쉽게 예상할 수 있다.

 한성부는 왕도라는 도시의 속성상 양반 관료 이외에도 궁속, 관속, 군병의 인구가 많았다. 관속은 그리 높은 신분은 아니었지만, 한성부민에게는 수행하는 업무의 특성상 권력적 존재로 비춰지고 있었다. 즉 그들은 양인이나 노비 등으로 구성되어, 신분상 일반 한성부민과 크게 다를 바 없었지만, 관사에 소속되어 있다는 자체만으로도 관권의 영향력을 행사할 수 있는 위치에 있었다. 이에 관속은 관권을 이용하여 한성부민보다 상위에 있으려고 했으며, 그 과정에서 자연히 한성부민과 관속 간 마찰이 생겨날 여지가 있었다.

 18~19세기 한성부민과 마찰을 빚었던 관속은 대개 형조와 한성부의 하례나 포교인데, 이들은 당시 국가의 지배 기구에 직접적으로 편입된 계층이었다. 이들은 주로 금주, 금우, 금송, 난전, 무녀적간 등의 금제를 단속하였는데, 그 가운데 삼금이라 불리는 금주·금우·금

송은 미곡, 농우, 소나무의 확보를 위해 조선 초기부터 이미 강조되고 있던 조항이었다. 따라서 이에 대한 국가의 규제는 시간이 갈수록 강화되었으며, 그 과정에서 삼사 하례의 역할은 컸다. 그렇기 때문에 이를 단속하는 과정에서 민에 대한 하례의 작폐가 주기적이며 일상적으로 이루어질 수밖에 없었다.

하례는 술집이라는 명패만 붙어 있으면 별도로 금란방을 설치하였으며, 첩도를 이유로 현방의 도살을 침탈하고 속전을 멋대로 징수하곤 했다. 관속의 작폐는 인정채의 징수 과정에서도 나타났다. 특히 부민 간 소송 문제에 있어서까지 관속이 정채를 거두어들여 이로 인한 한성부민과의 극심한 마찰이 발생하기도 했다. 한성부의 사령은 피소송자에게 정채를 요구하였다가 거절당하면 이들을 결박하고 구타하기도 했으며, 심지어는 물속에 빠뜨려 죽이기도 하였다. 즉 정채는 그로 인해 살인이 일어날 정도로 사회적 문제가 되었으며, 부민 또한 이에 격렬히 저항했던 것이다.

주로 도적을 체포하는 일을 담당하였던 포도청의 포교나 포졸은 임무 수행 중에 종종 한성부민을 침학하였다. 개인적인 원한으로 특정 한성부민에게 도적의 누명을 씌우는 불법적인 일을 자행하는 경우도 있었으며, 범인 체포를 위한 검문이나 모군의 동원 등 공무 수행 과정에서도 부민과 잦은 마찰을 일으켰다. 포교에 의해 도적으로 오인당하거나 능멸을 당하는 사람들은 대부분 남의 집 행랑에 거주하는 영세민이거나 짐꾼으로 하루하루 연명하는 도시 하층민이었다. 『일성록』에 나타난 포교의 민에 대한 침학의 내용을 보면 자신의 관권을 이용하여 걸인을 능욕하거나 심지어 이로 인해 살인을 저지르는 경우가 다수 있었다. 당시 국가에서 이를 두고 "떠돌아다니는 거지를 침학하는 것이 포졸의 악습"이라고 표현한 것에서, 포졸의 이러한 행태가 일상에서 얼마나 흔히 일어나고 있었는지 쉽게 짐작할 수 있다.

그런데 이러한 관속은 이상에서 살펴본 것처럼 일상생활 속에서 한성부민과 마찰을 빚기도 했지만, 때로는 집단행동을 감행하여 관속끼리 상호 갈등과 반목을 일으키기도 했다. 각 관청에 속한 관속은 비록 낮은 신분층의 인둘들로 구성되었지만 관권의 위세를 업고 점차 '집단화'되었으며, 나아가 관청의 등급에 따라 그에 걸맞은 위계적 권위 관계를 형성하기도 했다. 따라서 그들 집단 내부에는 엄격한 위계질서와 방구나 방속으로 불리는 일종의 행동 규율이 마련되어 있었고, 이는 집단행동의 바탕이 되었다. 관속은 관속의 전체적인 이익보다는 자신이 속한 조직의 이익을 우선으로 내세웠으며, 그로 인해 자주 관속 간의 갈등과 반목이 불거지기도 했다.

이러한 관속 간의 대립과 반목은 흔히 집단 폭력을 수반하였다. 당시 한성부에서는 액례-원례, 액례-포교, 원례-포교 간의 집단 폭력이 많이 발생했다. 관속 간의 집단 폭력은 주로 기방을 중심으로 나타나고 있었다. 액례, 포교, 원례는 한성부 인구에서 비교적 다수를 차지하면서 국가 행정 운영에서 중요한 역할을 수행했을 뿐 아니라 이들 중 다수는 기방과 주사를 운영하며 도시 유흥을 주도하기도 했다. 따라서 공무 수행 과정에서 비롯된 관속 간의 대립이 집단 폭력으로 표출되기도 했지만, 기방 운영의 주도권 다툼이나 기녀를 차지하려는 경쟁 과정에서 집단 폭력 사건이 발생하기도 했다.

당시 지방의 범죄 양상을 살펴보면 한성부의 경우처럼 관민 간 갈등이 크게 두드러지지 않았다. 그에 비해 한성부의 경우 부민이 관속과의 갈등에서 집단행동을 보일 정도로 첨예한 대립 양상이 나타났다. 이는 한성부가 다른 어떤 지방보다도 관의 영향력과 관리하에 있었으며, 또한 그에 대한 반발이 어떤 지역보다도 거세었음을 보여주는 것이다. 범죄 양상에서 드러나듯이 한성부에는 상경 이농인의 유입으로 도시 하층민층이 두텁게 형성되어 있었으며, 이농인은 고용노동자층을 형성하며 생활하였다. 이들은 관속 가운데 포교와 같이 포도, 금도의 임무를 담당한 계층에게 주시 대상이었다. 하층민은 시간이 갈수록 관속으로부터 침학을 거세게 받았으며, 19세기에 이르면 결국 관속에 대한 집단 대응으로 갈등을 표출하곤 했다. 1851년(철종 2)과 1860년(철종 11)의 뚝섬민과 목수의 포교에 대한 집단행동은 이를 잘 보여준다. 이처럼 18~19세기에 도시 하층민과 관속 간의 마찰이 집단적인 대응 형태로 표출되었던 것은 민을 국가의 통제 속에 편입시키려는 정부의 노력과 여기에서 벗어나려고 하는 하층민의 저항이라는 긴 역사적 길항 관계 속에서 이루어진 것이라 할 수 있다.

　18~19세기 한성부민은 계층적 구성의 다양화 과정 속에서, 사회·경제적 변화에 능동적으로 대처하고 있었다. 신분이나 계층적 이해관계가 서로 다른 도시민들이, 도시 생활에서 느끼는 사회 모순에 대해 동일한 연대 의식을 가지고 집단 대응을 할 수 있도록 했던 구심점은 관속으로 표현되는 국가권력의 침학이었다. 계층의 다양화와 배금주의의 만연 등 사회 경제적 변화로 개인주의가 나타날 수 있는 토대가 마련되었지만, 관속으로 대표되는 국가권력과 대항하기 위해 부민 간 결속의 필요성은 증대되고 있었다. 이러한 한성부민의 자발적 결속력은 정치, 사회적 모순의 심화와 외세의 침탈이라는 이중고에 시달려야 했던 개항기 이후 더욱 강화되어, 19세기 임오군란과 같

은 대규모 집단행동 과정에서 한성부의 도시 하층민이 광범위하게 참여하게 되는 바탕이 되었다.

부록
조선 후기 범죄 실태 자료

〈표 1〉 『조선왕조실록』에 기록된 정조 대~철종 대 사죄死罪인의 현황

번호	시기		범죄 내용
	연도	월일	
1	정조 즉위	12. 25	윤음 위조
2	정조 1	7. 4	금중의 뜰에서 칼을 뽑은 박중근을 군복작변률軍服作變律에 의하여 부대시참형에 처함
3		7. 15	반인 정한룡이 칼로 사람을 살해
4		10. 26	찰방 박동준과 전순삼이 역호驛戶 권치문을 남형하여 살해
5		11. 12	인신을 위조한 죄인 박두표
6		11. 24	삼복을 거행하여, 책력을 위조한 죄인 기동이, 살옥 죄인 이이영, 금중에서 칼을 뽑은 박중근에게 감사정배를 명함
7	정조 2	11. 2	형조에서 소령원의 욕석을 훔쳐간 죄인 두산에게 부대시의 형벌을 적용할 것을 계함
8		12. 23	살옥 죄인 김한택의 옥안
9	정조 3	2. 16	살옥 죄인 김이호의 옥안 실상을 조사하고 사형을 감학
10		3. 15	강상 죄인 김윤택의 녹계에 대한 하교
11	정조 4	3. 9	북도에서 해로로 범월한 죄인에 대한 처리
12	정조 5	10. 18	형조에서 황종을 훔친 방우성을 의률하여 아룀
13	정조 6	5. 26	진주의 영비가 인명 살해
14		6. 4	액례 임인식의 첩보 위조
15		8. 20	사주 죄인 김정채에 대해 추국 설치
16	정조 7	1. 28	칼을 들고 관장을 위협한 금천의 죄인 한종운을 처형
17		3. 12	남산에 방화한 안월성에 대한 처벌
18		6. 3	백천군 살옥 죄인 조재항에 대한 처벌
19		12. 5	옥천인 정윤환이 목멱산 봉수대 근처에서 방화

20	정조 8	2. 3	순릉의 신어·문석을 훔쳐 간 죄인 김명득에 대한 처벌
21	정조 10	1. 10	궁노 귀득에 대한 형조의 계
22		6. 12	상전 이영규가 김도흥에게 곤욕을 당하자 구타하여 치사
23		7. 21	윤흔이 천인 이호득을 폭행 치사
24		윤 7. 1	예조 판서가 박천근의 과부 이씨 살인 사건을 아룀
25	정조 11	7. 29	살옥 죄인 이광진에 대한 하교
26	정조 12	6. 27	아이를 과실치사한 태복의 견부 남막돌의 처벌
27	정조 13	1. 16	대원군 사당의 물건을 훔친 김응우의 처벌에 관해 논의
28		1. 30	진안현의 살인 죄인 변덕금에 대한 처벌
29		윤 5. 19	인신 위조 죄인 남의진 등에 대한 처벌
30	정조 14		전라도 강진현에서 은애가 이웃의 안 소사를 살해
31		8. 10	장흥의 신여척 살옥 사건에 대한 왕의 판부
32			대구부에 사는 서응부, 서응해 살옥 사건에 대한 왕의 판부
33	정조 15	6. 9	홍패를 위조한 죄인 김보환 등을 충군하게 함
34		9. 20	호서의 살옥 죄인 김계손에 대한 처벌
35		10. 22	술에 취해 아내를 찔러 죽인 김득량에 대한 형조의 계
36	정조 16	5. 12	공주목의 조파금, 조감득 살옥 사건에 대한 관찰사의 장계
37	정조 17	4. 21	전교 위조 죄인 이진에 대한 형조의 계
38		11. 25	살옥 죄인 음세형에 대한 형조의 계
39	정조 18	8. 17	청주목사 안정탁이 백성을 죽인 사건에 대한 우의정의 계
40		9. 8	창원부사 이여절의 살인 사건을 보고
41	정조 20	3. 16	병부 절도 죄인에 대한 계
42	정조 21	5. 12	살옥 죄인 김보동에 대한 심리
43		5. 18	부전을 살해한 이분금에 대한 판결
44	정조 22	11. 19	강진현에 사는 양도손 형제 사건에 대한 계
45			며느리 간통을 사주한 여자를 살해한 신사량에 대한 계
46	정조 23	5. 22	수리계의 종이를 훔친 아전 이창린 등의 옥안을 판하
47		8. 26	무늬 있는 비단에 대한 금법을 어긴 김중망덕에 대한 논의
48	순조 1	8. 10	범월 죄인 이현택을 효시
49	순조 4	3. 4	무고 죄인에 대한 계
50	순조 7	3. 2	효창묘의 기명과 재실의 철환을 훔친 문린성에 대한 형조의 계
51	순조 8	8. 9	살옥 죄인 김래영에 대한 형조의 계

52	순조 9	5. 7	어보를 위조한 죄인 이집상에 대한 형조의 계
53		6. 17	살옥 죄인 신재홍에 대한 형조의 계
54		10. 23	곡식을 빼앗고 구타한 백중태에 대해 효수를 명함
55	순조 10	2. 6	역관의 등제를 도모했던 변창감에 대한 처벌
56		4. 5	금주의 죄를 범한 액례 김응한에 대한 처벌
57	순조 11	2. 21	사비 월련의 아비를 죽게 한 보령의 전 전전관 이은식의 처벌
58		윤 3. 16	포교 집에서 난동을 부린 무예별감 안치의 등에 대한 처벌
59	순조 15	1. 28	과천현의 군기를 도둑질한 죄인 배천손에 대한 처벌
60		2. 9	종으로서 내상전을 죽인 죄인 사노 덕순에 대한 처벌
61	순조 17	11. 10	월경죄를 범한 김치려를 효수
62		11. 11	병조의 자문을 위조한 죄인 최광인을 효수
63	순조 18	6. 18	영변부의 강상을 범한 죄인 김석언에 대한 형조의 계
64	순조 19	12. 11	영릉 정자각을 파손한 박중대에 대한 포도청의 계
65	순조 20	5. 16	호서 도회소 곡부를 훔쳐내 농간을 부린 죄인의 처벌
66		5. 2	남편을 죽인 죄인 유어인련의 처벌
67		8. 20	선혜청의 하리들이 장부를 훔쳐서 재물을 도둑질
68		10. 7	서부의 유학 허필이 비부 강룡운을 때려 죽임
69	순조 23	3. 3	장단의 고을 백성이 고려 왕릉 근처에서 숯을 굽다가 실화
70		8. 10	금우 경 석수 최영득이 숭례문 근처의 체성을 헒
71	순조 24	6. 13	범월 죄인 김진성에 대한 비변사의 계
72		3. 17	살옥 죄인 채주문이 아버지를 죽인 황성엽을 찔러 죽임
73	순조 26	2. 3	포흠을 감추려고 어영청의 사고를 방화한 차언룡을 효수
74		5. 2	현감을 구타하고 난동을 부린 김화숙 등을 엄벌
75	순조 27	5. 2	지아비를 죽인 죄인 복매의 결안을 받아 처형
76		5. 7	액례를 사칭하고 민을 침학한 박완근에 대한 처벌
77	순조 29	3. 18	왜인이 왜관 소통사 배말돈을 살해
78		4. 17	시어미를 살해한 죄인 김지견에 대한 처벌
79		5. 18	남편을 살해한 죄인 김여인에 대한 처벌
80		7. 22	아버지를 살해한 죄인 김말손에 대한 처벌
81	순조 32	3. 13	갑산부의 범월 죄인 장호경을 효수
82		9. 21	김련과회가 어미의 원수를 살해한 양나춘의 어미를 살해
83		1. 23	금위영 자내의 외남산 금표 안에 투매한 장제급에 대한 처벌

84	헌종 1	3. 16	언서로 윤음을 위조한 최공필에 대한 처벌
85		윤 6. 2	아비를 살해한 한명신에 대한 처벌
86		8. 27	소령원에 방화한 김룡희를 추국
87	헌종 3	8. 19	금위영에서 화약을 도둑질한 죄인 임창혁을 효수
88		10. 19	준원전의 기물을 절도한 죄인 원대익에 대한 처벌
89	헌종 4	5. 17	포교를 타살한 최용득을 효수
90		10. 4	다른 사람을 무함하여 고변한 우병모를 효수
91	헌종 5	10. 10	김진성이 김명길을 살해
92	헌종 6	3. 27	창곡을 훔친 태창의 창속 최석린 등을 처벌
93		5. 4	영릉에서 쓸 제물 절도
94		5. 25	서북진의 군기를 훔친 염처옥을 효수
95		5. 25	사주전 죄인 박중도를 처벌
96		7. 13	군기를 훔쳐낸 죄인 안창헌을 효수
97		7. 15	구성부의 화약을 훔쳐낸 죄인 변해관을 효수
98		12. 15	아비를 죽인 죄인 이창석에 대한 처벌
99	헌종 7	8. 30	군기를 훔쳐 돈을 주조한 박중도 외 2인에 대한 처벌
100	헌종 9	3. 17	이천의 유민 최관유가 창경궁의 공북문에 난입
101	헌종 11	4. 25	충화 죄인 천호손에 대한 계
102		8. 19	아버지를 죽인 양반 임태두에 대한 관찰사의 계
103	헌종 12	8. 12	사주전 죄인 황철운 등 4인을 효수
104	헌종 13	1. 23	범월 죄인 허광춘, 김상실에 대한 처벌
105		8. 9	범월 죄인 군졸 송득철, 김광운에 대한 처벌
106		9. 24	명천의 박종윤의 옥안
107	헌종 14	5. 9	역관 박희영이 아편 연기를 빠는 기구를 가져오다 적발
108		6. 17	아버지를 죽인 죄인 윤가현에 대한 처벌
109	철종 5	8. 14	의주부의 범월 죄인 장첨길을 효수
110		9. 25	무고 죄인 전라 병사 이건서에 대한 포도청의 계
111	철종 8	7. 22	범월 죄인 김익수에 대한 비변사의 계
112	철종 9	8. 30	투서하여 무함한 전 현감 박경선을 정배

〈표 2〉『대명률』 형률에 기록된 사죄死罪 관련 조문

행형	범죄 유형	대명률 조문
능지처사	모반	• 모반하거나 모대역한 자
	살인	• 조부모·부모, 기친인 존장, 외조부모, 지아비, 지아비의 조부모·부모를 죽이려고 꾀하여 이미 죽인 자. 조부모·부모, 지아비의 조부모·부모를 때려죽인 자. 지아비, 백부모·숙부모·고모, 외조부모, 형·누이를 고의로 죽인 자 • 노비 또는 고공인으로서 가장 또는 가장의 기친·외조부모를 죽이려고 꾀하여 이미 죽인 자. 노비로서 가장을 때려죽인 자. 고공인으로서 가장 또는 가장의 기친·외조부모를 고의로 죽인 자 • 처첩으로서 남과 간통하고서 함께 꾀하여 친부를 죽인 자나 지아비의 조부모·부모를 때려죽인 자 • 생기生氣를 채취하려고 남의 몸을 가른 자
참형	모반	• 참위·요서·요언을 만들거나 전하여 민중을 현혹한 자. 모반대역한 자를 정상을 알고도 고의로 놓아두거나 숨겨준 자. 모반한 자
	살인·강도	• 조부모·부모, 기친인 존장·외조부모, 지아비, 지아비의 조부모·부모를 죽이려고 꾀하여 이미 실행한 자. 노비·고공으로서 가장의 시마친·소공친·대공친을 때려서 죽게 한 자. 고공으로서 가장의 기친 또는 외조부모를 때려서 죽게 한 자. 첩으로서 정처를, 남편으로서 아내의 부모를, 계부를 때려서 죽게 한 자 • 남을 모살하는 꾀를 낸 자. 염매·부서를 만들어 저주하여 남을 죽인 자. 독약으로 남을 죽인 자. 고의로 독사·독충으로 남을 물게 하여 상해하여 이 때문에 죽게 한 자. 생기를 채취하려고 남의 몸을 가른 일에 종범이 된 자. 생기를 채취하려고 남의 몸을 가르는 일을 이미 실행하였으나 상하지 못한 자 • 간음 또는 도둑질하고서 남을 협박하여 죽게 한 자, 고의로 남을 죽인 자 • 양인을 약유·약매하다가 남을 죽인 자. 관리로서 제명을 받들어 출사한 사람을 때려서 죽게 한 자 • 강도범으로서 재물을 빼앗은 자. 강도의 와주로 꾀를 내고 장물을 나누어 가진 자. 강도를 공모한 자로서 실행하였으나 장물을 나누어 갖지 않았거나 장물을 나누어 가졌으나 실행하지 않은 자. 남을 죽이려고 꾀해 재물을 얻은 자
	폭행	• 노비로서 가장을 구타하거나 가장의 기친 및 외조부모를 구타한 자

참형	위조·절도	• 국가의 제사에 사용하는 제기나 왕실과 관아에서 쓰는 물품 등을 훔친 자 • 제서 또는 말을 징발하는 어보가 찍힌 성지 또는 배를 징발하는 부험을 훔친 자. 각 아문의 인신 또는 야순동패를 훔친 자. 절도하고서 체포에 항거하거나 남을 살상한 자 • 대낮에 남의 재물을 약탈하다가 남을 상해한 자 • 제서를 속여 만들거나 증감한 자. 조지詔旨를 속여 전한 자. 관직을 사칭한 자 또는 거짓으로 남에게 관직을 준 자
	강간	• 시마친 또는 시마친의 아내, 아내의 전 남편의 딸 또는 동모이부同母異父인 자매, 시집간 종조조고從祖祖姑·백숙고伯叔姑 등을 강간한 자. 며느리로서 시아버지가 자기를 간음하였다고 속여 고하거나, 제부로서 지아비의 형이 자기를 간음하였다고 속여 고한 자. 가장의 시마 이상인 친족 또는 그 처첩을 강간한 자. 노비 또는 고공으로서 가장의 아내와 딸을 간음한 자. 죄수를 겁탈한 자
	굴총·방화	• 존장의 무덤을 파고 관곽을 열어 시체를 본 자. 존장의 시체를 버리고 포기를 판 자. 시마 이상인 존장의 시체를 훼기한 자. 자손으로서 조부모·부모의 시체를 훼기하거나 노비·고공인으로서 가장의 시체를 훼기한 자 • 방화하여 관민의 집이나 물건을 연소시키고서 재물을 훔친 자. 방화하여 고의로 관민의 집 또는 공해의 창고, 관사에서 쌓아둔 물건을 태운 자
교형	모반	• 모반대역한 자의 아비와 16세 이상인 아들. 모반한 정상을 알고도 고의로 놓아두거나 숨겨준 자. 모반을 실행하지 못한 일의 수범이 된 자
	살인	• 남을 모살하는 데에 따라서 하수한 자. 남을 죽이려고 꾀하였으나 다치기만 하고 죽이지 못한 일을 도운 자. 제명을 받들고 출사한 사람을 관리로서 죽이려고 꾀하다가 상해한 자. 시마친 이상인 존장을 죽이려 하다가 상해한 자. 노비 또는 고공인으로서 가장의 시마 이상인 친족을 죽이려 하다가 상해한 자. 기친인 존장을 협박하여 죽게 한 자. 시마친·소공친의 노비를 고의로 죽인 자. 노비로서 과실로 가장을 죽인 자. 동당제매同堂弟妹·당질堂姪·질손姪孫을 고의로 죽인 자. 지아비의 형제의 아들을 고의로 죽인 자 • 적모·계모·양모로서 자손을 죽여서 후사가 끊어지게 한 자

교형	폭행	• 사적으로 몰래 죄수를 놓아주다 남을 상해하였거나, 양인을 약유·약매하다가 상해한 자, 제명을 받들고 출사한 사람을 죽이려고 꾀하다가 상해한 자. 이졸로서 본부의 6품 이하인 장관·좌이관·수령관을 때려서 독질이 되게 한 자. 관사의 차인이 공무를 집행하는데 때려서 독질이 되게 한 자 • 노비나 고공인으로서 가장을 기친 또는 외조부모를 때린 자. 첩으로서 정처를 때리거나 남편으로서 아내의 부모를 때려서 독질이 되게 한 자. 조부모·부모에게 욕설한 자. 처첩으로서 지아비를 때려서 독질이 되게 한 자. 처첩으로서 죽은 지아비의 조부모 부모에게 욕설한 자. 양인으로서 남의 노비를 때려서 죽게 한 자. 시마친·소공친·대공친의 고공인을 때려서 죽게 한 자. 아내로서 지아비의 비속卑屬을 때려서 죽게 한 자
	위조·절도	• 절도를 세 번 범한 자 • 동전을 사사로이 주조한 자
	강간	• 12서 이하의 어린 여자, 시집간 종조조고·백숙고, 친속의 첩을 강간한 자, 노비 또는 고공인으로서 가장의 기친 또는 기친의 아내를 간음한 자. 정상은 몰랐더라도 간부奸夫가 제 지아비를 자살케 한 간부姦婦, 종부從父의 자매·어머니의 자매·형제의 아내·형제의 아들의 아내를 간음한 자
	굴총·방화·무고	• 무덤을 파고 관곽을 열어 시체를 본 자. 자손으로서 즈부모·부모의 무덤에서나, 노비·고공인으로서 가장의 무덤에서 여우·너구리를 잡으려고 연기를 피우다가 시체를 태운 자 • 실화하여 종묘 또는 궁궐을 연소되게 한 자 • 자손으로서 조부모·부모를 무고한 자. 노비 또는 고공인으로서 가장을 무고한 자

- 전거:『대명률직해』형률(규장각자료총서 법전편, 1999, 서울대 규장각)

〈표 3〉 18~19세기 전국의 시기별·지역별 사죄 건수

시기\지역	한성부	경기도	황해도	충청도	경상도	전라도	강원도	평안도	함경도	미상	합계
정조	152 (6.3)	103 (4.3)	110 (4.6)	103 (4.3)	143 (6.0)	164 (6.8)	25 (1.0)	124 (5.2)	29 (1.2)	0 (0)	953 (39.7)
순조	147 (4.3)	113 (3.3)	122 (3.6)	113 (3.3)	183 (5.4)	122 (3.6)	42 (1.2)	153 (4.5)	51 (1.5)	0 (0)	1,046 (30.8)
헌종	70 (4.7)	44 (2.9)	42 (2.8)	52 (3.5)	48 (3.2)	61 (4.1)	8 (0.5)	27 (1.8)	25 (1.7)	0 (0)	377 (25.1)
철종	46 (3.3)	55 (3.9)	70 (5.0)	57 (4.1)	74 (5.3)	54 (3.9)	15 (1.1)	69 (4.9)	36 (2.6)	1 (0.1)	477 (34.1)
합계	415 (4.8)	315 (3.6)	344 (4.0)	325 (3.7)	448 (5.1)	401 (4.6)	90 (1.0)	373 (4.3)	141 (1.6)	1 (0.01)	2,853 (32.8)

- ( )는 1년간 범죄 건수임
- 전거: 『일성록』(정조 1년~철종 14년)

〈표 4〉 18~19세기 전국의 인구 및 사죄율

		한성부	경기도	황해도	충청도	경상도	전라도	강원도	평안도	함경도	합계
인구	1789년 (정조 13)	189,153	642,069	567,815	868,219	1,590,973	1,220,804	332,256	1,296,044	696,275	7,403,606
	1807년 (순조 7)	204,886	674,627	582,930	892,747	1,607,044	1,251,069	336,122	1,305,969	706,912	7,561,506
	1837년 (헌종 3)	203,925	657,680	546,807	840,113	1,500,644	1,092,602	318,383	853,048	689,317	6,709,019
	1852년 (철종 3)	204,053	672,603	672,603	880,549	1,535,810	1,068,171	324,488	868,906	691,655	6,918,838
연간 범죄 건수	정조	6.3	4.3	4.6	4.3	6.0	6.3	1.0	5.2	1.2	39.7
	순조	4.3	3.3	3.6	3.3	5.4	3.5	1.2	4.5	1.5	30.8
	헌종	4.7	2.9	2.8	3.5	3.2	4.1	0.5	1.8	1.7	25.2
	철종	3.3	3.9	5.0	4.1	5.3	3.9	1.1	4.9	2.5	34.2
연간 범죄율	정조	0.33	0.07	0.08	0.05	0.04	0.06	0.03	0.04	0.02	0.05
	순조	0.22	0.05	0.06	0.04	0.03	0.03	0.04	0.03	0.02	0.04
	헌종	0.24	0.04	0.05	0.04	0.02	0.04	0.02	0.02	0.03	0.04
	철종	0.17	0.06	0.07	0.05	0.03	0.04	0.03	0.06	0.04	0.05

- 범죄율은 인구 1만 명당 범죄 건수임(이하 표에서도 마찬가지)
- 전거: 정조 대 인구는 『호구총수』를 참조하였으며, 19세기 전국의 인구는 『증보문헌비고』 권161, 호구고에서 1807년(순조 7) 정묘식년, 1837년(헌종 3) 정유식년, 1852년(철종 3) 임자식년 경외호구를 참조하였다.

〈표 5〉 18~19세기 시기별 사죄 유형

시기\유형	개인적 법익				사회적 법익									합계
	폭력 범죄				경제 범죄			사회 풍속 범죄						
	살인강도	과실치사	폭행치사	합계	절도	위조	기타	합계	자살	방화실화	굴총투장	범월	기타	합계	
정조	93 (9.8)	24 (2.5)	725 (76.1)	842 (88.4)	17 (1.8)	48 (5.0)	1 (0.1)	66 (6.9)	32 (3.4)	4 (0.4)	3 (0.3)	1 (0.1)	5 (0.5)	45 (4.7)	953 (100)
순조	96 (9.2)	14 (1.3)	820 (78.4)	930 (88.9)	23 (2.2)	32 (3.1)	3 (0.3)	58 (5.6)	32 (3.1)	7 (0.7)	6 (0.6)	7 (0.7)	6 (0.6)	58 (5.6)	1,046 (100)
헌종	39 (10.3)	4 (1.1)	290 (76.9)	333 (88.3)	16 (4.2)	13 (3.5)	0 (0.0)	29 (7.7)	8 (2.1)	3 (0.8)	1 (0.3)	3 (0.8)	0 (0.0)	15 (4.0)	377 (100)
철종	31 (6.5)	3 (0.6)	400 (83.9)	434 (91.0)	16 (3.4)	1 (0.2)	0 (0.0)	17 (3.6)	15 (3.2)	2 (0.4)	4 (0.8)	2 (0.4)	3 (0.6)	26 (5.5)	477 (100)
합계	259 (9.1)	45 (1.6)	2,235 (78.3)	2,539 (89.0)	72 (2.5)	94 (3.3)	4 (0.1)	170 (6.0)	87 (3.0)	16 (0.6)	14 (0.5)	13 (0.5)	14 (0.5)	144 (5.0)	2,853 (100)

- ( )는 %임
- 전거: 『일성록』(정조 1년~철종 14년)

⟨표 6⟩ 18~19세기 지역별 사죄 유형과 사죄율

유형			한성부	경기도	황해도	충청도	경상도	전라도	강원도	평안도	함경도	미상	합계
평균 인구수			196,721	655,186	584,297	870,678	1,569,403	1,220,804	329,295	1,152,676	696,052	0	7,235,347
개인적 법익	폭력 범죄	살인강도	49 (2.45)	23 (0.35)	32 (0.55)	22 (0.25)	31 (0.20)	26 (0.21)	8 (0.24)	53 (0.46)	15 (0.21)	0	259 (0.36)
		과실치사	7 (0.35)	5 (0.08)	7 (0.12)	9 (0.10)	1 (0.01)	8 (0.07)	1 (0.03)	5 (0.04)	2 (0.03)	0	45 (0.06)
		폭행치사	207 (10.4)	264 (4.0)	295 (5.09)	258 (2.97)	394 (2.51)	344 (2.82)	75 (2.27)	294 (2.56)	104 (1.49)	0	2,235 (3.09)
		합계	263 (13.2)	292 (4.42)	334 (5.76)	289 (3.32)	426 (2.71)	378 (3.10)	84 (2.55)	352 (3.06)	121 (1.73)	0	2,539 (3.51)
경제 범죄		절도	60 (3.00)	4 (0.06)	0 (0.0)	4 (0.05)	0 (0.0)	0 (0.0)	1 (0.03)	2 (0.02)	1 (0.01)	0	72 (0.10)
		위조	62 (3.10)	6 (0.09)	2 (0.03)	2 (0.02)	7 (0.05)	5 (0.04)	1 (0.03)	3 (0.03)	6 (0.09)	0	94 (0.13)
		기타	1 (0.05)	0 (0.0)	0 (0.0)	1 (0.01)	0 (0.0)	0 (0.0)	0 (0.0)	2 (0.02)	0 (0.0)	0	4 (0.01)
		합계	123 (6.15)	10 (0.15)	2 (0.03)	7 (0.08)	7 (0.05)	5 (0.04)	2 (0.06)	7 (0.06)	7 (0.10)	0	170 (0.24)
사회적 법익	사회 풍속 범죄	자살	3 (0.40)	10 (0.15)	6 (0.10)	25 (0.29)	13 (0.08)	15 (0.12)	3 (0.09)	4 (0.04)	3 (0.04)	0	87 (0.12)
		방화실화	9 (0.45)	2 (0.03)	0 (0.0)	0 (0.0)	0 (0.0)	1 (0.01)	0 (0.0)	2 (0.02)	2 (0.03)	0	16 (0.02)
		굴총투장	5 (0.25)	0 (0.0)	2 (0.03)	2 (0.02)	1 (0.01)	2 (0.02)	1 (0.03)	0 (0.0)	1 (0.01)	0	14 (0.02)
		범월	0 (0)	0 (0.0)	0 (0.0)	0 (0.0)	0 (0.0)	0 (0.0)	0 (0.0)	7 (0.06)	6 (0.09)	0	13 (0.02)
		기타	7 (0.35)	1 (0.02)	0 (0.0)	2 (0.02)	1 (0.01)	0 (0.0)	0 (0.0)	1 (0.01)	1 (0.01)	1	14 (0.02)
		합계	29 (1.45)	13 (0.20)	8 (0.14)	29 (0.33)	15 (0.10)	18 (0.15)	4 (0.12)	14 (0.12)	13 (0.19)	1	144 (0.06)
합계			415 (20.75)	315 (4.77)	344 (5.93)	325 (3.74)	448 (2.85)	401 (3.29)	90 (2.73)	373 (3.24)	141 (2.01)	1	2,353 (3.95)

- ( )는 범죄율임
- 전거: 『일성록』(정조 1년~철종 14년)

〈표 7〉 18~19세기 사죄의 원인별 분류

원인\시기	간음추문	음주				재물	모욕보복	사형불화	과실희학	범분	투장	기타	미상	합계
		술	모욕	희학	합계									
정조	132 (13.9)	72 (7.6)	12 (1.3)	4 (0.4)	88 (9.2)	378 (39.7)	130 (13.6)	132 (13.9)	24 (2.5)	0 (0)	18 (1.9)	25 (2.6)	26 (2.7)	953 (100)
순조	96 (9.2)	105 (10.0)	14 (1.3)	2 (0.2)	121 (11.6)	286 (27.3)	168 (16.1)	152 (14.5)	32 (3.1)	12 (1.1)	20 (1.9)	8 (0.8)	151 (14.4)	1,046 (100)
헌종	30 (8.0)	33 (8.8)	13 (3.4)	0 (0)	46 (12.2)	146 (38.7)	43 (11.4)	42 (11.1)	11 (2.9)	4 (1.1)	6 (1.6)	0 (0)	49 (13.0)	377 (100)
철종	57 (11.9)	38 (8.0)	15 (3.1)	3 (0.6)	56 (11.7)	147 (30.8)	59 (12.4)	76 (15.9)	17 (3.6)	6 (1.3)	10 (2.1)	5 (1.1)	44 (9.2)	477 (100)
합계	315 (11.0)	248 (8.7)	54 (1.9)	9 (0.3)	311 (10.9)	957 (33.5)	400 (14.0)	402 (14.1)	84 (2.9)	22 (0.8)	54 (1.9)	38 (1.3)	270 (9.5)	2,853 (100)

- ( )는 %임
- 전거: 『일성록』(정조 1년~철종 14년)

〈표 8〉 18~19세기 시기별 사죄인의 직역별 분포

시기\직역	정조	순조	헌종	철종	합계
양반	38(4.0)	31(3.0)	9(2.4)	13(2.7)	91(3.2)
유학	1(0.1)	6(0.6)	0(0)	0(0)	7(0.3)
향임·아전	11(1.2)	6(0.6)	1(0.3)	1(0.2)	19(0.7)
양인·농민	781(82.0)	901(86.1)	317(84.1)	429(89.9)	2,428(85.1)
상인·장인	1(0.1)	8(0.8)	6(1.6)	3(0.6)	18(0.6)
관속·군인	53(5.6)	48(4.6)	25(6.6)	17(3.6)	143(5.0)
노비	49(5.1)	40(3.8)	11(2.9)	9(1.9)	109(3.8)
고공·고로	2(0.2)	0(0)	3(0.8)	3(0.6)	8(0.3)
승려	8(0.8)	3(0.3)	1(0.3)	0(0)	12(0.4)
기타	9(0.9)	3(0.3)	4(1.1)	2(0.4)	18(0.6)
합계	953(100)	1,046(100)	377(100)	477(100)	2,853(100)

- ( )는 %임
- 전거: 『일성록』(정조 1년~철종 14년)

〈표 9〉 18~19세기 각 도별 사죄인의 직역별 범죄 현황

직역＼지역	한성부	경기도	황해도	충청도	경상도	전라도	강원도	평안도	함경도	미상	합계
양반	10 (0.50)	15 (0.23)	5 (0.09)	26 (0.30)	15 (0.10)	11 (0.09)	0 (0)	6 (0.05)	3 (0.04)	0 (0)	91 (0.13)
유학	2 (0.10)	2 (0.03)	1 (0.02)	1 (0.01)	0 (0)	0 (0)	1 (0.03)	0 (0)	0 (0)	0 (0)	7 (0.01)
향임·아전	3 (0.15)	0 (0)	1 (0.02)	1 (0.01)	2 (0.01)	4 (0.03)	1 (0.03)	6 (0.05)	1 (0.01)	0 (0)	19 (0.03)
양인·농민	280 (14.0)	272 (4.12)	315 (5.43)	264 (3.03)	386 (2.46)	354 (2.90)	85 (2.58)	542 (2.97)	129 (1.84)	1	2,428 (3.36)
상인·장인	4 (0.20)	1 (0.02)	1 (0.02)	1 (0.01)	5 (0.03)	3 (0.02)	0 (0)	2 (0.02)	1 (0.01)	0 (0)	18 (0.02)
관속·군인	69 (3.45)	13 (0.20)	15 (0.26)	11 (0.13)	11 (0.07)	10 (0.08)	2 (0.06)	8 (0.07)	4 (0.06)	0 (0)	143 (0.20)
노비	38 (1.90)	8 (0.12)	3 (0.05)	14 (0.16)	25 (0.16)	13 (0.11)	1 (0.03)	6 (0.05)	1 (0.01)	0 (0)	109 (0.15)
고공·고로	2 (0.10)	0 (0)	1 (0.02)	2 (0.02)	1 (0.01)	1 (0.01)	0 (0)	0 (0)	1 (0.01)	0 (0)	8 (0.01)
승려	1 (0.05)	2 (0.03)	1 (0.02)	1 (0.01)	3 (0.02)	3 (0.02)	0 (0)	1 (0.01)	0 (0)	0 (0)	12 (0.02)
기타	6 (0.30)	2 (0.03)	1 (0.02)	4 (0.05)	0 (0)	2 (0.02)	0 (0)	2 (0.02)	1 (0.01)	0 (0)	18 (0.02)
합계	415 (20.75)	315 (4.77)	344 (5.93)	325 (3.74)	448 (2.85)	401 (3.29)	90 (2.73)	573 (3.24)	141 (2.01)	1	2,853 (3.95)

- ( )는 범죄율이며, 인구수는 〈표 6〉의 평균 인구수에 따른 것임
- 전거: 『일성록』(정조 1년~철종 14년)

〈표 10〉 18~19세기 사죄인과 피해자의 관계

관계		시기	정조	순조	헌종	철종	합계
가족·친족			119(13.6)	121(12.6)	38(11.1)	53(11.8)	331(12.6)
관민·관속			50(5.7)	44(4.6)	19(5.6)	20(4.5)	133(5.1)
동촌인·지인	이웃·지인		446(51.0)	500(52.0)	188(55.1)	208(46.3)	1,342(51.1)
	반상·상천		66(7.6)	58(6.0)	20(5.9)	24(5.3)	168(6.4)
	고용 관계		21(2.4)	21(2.2)	10(2.9)	10(2.2)	62(2.4)
	거래 상대		64(7.3)	66(6.9)	32(9.4)	45(10.0)	207(7.9)
	간부		60(6.9)	46(4.8)	13(3.8)	28(6.2)	147(5.6)
	합 계		657(75.2)	691(71.8)	263(77.1)	315(70.2)	1,926(73.4)
타인			32(3.7)	41(4.3)	12(3.5)	25(5.6)	110(4.2)
미상			16(1.8)	65(6.8)	9(2.6)	36(8.0)	126(4.8)
합계			874(100)	962(100)	341(100)	449(100)	2,626(100)

- ( )는 %임
- 전거: 『일성록』(정조 1년~철종 14년)

〈표 11〉 조선 시대 사죄 관련 경제 범죄의 유형

구분		유형
국가 자정 관련	관물 절도	관물 절도
	사기·위조 관련	어보와 여러 아문의 인신을 위조한 자 저화를 위조한 자, 사주전을 만든 장인 또는 일을 도운 자
	조세 범죄	군량미, 조운하는 쌀을 10석 이상 훔치거나 관고를 도적질한 자 색리로서 명목을 거짓으로 불려서 국곡을 탕감한 자 조운하는 쌀에 물을 타는 자
	대외 교역	사행 방물인 백면지를 훔쳐 청나라 사람에게 판매한 자
	인삼 관련	부삼附參하거나 조삼造參한 자 연경에 가는 사람으로서 삼화를 몰래 지닌 자 왜관에서 삼화를 몰래 파는 자 서북에서 개시할 때에 삼화를 몰래 지닌 자
개인 재산 관련		3범 절도자 명화적

〈표 12〉 18~19세기 한성부 경제 범죄의 시기별 추이

시기 유형	정조	순조	헌종	철종	합계
절도	13(27.7)	18(45.0)	13(68.4)	16(94.1)	60(48.8)
위조	34(72.3)	21(52.5)	6(31.6)	1(5.9)	62(50.4)
기타	0(0)	1(2.5)	0(0)	0(0)	1(0.8)
합계	47(100)	40(100)	19(100)	17(100)	123(100)

- ( )는 %임
- 전거: 『일성록』(정조 1년~철종 14년)

⟨표 13⟩ 18~19세기 한성부 경제 범죄의 5부별 현황과 범죄율

유형 \ 지역	동부	서부	남부	북부	중부	미상	합계
절도	7 (2.3)	17 (2.4)	1 (0.2)	20 (10.0)	4 (2.0)	11	60 (3.0)
위조	8 (2.7)	22 (3.1)	9 (1.8)	5 (2.5)	5 (2.5)	13	62 (3.1)
기타	0 (0.0)	1 (0.1)	0 (0.0)	0 (0.0)	0 (0.0)	0	1 (0.05)
합계	15 (5.0)	40 (5.6)	10 (2.0)	25 (12.5)	9 (4.5)	24	123 (6.2)

- ( )는 범죄율임

⟨표 14⟩ 18~19세기 한성부 5부별 사죄 건수

유형 \ 지역	동부	서부	남부	북부	중부	미상	합계
정조	24(15.8)	67(44.1)	23(15.1)	16(10.5)	18(11.8)	4(2.6)	152(100)
순조	19(12.9)	44(29.9)	25(17.0)	18(12.2)	16(10.9)	25(17.0)	147(100)
헌종	9(12.9)	22(31.4)	14(20.0)	10(14.3)	7(10.0)	8(11.4)	70(100)
철종	6(13.0)	14(30.4)	7(15.2)	12(26.1)	4(8.7)	3(6.5)	46(100)
합계	58(14.0)	147(35.4)	69(16.6)	56(13.5)	45(10.8)	40(9.6)	415(100)

- ( )는 %임
- 전거: 『일성록』(정조 1년~철종 14년)

〈표 15〉 18~19세기 한성부 5부별 인구와 사죄율

시기 \ 지역		동부	서부	남부	북부	중부	미상	합계
인구수		29,710	68,194	46,784	24,249	20,186	-	189,153
범죄 건수 (범죄율)	정조	24(8.0)	67(9.6)	23(4.6)	16(8.0)	18(9.0)	4	152(7.6)
	순조	19(6.3)	44(6.3)	25(5.0)	18(9.0)	16(8.0)	25	147(7.4)
	헌종	9(3.0)	22(3.1)	14(2.8)	10(5.0)	7(3.5)	8	70(3.5)
	철종	6(2.0)	14(2.0)	7(1.4)	12(6.0)	4(2.0)	3	46(2.3)
합계(범죄율)		58(19.3)	147(21.0)	69(13.8)	56(28.0)	45(22.5)	40	415(20.8)

- 전거: 『호구총수』, 『일성록』(정조 1년~철종 14년)

〈표 16〉 18~19세기 한성부 시기별 폭력 범죄의 유형

유형 \ 시기	정조	순조	헌종	철종	합계
살인·강도	18(18.6)	23(24.0)	3(6.5)	5(20.8)	49(18.6)
과실치사	3(3.1)	4(4.2)	0(0)	0(0)	7(2.7)
폭행 치사	76(78.4)	69(71.9)	43(93.5)	19(79.2)	207(78.7)
합계	97(100)	96(100)	46(100)	24(100)	263(100)

- ( )는 %임
- 전거: 『일성록』(정조 1년~철종 14년)

〈표 17〉 18~19세기 한성부 5부별 폭력 범죄의 유형과 범죄율

유형 \ 지역	동부	서부	남부	북부	중부	미상	합계
살인·강도	6(2.0)	22(3.1)	9(1.8)	3(1.5)	3(1.5)	6	49(2.5)
과실치사	1(0.3)	4(0.6)	0(0.0)	2(1.0)	0(0.0)	0	7(0.4)
폭행 치사	35(11.7)	75(10.7)	41(8.2)	21(10.5)	29(14.5)	6	207(10.4)
합계	42(14.0)	101(14.4)	50(10.0)	26(13.0)	32(16.0)	12	263(13.2)

- ( )는 범죄율임
- 전거: 『일성록』(정조 1년~철종 14년)

〈표 18〉 18~19세기 한성부 5부별 폭력 범죄의 범죄인과 피해자 관계

관계 \ 지역		동부	서부	남부	북부	중부	미상	합계
가족·친족		4(9.5)	10(9.9)	6(12.0)	1(3.8)	2(6.3)	0(0)	23(8.7)
관민·관속		7(16.7)	13(12.9)	4(8.0)	7(26.9)	5(15.6)	2(16.7)	38(14.4)
동촌인·지인	이웃·지인	20(47.6)	47(46.5)	22(44.0)	9(34.6)	12(37.5)	6(50.0)	116(44.1)
	반상·상천	4(11.9)	11(10.9)	10(20.0)	3(11.5)	7(21.9)	0(0)	35(13.3)
	고용 관계	1(2.4)	2(2.0)	0(0)	1(3.8)	0(0)	0(0)	4(1.5)
	거래 상대	4(9.5)	11(10.9)	2(4.0)	0(0)	2(6.3)	0(0)	19(7.2)
	간부	2(4.8)	1(1.0)	4(8.0)	5(19.2)	2(6.3)	0(0)	14(5.3)
타인		0(0)	6(5.9)	1(2.0)	0(0)	1(3.1)	1(8.3)	9(3.4)
미상		0(0)	0(0)	1(2.0)	0(0)	1(3.1)	3(25.0)	5(1.9)
합계		42(100)	101(100)	50(100)	26(100)	32(100)	12(100)	263(100)

- ( )는 %임
- 전거: 『일성록』(정조 1년~철종 14년)

〈표 19〉 18~19세기 전국 폭력 범죄의 범죄인과 피해자 관계

	가족친족	관민관속	동촌인·지인					타인	미상	합계
			이웃지인	반상상천	고용관계	거래상대	간부			
한성부	23 (8.7)	38 (14.4)	116 (44.1)	35 (13.3)	4 (1.5)	19 (7.2)	14 (5.3)	9 (3.4)	5 (1.9)	263 (100)
8도	297 (13.0)	94 (4.1)	1,181 (51.9)	161 (7.1)	25 (1.1)	187 (8.2)	110 (4.8)	101 (4.4)	120 (5.3)	2,276 (100)
합계	320 (12.6)	132 (5.2)	1,297 (51.1)	196 (7.7)	29 (1.1)	206 (8.1)	124 (4.9)	110 (4.3)	125 (4.9)	2,539 (100)

- ( )는 %임
- 전거: 『일성록』(정조 1년~철종 14년)

〈표 20〉 18~19세기 관속 범죄인의 시기별·직역별 분류

시기 \ 직역	액례	원례	포교	나장	서리	금례·하례	기타	합계
정조	50(62.5)	11(13.8)	8(10)	2(2.5)	4(5.0)	5(6.3)	0	80(100)
순조	66(63.5)	13(12.5)	8(7.7)	4(3.8)	2(1.9)	9(8.7)	2(1.9)	104(100)
헌종	21(46.7)	10(22.2)	4(8.9)	4(8.9)	1(2.2)	5(11.1)	0(0.0)	45(100)
철종	17(48.6)	6(17.1)	3(8.6)	2(5.7)	0(0.0)	6(17.1)	1(2.9)	35(100)
합계	154(58.3)	40(15.2)	23(8.7)	12(4.5)	7(2.7)	25(9.5)	3(1.1)	264(100)

- ( )는 %임
- 전거: 『일성록』(정조 1년~철종 14년)

〈표 21〉 18~19세기 직역별 관속 범죄의 유형

직역 \ 유형	절도	폭행 치사	살인	작나·구타	범야	기타	합계
액례	3(1.9)	4(2.6)	1(0.6)	70(45.5)	74(48.1)	2(1.3)	154(100)
원례	0(0.0)	0(0.0)	0(0.0)	34(85.0)	6(15.0)	0(0.0)	40(100)
포교	0(0.0)	11(47.8)	1(4.3)	8(34.8)	3(13.0)	0(0.0)	23(100)
나장	0(0.0)	1(8.3)	0(0.0)	8(66.7)	3(25.0)	0(0.0)	12(100)
금례·하례	1(4.0)	6(24.0)	2(8.0)	14(56.0)	1(4.0)	1(4.0)	25(100)
서리	2(28.6)	3(42.9)	0(0.0)	0(0.0)	1(14.3)	1(14.3)	7(100)
기타	0(0.0)	1(33.3)	0(0.0)	1(33.3)	0(0.0)	1(33.3)	3(100)
합계	6(2.3)	26(9.8)	4(1.5)	135(51.1)	88(33.3)	5(1.9)	264(100)

- ( )는 %임
- 전거: 『일성록』(정조 1년~철종 14년)

〈표 22〉 18~19세기 관속 간 폭행에 나타난 피해자·가해자 관계

가해자 \ 피해자	액례	원례	포교	나장	사령	서리	금례·하례	내의원	합계
액례	12	4(1)	15(7)	2(1)	1	2	7(1)	5	48(10)
원례	22(17)	0	7(5)	0	0	1	1	0	31(22)
포교	5	1	0	0	0	0	2	0	8
나장	5(3)	0	2(2)	0	0	0	1(1)	0	8(6)
사령	2	0	0	0	0	0	0	0	2
금례·하례	10(1)	1	2	0	0	0	0	0	13(1)
서리	1	0	0	0	0	0	0	0	1
기타	1	0	0	0	0	0	0	0	1
합계	58(21)	6(1)	26(14)	2(1)	1	3	11(2)	5	112(39)

- ( )는 해당 관속들의 폭행 사례 가운데 집단 폭력의 횟수
- 전거: 『일성록』(정조 1년~철종 14년)

〈표 23〉 19세기 경범 죄인 석방 추이

연도	왕조	내용
1802	순조 1	9명 석방
1803	순조 3	7명 석방
1804	순조 4	각사 잡범 27명 석방
1805	순조 5	34명 석방
1806	순조 6	19명 석방
1807	순조 7	공호의 납부 거부, 국가 곡식의 투절, 인물을 구타하며 다치게 한 사람 등의 죄범 중 가장 긴요한 자는 그대로 두고 나머지는 석방
		전옥서 잡범 12명 석방
1808	순조 8	전옥서 잡범 26명 석방
1809	순조 9	18명 석방
1810	순조 10	10명 석방
1811	순조 11	24명 석방
1812	순조 12	각사 잡범으로 남의 돈을 갚지 않은 자, 사람을 속여 재물을 취한 자, 후주작나酗酒作拏, 비리호송, 인물구타 죄인 윤흥손 등 18명은 석방
		투대偸貸, 잠도발매潛屠發賣, 타전불보他錢不報, 후주작나 등 16명 석방
1813	순조 13	잡넘 23인 석방
1814	순조 14	잡범 71명 석방
1815	순조 15	전곡을 갚지 않고, 잠도 발대한 죄인 등 17명 석방
		전곡을 갚지 않고, 잠도 발매한 죄인 등 23명 석방
1816	순조 16	잡범 30명 석방
1817	순조 17	잡범, 금도발매潛屠發賣, 타전불보, 후주작나 등 42명 석방
1818	순조 18	80명 석방
1819	순조 19	73명 석방
1820	순조 20	21명 석방
1821	순조 21	69명 석방
1822	순조 22	78명 석방
1823	순조 23	구타, 술주정, 잡기 등 38명 석방

1824	순조 24	34명 석방
1825	순조 25	79명 석방
1826	순조 26	42명 석방
1827	순조 27	58명 석방
1828	순조 28	59명 석방
1830	순조 30	89명 석방
1831	순조 31	69명 석방
1832	순조 32	156명 석방
1833	순조 33	104명 석방
1834	순조 34	41명 석방
1834	헌종 1	전옥서 경수 30명 석방
1836	헌종 2	전옥서 경수 31명 석방
1837	헌종 3	84명 석방
1838	헌종 4	67명 석방
1839	헌종 5	24명 석방
1840	헌종 6	61명 석방
1841	헌종 7	잠도, 구타, 타전불보 죄인 13명 석방
1842	헌종 8	29명 석방
1843	헌종 9	22명 석방
1844	헌종 10	69명 석방
1845	헌종 11	관령거역, 타전불보 등 28명 석방
1846	헌종 12	42명 석방
1847	헌종 13	71명 석방
1848	헌종 14	60명 석방
1849	헌종 15	42명 석방
1850	철종 1	24명 석방
1851	철종 2	41명 석방
1852	철종 3	64명 석방
1853	철종 4	116명 석방
1854	철종 5	106명 석방
1855	철종 6	65명 석방

1856	철종 7	타전불보, 잡기, 구타 등 144명 석방
1857	철종 8	경수 93명 석방
1858	철종 9	101명 석방
1859	철종 10	129명 석방
1860	철종 11	경수 113명 석방
1861	철종 12	투전鬪牌, 타전불보, 은닉송隱匿訟, 여리작나 등 101명 석방
1862	철종 13	경수 147명 석방
1863	철종 14	경수 32명 석방

- 전거: 『일성록』(순조 1년~철종 14년)

참고 문헌

1. 자료

1) 연대기류
『備邊司謄錄』(國史編纂委員會 영인본, 민족문화사, 1982).
『承政院日記』(國史編纂委員會 영인본, 탐구당, 1969).
『日省錄』(서울대학교 규장각 영인본, 1982).
『朝鮮王朝實錄』(國史編纂委員會 영인본, 탐구당, 1984).

2) 법전류 및 법제 자료
『各司受敎·受敎輯錄·新補受敎輯錄』(규장각자료총서 법전편, 서울대 규장각, 1997).
『居官大要』(법제자료 128집, 법제처, 1983).
『檢案審理跋辭』(古5125-16).
『檢案』(奎4268, 奎12347).
『檢狀』(古5125-79).
『檢題抄錄』(古5125-103).
『檢題』(奎4491).
『經國大典』(규장각자료총서 법전편, 서울대 규장각, 1997).
『鞫廳日記』(各司謄錄 79, 국사편찬위원회, 1994).
『錦題』(古5125-52).
『大明律直解』(규장각자료총서 법전편, 서울대 규장각, 1999).
『大典續錄·大典後續錄·經國大典註解』(규장각자료총서 법전편, 서울대 규장각, 1997).
『大典通編』(규장각자료총서 법전편, 서울대 규장각, 1997).
『大典會通』上·下(규장각자료총서 법전편, 서울대 규장각, 1997).
『明愼錄』(古5125-13).
『私案』(奎11438).
『續大典』(규장각자료총서 법전편, 서울대 규장각, 1997).
『受敎定例·律例要覽』(법제자료 38집, 법제처, 1970).

『新註無寃錄』(김호 옮김, 2003, 사계절).

『審理錄』 1-4(국역본, 민족문화추진회, 1998-2000).

『審理錄』 上篇·下篇(법제자료 31·33집, 법제처, 1968).

『審理錄』(奎1770, 奎5792).

『審要』(古5125-66).

『讞案』(古5125-102).

『역주 欽欽新書』 1-4(朴錫武·丁海廉 역주, 현대실학사, 1999).

『完營檢題』(奎21586).

『已錄啓』(古5125-82).

『典錄通考』 上·下(규장각자료총서 법전편, 서울대 규장각, 1997).

『剪跋撮要』(奎7799).

『秋官志』(법제자료 75-78집, 법제처, 1975).

『推鞫日記』(各司謄錄 78, 국사편찬위원회, 1994).

『推案及鞫案』(아세아문화사, 1978-1984).

『秋曹決獄錄』(奎15148, 43책).

『秋曹審理案』(奎12667, 1책).

『平洗錄』(古5125-37).

『捕盜廳謄錄』 上·中·下(보경문화사, 1985).

『何自苦』(古5125-20).

『刑典事目·欽恤典則』(법제자료 82집, 법제처, 1976).

『欽典』(奎12235).

3) 기타

『各司謄錄』(국사편찬위원회, 1994).

『經世遺表』(민족문화추진회, 1977).

『京兆府誌』(서울특별시사편찬위원회, 2000).

『역주 牧民心書』 1-4(창작과비평사, 1984).

『練藜室記述』(민족문화추진회, 1966).

『濬川事實』(서울사료총서 8, 서울특별시사편찬위원회, 2001).

『增補文獻備考』(국역본, 세종대왕기념사업회, 1986).

『漢京識略』(서울사료총서 2, 서울특별시사편찬위원회, 2000).

『韓國地方史資料叢書』 報牒篇 1-12(여강출판사).

『漢城府北部帳戶籍』(서울사료총서 7, 서울특별시사편찬위원회, 2000).

『漢陽歌』(민창문화사, 1994).
『戶口總數』(규장각자료총서, 1996).
『弘齋全書』1-20(민족문화추진회, 1998).

2. 연구 논저

강만길, 2000, 『조선후기사 연구의 현황과 과제』, 창작과비평사.
강명관, 1990, 「朝鮮後期 京衙前 社會의 變化와 閭巷文學」, 『대동문화연구』 25.
강명관, 1992, 「조선후기 서울의 중간계층과 유흥의 발달」, 『민족문학사연구』 2.
강명관, 1996, 「조선후기 서울 성안의 신분별 거주지」, 『역사비평』 33.
강명관, 2003, 『조선의 뒷골목』, 푸른역사.
강봉수, 2001, 「삼강오륜「행실도」유서에 함의된 전통 도덕교육의 방법과 원리」, 『윤리연구』 46
고동환, 1994, 「19세기 부세운영의 변화와 그 성격」, 『1894년 농민전쟁연구』 1, 역사비평사.
고동환, 1997, 「조선후기 서울의 생업과 경제활동」, 『서울학연구』 9, 서울학연구소.
고동환, 1998a, 「조선후기 서울의 인구추세와 도시문제 발생」, 『역사와 현실』 28.
고동환, 1998b, 「조선후기 한성부 행정편제의 변화」, 『서울학연구』 24.
고동환, 1998, 『朝鮮後期 서울 商業發達史硏究』, 지식산업사.
고동환, 2005, 「조선후기 경강지역 행정편제의 변동과 인구추세」, 『서울학연구』 24.
고석규, 1998, 『19세기 조선의 향촌사회사연구 — 지배와 저항의 구조』, 서울대학교 출판부.
고석규, 1999, 「18·19세기 서울의 왈짜와 상업문화 — 시민사회의 뿌리와 관련하여」, 『서울학연구』 13.
고석규·한상권, 1990, 「18, 19세기 봉건모순의 심화와 '민'의 성장」, 『역사와 현실』 3.
고성훈, 1993, 「조선후기 變亂연구」, 동국대학교 박사학위논문.
권순철, 2002, 「19세기 전반 서울지역 하급관리 범죄의 실태와 정부의 대책」, 『사총』 55.
권연웅, 1996, 「『흠흠신서』 연구 1: 〈經史要義〉의 분석」, 『경북사학』 19.
권연웅, 1994, 「『審理錄』의 기초적 검토 — 正祖代의 死罪判決」, 『이기백선생 고희기념 한국사학논총(하) 조선시대편, 근현대편』, 일조각.
권태환·신용하, 1977, 「조선왕조 인구추정에 관한 일시론」, 『동아문화』 14.

권태환·전광희·은기수, 1997, 「서울의 전통이해—인구와 도시화」, 서울학연구소.
근대사연구회편, 1987, 『韓國中世社會解體期의 諸問題—朝鮮後期史 연구의 현황과 과제』(상)·(하), 한울.
김기춘, 1990, 『朝鮮時代 刑典—經國大典 刑典을 중심으로』, 삼영사.
김대길, 1996, 「조선후기 牛禁에 관한 연구」, 『史學研究』 52.
김의환, 2001, 「17~18세기 서울과 京江일대의 소금 유통」, 『國史館論叢』 96.
김종혁, 2001 「朝鮮後期 漢江流域의 交通路와 場市」, 고려대학교 박사 학위논문.
김지수, 1987, 「조선조 全家徙邊律에 관한 연구」, 서울대학교 석사 학위논문.
김경숙, 1998, 「조선시대 유배형의 집행과 그 사례」, 『사학연구』 55·56.
김경숙, 2002, 「조선후기 山訟과 사회갈등 연구」, 서울대학교 박사 학위논문.
김대길, 1999, 「조선후기 서울에서의 三禁정책 시행과 그 추이」, 『서울학연구』 13.
김두섭, 1991, 「조선후기 도시에 대한 인구학적 접근」, 『한국사회학』 24, 1991년 여름호.
김선경, 1992, 「'民狀置簿冊'을 통해서 본 조선시대의 재판제도」, 『역사연구』 창간호.
김선경, 2000, 「조선후기 여성의 성, 감시와 처벌」, 『역사연구』 8.
김언순, 『조선시대 여훈서에 나타난 여성의 정체성 연구』, 한국학중앙연구원 박사 학위논문, 2005.
김웅호, 2005, 「조선후기 도성중심 방위전략의 정착과 한강변 관리」, 『서울학연구』 25.
김인걸, 1988, 「조선후기 향촌사회 권력구조 변동에 대한 시론」, 『한국사론』 19, 서울대학교 국사학과.
김인걸, 1989, 「19세기 전반 관주도 향촌통제책의 위기」, 『국사관논총』 6.
김인걸, 1990a, 「'民狀'을 통해 본 19세기 전반 향촌사회 문제」, 『한국사론』 23.
김인걸, 1990b, 「17, 18세기 향촌사회 신분구조 변동과 「儒·鄕」」, 『한국문화』 11.
김인걸, 1991, 「조선후기 향촌사회 변동에 관한 연구—18·19세기 '鄕權' 담당층의 변화를 중심으로」, 서울대학교 박사 학위논문.
김종수, 1996, 「조선후기 訓鍊都監의 설립과 운영」, 서울대학교 박사 학위논문.
김호, 1998, 「규장각 소장 '檢案'의 기초적 검토」, 『조선시대사학보』 4.
나각순, 2002, 「高麗末 南京復置와 漢陽遷都」, 『강원사학』 17·18.
나까무라 시게오, 2004, 『판례를 통해서 본 청대 형법』, 임대희 외 옮김, 서경문화사.
노진곤, 1991, 「高句麗律에 관한 研究: 특히 犯罪와 刑罰을 中心으로」, 『법사학연구』 12, 한국법사학회.
류승희, 2002, 「조선초기 한성부의 화재발생과 禁火都監의 운영」, 『서울학연구』 19.

마석한, 1989, 「17, 8세기의 高利貸活動에 대하여―私債를 중심으로」, 『경주사학』 8.
문현아, 1999, 「19세기 전반 조선의 통치구조에 관한 연구―왕과 관료 집단간의 관계 변화를 중심으로」, 『사회와 역사』 55.
박경, 2008, 「형정 운용을 통해 본 조선전기의 가족정책―夫妻간의 폭력에 대한 처벌 실태 분석을 중심으로」, 『사학연구』 90, 한국사학회.
박경, 2009, 「살옥판결을 통해 본 조선후기 지배층의 夫妻 관계상」, 『여성과 역사』 10, 한국여성사학회.
박명규, 1993, 「19세기 후반 향촌사회의 갈등구조―영광지방의 민장내용분석」, 『한국문화』 14.
박병호, 1974, 『韓國法制史攷―近世의 法과 社會』, 법문사.
박병호, 1985, 『한국의 傳統社會와 法』, 서울대학교 출판부.
박병호, 1996, 『근세의 법과 법사상』, 도서출판 진원.
박순진, 1992, 「살인범죄에 대한 사회학적 연구」, 서울대학교 석사 학위논문.
박영은, 1992, 「19세기 조선사회의 민란과 민중의 사회의식」, 『한국의 사회와 문화』 19.
박은숙, 1998, 「개항전후 서울의 사회적 분위기와 범죄양상―火賊과 강·절도를 중심으로」, 『서울문화연구』 창간호.
박현순, 2004, 「조선시기 鄕罰의 내용과 추이」, 『국사관논총』 105.
배혜숙, 1994, 「朝鮮後期 社會抵抗集團과 社會變動 硏究」, 동국대학교 박사 학위논문.
배혜숙, 1995, 「19세기 漢城府 金守禎 擧事計劃 연구」, 『史學硏究』 50.
백옥경, 2009, 「조선시대의 여성폭력과 법―경상도 지역의 〈檢案〉을 중심으로」, 『한국고전여성문학연구』 19, 한국고전여성문학회.
변주승, 1992, 「19세기 流民의 실태와 그 성격―浮游집단을 중심으로」, 『史叢』 40·41.
서영희, 1992, 「개항기 봉건적 국가재정의 위기와 민중수탈의 강화」, 『1894년 농민전쟁연구』 1, 역사비평사.
서울대규장각, 1993, 『奎章閣韓國本圖書解題』.
서일교, 1968, 『조선왕조 刑事制度의 연구』, 한국법령편찬회.
서한교, 1999, 「17·18세기 丹城地方 納粟人의 實態와 身分變動」, 『歷史敎育論集』 23·24 합집: 857~859.
서한교, 2000, 「19세기 賑恤政策과 納粟制度의 추이」, 『歷史敎育論集』 26.
손정목, 1977, 『조선시대 都市社會 연구』, 일지사.
송양섭, 2005, 「19세기 幼學層의 증가양상―『단성현호적대장』을 중심으로」, 『역사와 현실』 55.

신호웅, 1993, 「高麗律에 있어서 犯罪의 構成要件」, 『소헌남도영박사고희기념 화갑논총』, 민족문화사.
신호웅, 1995, 『高麗法制史硏究』, 國學資料院.
심승구, 2002, 「조선후기 무과의 운영실태와 기능—만과를 中心으로」, 『조선시대사학보』 23.
심영희, 1986, 「사회통제와 범죄의 역사적 변천: 조선, 일제 및 현대사회를 중심으로」, 『사회과학논총』 5, 한양대학교.
심영희, 1988, 『국가권력과 범죄통제—비판 범죄론적 시각』, 도서출판 한울.
심재우, 1995, 「18세기 獄訟의 성격과 行政運營의 변화」, 『韓國史論』 34, 서울대학교 국사학과.
심재우, 1997, 「조선후기 인명사건의 처리와 '검안'」, 『역사와 현실』 23.
심재우, 1998, 「朝鮮後期 牧民書의 편찬과 守令의 刑政運營」, 『奎章閣』 21.
심재우, 1999, 「정조대 『欽恤典則』의 반포와 형구 정비」, 『奎章閣』 22.
심재우, 2000, 「규장각 소장 刑獄·詞訟類 도서의 유형과 활용」, 『서지학보』 24.
심재우, 2001, 「『審理錄』을 통해 본 18세기 후반 서울의 범죄양상」, 『서울학연구』 17.
심재우, 2003, 「조선시대 法典 편찬과 형사정책의 변화」, 『震檀學報』 96.
심재우, 2005, 「『審理錄』 연구—正祖代 死刑犯罪 처벌과 社會統制의 변화」, 서울대학교 박사 학위논문.
심희기, 1982, 「朝鮮時代의 殺獄에 關한 硏究(1)」, 『法學硏究』 25卷 1號, 부산대학교 법학연구소.
심희기, 1997a, 「18세기의 형사사법제도 개혁」, 『한국문화』 20.
심희기, 1997b, 『韓國法制史講義—한국법사상의 판례와 읽을거리』, 삼영사.
양보경, 1994a, 「서울의 공간확대와 시민의 삶」, 『서울학연구』 창간호.
양보경, 1994b, 「조선시대의 자연인식체계」, 『한국사시민강좌』 14.
염정섭, 1998, 「조선후기 漢城府 濬川의 시행」, 『서울학연구』 11.
오갑균, 1995, 『조선시대 사법제도 연구』, 삼영사.
원영환, 1988, 「漢陽遷都와 首都建設考—太宗代를 中心으로」, 『향토서울』 45.
원재영, 2005, 「조선후기 京衙前 書吏 연구—19세기 호조서리의 사례를 중심으로」, 『조선시대사학보』 32.
유기준, 1988, 「朝鮮初期 奴婢犯罪와 刑政」, 『湖西史學』 16, 호서사학회.
유승희, 2003, 「朝鮮 英祖代 청계천 濬川 작업의 시행」, 『인문과학』 10.
유승희, 2005a, 「18~19세기 官屬層의 실태와 폭력범죄의 발생—漢城府를 중심으로」, 『朝鮮時代史學報』 35.

유승희, 2005b, 「조선후기 청계천의 실태와 준천작업의 시행」, 『도시역사문화』 3.
윤용출, 1998, 『조선후기의 요역제와 고용노동—요역제 賦役勞動의 解體, 募立制 雇傭 勞動의 發展』, 서울대학고 출판부.
윤훈표, 2002, 「고려시대 官人犯罪의 行刑 운영과 그 변화」, 『韓國史論』 33, 國史編纂委員會.
이경구, 2005, 「法典을 통해 본 17~18세기 서울의 변호-」, 『서울학연구』 25.
이근호, 2004, 「17·18세기 '闊家奪入'을 통해 본 漢城府의 住宅問題」, 『도시역사문화』 2.
이문규, 1995, 「朝鮮 後期 서울 市井人의 生活相과 새로운 志向 意識」, 『서울학연구』 5.
이성무, 1990, 「『經國大典』의 편찬과 『大明律』」, 『역사학보』 125.
이우성·임형택 편, 1982, 『이조한문단편집』 중, 일조각.
이우종, 1995, 「중국과 우리나라 도성의 계획원리 및 공간구조의 비교에 관한 연구」, 『서울학연구』 5.
이원명, 1984, 「漢陽遷都 背景에 關한 硏究」, 『향토서울』 42.
이이화, 1984, 「19세기 전기의 民亂硏究」, 『한국학보』.
이재상, 2004, 『刑法各論』, 博英社.
이재윤, 1997, 「18世紀 貨幣經濟의 發展과 錢荒」, 『學林』 18.
이종민, 2001, 「1910년대 경성 주민들의 '죄'와 '벌'—경범죄통제를 중심으로」, 『서울학연구』 17.
이준구, 1993, 『조선후기 신분직역변동 연구』, 일조각.
이태진, 1994, 「조선 시대 서울의 都市 발달 단계」, 『서울학연구』 창간호.
이태진, 1995, 「18~19세기 서울의 근대적 도시발달 양상」, 『서울학연구』 4.
이태진, 1999, 「18세기 한국사에서의 민의 사회적·정치적 위상」, 『진단학보』 88.
이태진·홍순민, 1989, 「『日省錄』 刀削의 실상과 경위」, 『한국문화』 10.
이해준, 1991, 「朝鮮時代 香徒와 村契類 村落組織」, 『역사민속학』 1.
장병인, 2003, 「조선중·후기 간통에 대한 규제의 강화」, 『韓國史硏究』 121.
장지연, 2000a, 「개경과 한양의 도성구성 비교」, 『서울학연구』 15.
장지연, 2000b, 「麗末鮮初 천도논의에 대하여」, 『한국사론』 43.
정긍식·조지만, 2003, 「조선전기 『대명률』의 수용과 변용」, 『진단학보』 96.
정석종, 1983, 「숙종조의 사회동향과 미륵신앙」, 『조선후기 사회변동연구』, 일조각.
정순옥, 2003, 「정조의 법의식—『審理錄』 판부를 중심으로」, 『건남사학』 21.
정지영, 2009, 「조선시대 첩에 대한 포섭과 배제의 장치들—법전류의 첩관련 규정 분석을 중심으로」, 『한국고전여성문학연구』 19, 한국고전여성문학회.
정태헌, 1988a, 「朝鮮初期 告發과 行刑에 대하여」, 『경주사학』 7, 동국대학교 국사학회 정태헌, 1988b,「朝鮮初期 社會犯罪에 관한 연구」, 동국대학교 박사 학위논문.
정태헌, 1992,「朝鮮初期 社會의 犯罪實態에 대한 分析」,『何石金昌洙교수화갑논총』, 동 간행위원회.
정형지, 1996,「19세기 전반 유민에 관한 연구」,『국사관논총』72.
조광, 1982,「19세기 민란의 사회적 배경」,『19세기 한국전통사회의 변모와 민중의 식』, 고려대학교 민족문화연구소.
조광, 1996,「18세기 전후 서울의 犯罪相」,『典農史論』2, 서울시립대학교 국사학과.
조성윤, 1992,「조선후기 서울 주민의 신분구조와 그 변화—근대 시민 형성의 역사적 기원」, 연세대학교 박사 학위논문.
조성윤, 1994a,「17세기 서울 주민의 신분 구조」,『향토서울』54.
조성윤, 1994b,「조선후기 서울의 인구증가와 공간구조의 변화」,『한국사회사연구회 논문집』43.
조성윤, 1996,「한말의 가족과 신분— 한성부 호적분석」,『한국사회사학회 논문집』 50.
조용욱, 1997,「근대 영국의 법, 범죄, 형벌—사회사적 접근」,『역사학보』154.
조윤선, 1997,「정약용의 사회개혁 방법론—법치적 관점에서」,『사총』46.
조윤선, 2000,「조선후기 법사학 연구의 현황」,『조선후기사 연구의 현황과 과제』, 창작과비평사.
조윤선, 2001,「19세기 奴婢訟의 양상」,『國史館論叢』95.
조윤선, 2002,『조선후기 소송연구』, 국학자료원.
조지만, 1999,「조선초기『대명률』의 수용과정」,『법사학연구』20.
진희권, 2000,「조선시대 형벌사상」,『안암법학』11.
진희권, 2002,「십악을 통해서 본 유교의 형벌관」,『법철학연구』5권 1호.
차수정, 1989,「朝鮮後期 人蔘貿易의 展開過程—18세기 초 蔘商의 成長과 그 영향을 중심으로」,『북악사론』1.
차인배, 1997,「朝鮮後期 捕盜廳硏究—機能變遷을 중심으로」, 동국대학교 석사 학위논문.
차인배, 2003a,「조선전기 성종~중종대 捕盜將制 고찰」,『사학연구』72.
차인배, 2003b,「조선후기 捕盜廳의 기능 변천」,『경주사학』22.
차인배, 2004,「임진왜란기 도성 내 捕盜廳의 치안활동」,『동국사학』40.
최승희, 1989a,「1873년(高宗10) 日省錄의 一部 燒失과 改修」,『奎章閣』12.
최승희, 1989b,「朝鮮後期『幼學』·『學生』의 身分史的 意味」,『國史館論叢』1.
최영진, 2005,「한국사회의 유교적 전통과 가족주의—담론 분석을 중심으로」, 한국철학회춘계학술대회발표문.
최완기, 1994, 『조선시대 서울의 경제생활』, 서울학연구소.
최은정, 1997, 「18세기 懸房의 상업 활동과 운영」, 『이화사학연구』 23·24.
최재천·한영우·김호 외, 2003, 『살인의 진화심리학—조선후기의 가족살해와 배우자 살해』, 서울대학교 출판부.
한상권, 1992a, 「18세기 전반 明火賊 활동과 정부의 대응책」, 『한국문화』 13.
한상권, 1992b, 「18세기 중·후반의 농민항쟁」, 『1894년 농민전쟁연구』 2, 역사비평사.
한상권, 1994a, 「서울 시민의 삶과 사회문제—18세기 후반 경거인이 올린 上言·擊錚의 분석을 중심으로」, 『서울학연구』 창간호.
한상권, 1994b, 「조선시대 법전편찬의 흐름과 각종 법률서의 성격」, 『역사와 현실』 13.
한상권, 1996, 『朝鮮後期 社會와 訴冤制度—上言·擊錚 硏究』, 일조각.
홍성표, 2004, 「중세말 영국에서의 폭력적 범죄 발생과 사회질서 유지—살인사건을 중심으로」, 『서양중세사연구』 13.
홍순민, 1998, 「조선 후기 법전 편찬의 추이와 정치운영의 변동」, 『한국문화』 21.
홍순민, 2004, 「『日省錄』의 편찬과정과 구성 원리」, 『민족문화』 27.